ENTRE TERRE ET MER

Hervé Baslé

ENTRE TERRE ET MER

LE GRAND BANC

roman

JC Lattès

A mon grand-père Félix

1

Un soir de mai 1920, Pierre, journalier à la ferme des Cloarec, rentrait chez lui après une longue et dure journée de travail.

Le jeune homme avait vingt-quatre ans. Plus grand que la moyenne des gars de la montagne, il avait la peau blanche, la chevelure blonde, des yeux clairs où le bleu du ciel disparaissait parfois au profit de la grisaille du temps. Un regard de marin perdu à l'intérieur des terres.

Il traversa le bourg à la nuit tombée. Un âne brayait dans la chaumière de Jean et Jeanne Morvan. Il prévenait leur fille Léa que Pierre allait passer devant sa porte. Les battements du cœur de la jeune fille s'accélérèrent au fur et à mesure que s'approchaient les pas.

Franchies les dernières demeures, le jeune homme s'engagea dans la lande parsemée de bouquets de bruyère fleurie rose et bleu. Déjà, le marais se peuplait des créatures de la nuit. Pierre devina la présence des lavandières qui essorent les suaires des damnés et cherchent à attirer les vivants pour les noyer dans les eaux noires du marécage. Il sentit la mort frôler ses habits.

Puis, il grimpa la colline Saint-Michel. Arrivé au sommet, il longea le cimetière qui entoure la chapelle. Son attention fut attirée par une silhouette féminine qui allait et venait entre les tombes. Elle semblait irréelle et avançait courbée, explorant le sol comme si elle cherchait à retrouver un objet perdu. Quand elle eut décidé de l'emplacement de sa sépulture, la vision s'agenouilla. Elle prit des mesures avec un ruban de couturière qu'elle sortit de son tablier. Elle aligna des graviers blancs, volés sur un tombeau voisin, pour en dessiner le contour, un rectangle d'un mètre sur deux. Puis elle traça une croix à l'est pour indiquer sa volonté d'être enterrée le regard tourné au soleil couchant. Les yeux des morts supportent mal la clarté de l'aube.

Enfin, elle se signa, la tête levée au ciel. Le vent marin chassa un nuage qui masquait la lune, les cailloux blancs bleuirent. L'étrange apparition s'évanouit lentement dans le crépuscule. Pierre eut juste le temps d'entrevoir le visage de sa mère.

Le mardi suivant, la cloche sonna le glas des funérailles. On porta le cercueil dans le coin du cimetière réservé aux pauvres, là où le roc est à peine caché par un voile de terre. Là où il faut piocher pour creuser le trou. Pierre planta une croix de bois dans un tas de cailloux. D'une main maladroite il avait peint sur le chêne en lettres sombres :

« *Ci-gît Maryvonne Abgrall 1870-1920* ».

A la fin de la cérémonie, quand le cimetière fut vide, le fils demeura devant la tombe de sa mère. Près de lui priait la tante Mélanie.

— Elle n'a jamais voulu me dire qui était mon père. Tu le sais, toi ? lui demanda Pierre.

La vieille ne répondit pas. Elle se signa et l'invita à la suivre. Ils entrèrent dans le quartier des riches. Mélanie s'arrêta devant un sépulcre en granit de Kersanton. Sur la porte, le nom des occupants était gravé en lettres d'or : « *Famille Cloarec* ».

La fortune des Cloarec datait de la Révolution dont ils furent dans le pays les premiers partisans. Ces paysans audacieux s'étaient portés acquéreurs de biens nationaux. Ils devinrent propriétaires des meilleures terres, abandonnées par la noblesse qui avait fui ses domaines et traversé la Manche. De père en fils, ils cultivèrent leurs champs, s'enrichirent et oublièrent les principes humanistes épousés par leurs ancêtres.

Pierre eut soudain le souvenir du père Cloarec qu'il voyait à la messe tous les dimanches dans les premiers bancs de l'église, qu'il saluait en l'appelant « Monsieur ». Il n'était donc que le bâtard de cet homme qui le regardait à peine.

— Faut pas lui en vouloir, dit la tante, il avait une femme et des enfants.

— Les morts ont de la chance, on ne peut rien leur reprocher.

Le garçon serra les poings.

— Plus jamais, jura-t-il, plus jamais je ne travaillerai au service des Cloarec.

2

Juin approchait. Chaque année les paysans des contrées pauvres s'en allaient à la saison des pommes de terre louer leurs bras aux fermiers de la *Ceinture dorée*, région fertile qui longe la côte bretonne. Au nord, Saint-Malo, Paimpol, Saint-Pol-de-Léon, peuplés de marins, manquaient d'ouvriers agricoles pour assurer l'arrachage des patates nouvelles exportées ensuite aux quatre coins de la France. Tâcherons, ils travaillaient du lever du jour au coucher du soleil et gagnaient en quelques semaines l'équivalent d'une demi-année. Quand venait juillet, les célibataires prolongeaient parfois leur séjour pour la fenaison, les moissons et cherchaient fortune dans le tas des filles à marier.

Pierre décida de tenter lui aussi l'aventure le 31 mai 1920. Plus rien ne le retenait, pas même l'amour de Léa. Il confia sa maison à sa tante Mélanie et la pria d'ouvrir le dimanche pour chasser l'humidité.

— Le dimanche ou un autre jour, précisa-t-il, quand tu auras un moment.

Mélanie ne demandait qu'à occuper son temps. C'étaient ses jambes qui la tracassaient, elles avaient de plus en plus de mal à la porter. Cependant Pierre n'avait pas de souci à se faire, à son retour ses murs ne sentiraient pas le moisi. Au besoin, Léa irait aérer à la place de la tante. La jeune fille serait si heureuse de lui rendre service. Elle était jeune, leste et sérieuse, il pouvait sans crainte lui confier l'entretien de son logis, avait ajouté la tante.

Le neveu n'avait rien répondu, il savait ce que parler veut dire et connaissait le projet de mariage que Mélanie avait échafaudé. Mais Pierre ne pouvait faire de promesse. Il redoutait de s'engager avant d'être sûr de ses sentiments et prit la route sans évoquer le nom de Léa.

— Reviens-nous vite! cria la tante en pensant à sa jeune protégée. Ne te plais pas trop là-bas.

Et sans plus attendre, elle alla remettre la clef à la fille de Jean et Jeanne Morvan.

Léa avait vingt ans. C'était la plus belle fille du canton. Les premiers soleils d'avril avaient coloré son visage, paré ses joues de minuscules taches de rousseur héritées d'un aïeul irlandais. Elle avait de grands yeux sombres, doux et profonds. Un corps menu pourvu des grâces qui attirent les hommes. Mais elle fuyait les galants : dans le secret de son cœur elle avait fait le vœu de rester pure jusqu'au jour où Pierre poserait sur elle un regard amoureux.

Elle courut jusqu'au quai de la gare, s'immobilisa à bout de souffle contre la barrière et vit le train disparaître derrière le rocher qui bouchait l'horizon. Elle eut à peine la force d'agiter la main qui serrait la clef comme le plus précieux des trésors et ne put retenir une larme de joie mêlée de tristesse.

La maison de Pierre était isolée sur le flanc ouest de la montagne Saint-Michel. C'était une construction basse sise au milieu d'un carré d'arbres nains que le vent avait empêchés de grandir. Sa toiture de chaume reposait sur des murs-pignons au sommet desquels deux cheminées se dressaient. L'une, condamnée, recouverte de mousse, servait de refuge aux oiseaux. Par l'autre, une fumée blanche s'échappait en toute saison, l'âtre servant à la fois à chauffer la masure et à cuire les aliments. La façade s'orientait sud-est pour se garder des intempéries qui venaient toujours de la mer lointaine. Pierre l'entendait mugir les soirs de tempête. Il ne l'imaginait que furieuse, faute de l'avoir jamais vue.

Léa traversa une première pièce aux dimensions modestes qui servait d'entrée, de cellier et de remise. Elle emprunta un passage étroit au milieu des barriques, des outils et de divers objets encombrants qui conduisait à la salle commune. Elle ouvrit les volets, la journée était belle et tiède, le parfum des ajoncs débusqua l'odeur encore fraîche de la mort. La jeune fille commença à s'affairer dans la pièce : il fallait chasser les preuves du passage de l'Ankou.

Dans chaque paroisse du pays breton, le dernier défunt de l'année devient l'Ankou pour l'année suivante. C'est l'ouvrier de la mort. Ceux qui l'ont vu entrer chez ses victimes le décrivent comme un homme grand et maigre, portant un large feutre. D'autres l'ont rencontré sous la forme d'un squelette drapé d'un linceul. Il se tient debout dans une charrette tirée par deux chevaux attelés en flèche, l'un efflanqué, l'autre gras. Il brandit une faux dont le tranchant se présente à l'extérieur, à l'opposé de celle des moissonneurs. Deux hommes accompagnent le spectre. Le premier guide le cheval de tête, le second ouvre les portes et empile dans le char les morts que l'Ankou a fauchés.

Cette année-là l'Ankou était Jean Cloarec décédé le 8 décembre 1919 à quatre-vingt-trois ans. Il fit de Maryvonne Abgrall sa première victime. Au royaume des ténèbres, le riche fermier avait préféré la compagnie de son ancienne petite bonne à celle de sa veuve à qui il garda la vie sauve.

Léa ouvrit la boîte à sel, remonta l'horloge, enleva le torchon qui recouvrait la glace. L'amour lui allait bien, le miroir lui renvoya l'image d'une jeune fille heureuse. Elle rassembla une brassée de genêts dorés cueillis sur la colline qu'elle disposa dans un vase de terre cuite. En composant son bouquet elle fit le serment de venir changer l'eau et renouveler les fleurs autant de fois que son cœur le lui commanderait.

Tous les jours. Elle viendrait tous les jours. Une photo de Pierre en uniforme des marsouins du 41ᵉ Régiment d'Infanterie de marine trônait sur la cheminée entre un Christ et le calendrier des Postes. Elle répéta en regardant le cliché :

— Tous les jours, mon amour.

Midi avait sonné au passage du viaduc de Morlaix. Le train musardait dans la plaine. Pierre regardait défiler sans les voir les chênes et les ormes qui se dressaient sur les talus. Le compartiment résonnait des accents joyeux de ses collègues. La soif les avait pris dès le départ. Les uns après les autres, ils vidaient un verre qui passait de main en main. Ceux qui attendaient leur tour encourageaient le buveur en chantant :

— « *A la tienne Étienne,*
A la tienne mon vieux.
Sans ces garces de femmes
Nous serions tous des frères.
A la tienne Étienne,
A la tienne mon vieux.
Sans ces garces de femme
Nous serions tous heureux. »

Réfugié dans un coin du compartiment, Pierre refusait le verre tendu.

— Il n'a jamais soif ce gars-là ? s'étonna celui qui paraissait le chef.

— Si ! il a soif, répondirent en chœur les saisonniers.

Pierre finit par se laisser apprivoiser. La chorale le félicita :

— « *Il est des nôtres,*
Il a bu son verre comme les autres. »

— On peut avoir du chagrin et rigoler quand même, l'un n'empêche pas l'autre, fit Auguste.

Raoul lui recommanda de prendre du bon temps, demain ce ne serait plus la même chanson, ils trimeraient comme des bœufs.

Pierre n'avait pas l'habitude des boissons enivrantes, l'alcool lui tourna la tête, il devint vite jovial.

— Faut aussi lui parler des filles, dit Auguste.

Les yeux s'enflammèrent.

— Les femmes de marins vivent seules à cette époque de l'année. Leurs hommes partent les premiers jours de mars pêcher la morue sur le Grand Banc de Terre-Neuve. Elles sont belles comme des...

— Comme quoi ?

— Je ne trouve pas de mots, déclara Auguste tant il les trouvait jolies.

— Oui mais pas touche, plaisanta Raoul, elles ont des oursins plein leur culotte.

— Les oursins c'est comme les hérissons, ça pique !

Des rires gras résonnèrent malgré le vacarme du train qui signalait son entrée sous un tunnel.

Peu à peu Pierre se sentait en confiance, les traits de son visage se détendaient. Il paraissait soulagé de quitter ses montagnes, de tourner le dos au malheur. Il avoua à ses compagnons qu'il n'avait jamais vu la mer. C'était la première fois qu'il descendait sur la côte.

— Tu ne vas pas le regretter.

— C'est beau.

Raoul, Auguste et les autres décrivirent ce qu'ils tenaient pour le paradis terrestre. Un immense jardin où les légumes sont les fleurs du paysage. La terre meurt quand les rochers paraissent. Les différents tons de vert des cultures annoncent l'émeraude de l'océan qui s'étale jusqu'à l'horizon et se perd dans les brumes bleutées du petit matin. Une masse liquide en perpétuel mouvement qui couvre les îles d'écume, s'abat sur les rochers, noie les grottes en mugissant comme une bête furieuse. Pierre écarquillait les yeux. Quel spectacle l'attendait ! Pour tromper son impatience il but tous les verres qu'on lui présenta.

C'était au temps où la traction à vapeur assurait l'horaire. Le train arriva à quatre heures seize de l'après-midi en gare de La Gouesnière-Saint-Méloir-Cancale, dernier arrêt avant le terminus au port de Saint-Malo. Perdue en pleine campagne, cette station était l'œuvre des trois communes à l'arrivée du chemin de fer. Chacune voulait renvoyer chez la voisine les nuisances que la voie ferrée ne manquerait pas d'entraîner. Le bâtiment fut élevé en Saint-Méloir-des-Ondes, la voie posée sur le sol de La Gouesnière. Cancale, chef-lieu du canton, avait évité la pollution du rail. En 1920, les Cancalais le regrettaient. Que de kilomètres à parcourir pour prendre le train.

La locomotive libéra un nuage de fumée blanche qui enveloppa les voyageurs arrivés à destination. Les fermiers recruteurs tendaient le cou pour reconnaître les saisonniers fidèles et découvrir les nouveaux que les anciens avaient amenés. Pierre descendit du wagon le pied chancelant, il rata la marche et tomba sur le quai. Auguste et Raoul le relevèrent et l'aidèrent à traverser la gare. Ils l'escortèrent jusqu'à un enclos baptisé : *Le marché aux hommes*.

— Bonne chance, mon gars.

Ils l'abandonnèrent au milieu des novices. Aussitôt le malheureux s'affala au pied d'un chêne centenaire et s'endormit. Il n'entendit pas les rires moqueurs qui accompagnèrent sa chute et ses ronflements.

Tous les ans, le rite était le même. Les paysans faisaient le tour des nouveaux. Ils s'arrêtaient devant chaque candidat, jugeaient l'homme au regard, à l'attitude, jaugeaient sa force à la carrure, à l'épaisseur de la main qu'ils gardaient un instant dans la leur.

— En voilà un qui a une bonne poigne ! dit le père Legrand. C'est quoi ton nom ?

— Henri Lorioux.

— Tu sais les conditions, Henri ?

— Oui, patron.

— Si je te conviens, tu me suis.

Il laissa au saisonnier l'illusion qu'il avait aussi son

mot à dire. Henri topa. Ils prirent le chemin du café : les deux parties ne pouvaient s'engager sans trinquer.

Quand Pierre se réveilla, le bistro était plein et la place déserte. Il leva les yeux et croisa le regard d'une paysanne essoufflée et dépitée. Arrivée en retard, elle n'avait plus le choix, soit elle repartait seule, soit elle embauchait le pochard étalé devant elle. Pierre, confus, se releva pour se présenter et bredouilla son nom.

— Comment? lui fit répéter la fermière.

— Pierre Abgrall, articula-t-il avec effort.

De nouveau le sol bascula et lui fit perdre l'équilibre.

— Moi, c'est Jeanne. Eh ben mon gars, t'en tiens une bonne! s'exclama-t-elle en l'aidant à se relever.

Pierre lui expliqua comment les vieux l'avaient soûlé dans le train et jura qu'il ne se laisserait plus avoir. La fermière remarqua que ses pommettes et ses joues ne portaient pas la marque des buveurs. Elle se montra indulgente :

— Ça veut jouer les hommes et ça ne tient pas la toile.

— Vous m'engagez, patronne?

— On verra ça demain quand tu seras frais, répondit-elle avec énergie.

Elle le hissa sur son épaule et le transporta comme un sac de pommes de terre. Elle le versa à cul du cabriolet et remonta le hayon pour ne pas le perdre en route.

Les champs de pommes de terre s'étalaient à perte de vue. Des talus plantés d'ormes et de chênes délimitaient chaque parcelle. A l'approche de la côte, les arbres disparaissaient du paysage. Des haies de ronces et de chèvrefeuille tenaient lieu de clôtures, bientôt remplacées au bord de mer par des murets de pierres plates dans lesquels nichaient des vipères et des lézards gris.

Pierre ballottait au fond de la carriole. Des mouettes rieuses et des goélands tournoyaient au-dessus de sa tête pour lui souhaiter la bienvenue au pays des Pelletas, nom donné aux pêcheurs terre-neuvas pour plaisanter ou se moquer des mauvais marins qui ne trouvaient pas d'embarquement. Le jeune homme poussa un cri d'étonnement :

— Eh ben!

— Qu'est-ce qui t'arrive?

— Les corbeaux sont blancs par ici?

Jeanne ne put s'empêcher de rire avec lui. C'était une grande femme racée que l'on aurait pu rencontrer chapeautée au milieu des épouses d'armateurs dans les quartiers huppés de Saint-Servan. Elle avait tout juste quarante ans, allait tête nue, ses deux nattes blondes nouées au sommet de son crâne pour éviter que ses cheveux ne s'embrouillent dans le vent.

Au hameau de la Guimorais les femmes des pêcheurs s'étonnèrent de la voir rentrer seule.

— Tu n'as pas trouvé ton oiseau? demanda Yvonne.

— Si. Il roupille à l'arrière, il est plein comme un cochon.

Toutes crièrent d'une seule voix :

— Déjà!

— Courage, la saison ne fait que commencer! dit Berthe.

— Mon Dieu! pourvu qu'on ne rencontre pas trop de viande soûle à traîner par les chemins, poursuivit Hortense. On ne va pas encore être tranquille pendant deux mois!

Des dunes plantées d'oyats entouraient la ferme des Nielles. La grande bâtisse de granit gris couverte d'ardoises était bordée sur trois côtés par des sapins gigantesques. Serrés les uns contre les autres, ils s'épaulaient les jours de grand vent. Brûlés par le sable et le sel, ils présentaient leurs troncs pelés et roussis côté mer. Côté terre, leurs longues branches vertes s'étalaient au soleil du midi.

Jeanne immobilisa l'attelage au milieu de la cour. Adèle et Perrine, ses filles, coururent à sa rencontre. Quand elles découvrirent Pierre à demi mort au cul du cabriolet, elles s'enfuirent, se postèrent derrière la fenêtre et observèrent, médusées, leur mère abaisser le hayon, charger l'ivrogne sur son dos et le conduire dans le logement des ouvriers.

Jeanne s'était mariée à vingt-sept ans, presque vieille fille. Cela n'était pas faute de prétendants. Belle, riche d'une terre héritée en ligne directe de ses parents morts de phtisie dans la fleur de l'âge, c'était un bon parti. Les candidats se bousculèrent. Jeanne prit son temps, durant quatre ans personne ne lui connut d'amoureux. Elle mena seule sa ferme, refusa qu'on l'appelât maîtresse mais se fit toujours respecter par les hommes qu'elle embauchait. Quand elle se décida enfin, le pays tout entier s'étonna de la voir épouser un pelletas qui ambitionnait de devenir capitaine. En prenant Joseph Le Reculou elle avait préféré un mari exposé aux dangers de la mer, un marin qui saurait la faire rêver, à la compagnie rassurante d'un gros fermier.

Jeune matelot, Joseph avait suivi les cours du soir à l'école des Frères Lamennais de Cancale. Chaque hiver il recevait un petit diplôme qui, d'année en année, lui permit de préparer celui de patron de pêche. Ce qu'il fit après son mariage. Grâce au travail de Jeanne, il resta à terre deux campagnes consécutives, se présenta à l'examen final à l'issue duquel on lui décerna le grade de capitaine de la Marine marchande. Il navigua trois années comme second sur le *Gloire à Dieu* et obtint son premier commandement sur *La Charmeuse*, un trois-mâts nouvellement construit aux chantiers Labbé de Saint-Malo pour le compte de l'armement Louvet.

Jeanne mit au monde Adèle le 17 août de l'année suivant le rembarquement de son mari et Perrine le 28 du même mois deux ans plus tard. Des petites filles du retour comme on dit par ici. Il y avait aussi les enfants du départ conçus en février qui naissaient en novembre. Et les enfants de trente-six pères, conçus eux, quand les maris étaient en mer.

A la ferme, les ouvriers occupaient une pièce aux murs

chaulés, au rez-de-chaussée dans l'aile droite du bâtiment près de la chambre aux pommes de terre de semence et du hangar qui abritait charrettes et matériel. L'aile gauche servait aux animaux, on y trouvait l'écurie, l'étable, la soue, le poulailler, en haut le grenier à foin. Tout au bout un toit pentu abritait un chaudron où l'on cuisait des patates pour les porcs et préservait le feu sous la lessiveuse de la lavandière.

Jeanne déposa son chargement sur le lit sans le ménager. Pierre tomba sur le matelas, les ressorts du sommier grincèrent.

— Eh ben, mon cochon ! Si ta mère te voyait. T'as pas honte ?

Elle le sermonna comme s'il était son fils et le gifla, d'abord mollement, puis énergiquement pour lui faire reprendre connaissance.

— Doucement, patronne ! Vous me faites mal.

Lorsqu'il fut tout à fait réveillé, Pierre s'inquiéta de ne pas encore avoir vu le patron.

— Il est sur la mer à pêcher la morue. Tu seras reparti avant qu'il revienne.

Elle ajouta d'un air bourru :

— En attendant c'est moi qui commande ici. Et même quand il est là si tu veux tout savoir.

Alors il se souvint de ce que lui avaient dit ses compagnons de route, et, n'étant pas tout à fait dégrisé, il risqua :

— C'est vrai les oursins ?

— Quoi ?

— Les oursins que mettent les femmes de marins dans leur culotte.

Jeanne eut envie de rire. Pour n'en rien laisser paraître elle fit les gros yeux.

— C'est dans le train qu'on t'a raconté ça ?

Pierre n'osa pas répondre. Jeanne le redressa dans le lit et le déshabilla avec la rudesse des femmes habituées à coucher les hommes soûls.

— Je vais te donner un bon conseil. T'amuse pas à

courir après les filles. Ici c'est interdit. Les vieilles gardent les jeunes, et gare à ceux qui s'en approchent.

En rangeant les vêtements du jeune homme, elle découvrit le brassard de crêpe noir cousu sur la manche de sa veste.

— T'as perdu quelqu'un ? lui demanda-t-elle d'un ton soudain radouci.

— Oui, ma mère.

— Quand ?

— Jeudi. On l'a enterrée ce matin.

Une larme perla au coin de l'œil du garçon. Emue, la fermière lui sourit, elle regrettait de l'avoir houspillé. Elle sortit de la pièce et ferma doucement la porte.

Jeanne dételа Gros cul et l'abreuva à la fontaine. L'eau coulait dans une auge dont le trop-plein alimentait la mare aux canards au milieu de la cour. Adèle et Perrine avaient rejoint leur mère.

— Pourquoi t'en as pris un qui est soûl ?

— Je suis arrivée la dernière, il n'y avait plus le choix.

— On va le garder ?

Jeanne hésita avant de répondre. Comment expliquer à des petites filles que ce n'était pas seulement le hasard qui avait amené Pierre à la ferme. Sans pouvoir le formuler, il lui semblait que la providence avait guidé ce grand jeune homme perdu vers leur famille. Il y tiendrait le rôle de frère aîné, une présence rassurante pour toutes en l'absence du père.

— La nuit porte conseil, on décidera demain matin, finit-elle par répondre.

Elle les pria de ne pas faire de bruit dans la cour, pour ne pas déranger le garçon : il était malheureux.

La soirée fut longue. Adèle et Perrine montèrent dans leur chambre dépitées, Pierre n'était pas apparu au souper.

Elles s'inquiétaient de savoir comment il se comporterait quand il aurait retrouvé son état normal.

— Tu crois qu'on va lui plaire? demanda Perrine à sa sœur.

— On n'est pas moches! fit l'autre en haussant les épaules.

La mère les pressa. Après avoir enfilé leurs chemises de nuit en coton écru, elles s'agenouillèrent devant une statuette de la Vierge posée sur la cheminée.

— Sainte Vierge, protégez notre papa et tout l'équipage de *La Charmeuse*.

La mère récita la prière des marins : « *Dieu tout-puissant et éternel, qui avez honoré l'humilité de leur condition au point de choisir d'obscurs pêcheurs pour les élever à la dignité d'apôtres, daignez jeter sur eux, qui leur succèdent dans le périlleux labeur de la pêche, des regards de miséricorde et de compassion.* » Puis elles chantèrent en chœur :

— « *Vierge fidèle,*
A ma nacelle
Donne l'azur des flots.
Brillante Etoile,
Guide ma voile,
O patronne des matelots. »

Jeanne tira les volets. Un marchand de sable passa dans la pièce et ferma les yeux des enfants.

La nuit tombée, une truie poussa la porte du logement des ouvriers. Elle grimpa sur le lit pour faire plus ample connaissance avec le nouveau venu qui ronflait comme un cochon. Réveillé en sursaut, Pierre lutta contre les assauts du goret qui s'acharnait à lui prouver son affection. Vaincu, il se leva et quitta la chambre. Il demeura quelques instants immobile sur le pas de la porte, perplexe : où était-il? Il se sentait la tête pesante et vide. La fraîcheur du soir le dégrisa, peu à peu il sortit de l'hébétude des lendemains de cuite. Les événements de la veille lui revinrent en mémoire par bribes : sa mère, l'enterrement, la tante Mélanie, Léa, le train, la gare, la fermière, le capitaine sur son bateau à

Terre-Neuve. Brusquement il eut honte, honte et peur de ne pas être engagé.

Il contourna la ferme et descendit sur la grève. Le sable blanc s'étalait sur plus d'un kilomètre jusqu'au pied de la presqu'île Besnard, un monticule rocheux envahi par la fougère. Baignée de clarté lunaire, la mer d'ordinaire émeraude scintillait de reflets bleus. Pierre n'avait jamais rien vu d'aussi beau. Des goélands encore éveillés se chamaillaient sur les rochers découverts. Ils se disputaient les meilleures places et choisissaient leur voisin de nuit. Les oiseaux nichaient sur le Grand et le Petit Chevret, deux gros rochers entourés d'îlots plus modestes. Le flot à peine formé roulait silencieux.

Soudain Pierre entendit une voix qui chantait :

— « *Malgré le grand vent*
Qui gronde sans trêve,
Léna Le Morvan
S'en vient à la grève. »

Il vit apparaître la silhouette d'une jeune fille qui marchait avec grâce au milieu des oyats. Elle serrait son châle contre sa poitrine, sa robe frissonnait au vent. Elle s'immobilisa face au large et fixa l'horizon jusqu'à ce que ses yeux imaginent, là-bas sur le Grand Banc, un bateau, un pêcheur s'attardant sur le pont de *La Charmeuse.*

— Bonne nuit, mon amour.

Elle mit la main sur ses lèvres et confia à la mer un baiser. Puis elle fit demi-tour en fredonnant :

— « *Léna Le Morvan*
S'en vient à la grève.
S'en vient en chantant
Une cantilène
Tout en tricotant
Un gilet de laine. »

Elle veilla tard dans la nuit sous la lampe à pétrole pour avancer son ouvrage. Elle ajourait un drap déjà brodé d'initiales emmêlées : « *RP-MT* ». René Pinto, Marie Toullec.

3

Du premier au dernier jour de la saison, dès l'aube, les tâcherons piochaient la terre caillouteuse sur la presqu'île du Meinga. Pas un champ qui n'eût son « arrachou » de patates. Les hommes avançaient devant un tapis de pommes de terre bordé de deux rangées de « ramas ». A chaque plongée du « boucard » ils ne tiraient pas moins d'un kilo de « Géante ». La brume qui s'étalait sur l'eau annonçait une belle journée. Deux voiles brunes dansaient autour de la bouée de Rochefort. Tributaires du flux pour rallier la cale de l'Epi, les maquereautiers cancalais se pressaient d'assurer leur marée. Aujourd'hui le plein était à onze heures et demie. Après midi, Marie Leclerc irait de ferme en ferme vendre le poisson : « Au beau maquereau qui bouge ! Au beau maquereau qu'a la queue raide ! » Et pour qu'ils l'aient plus raide encore, elle transportait ses « dos bleus » dans de longs paniers d'osiers étroits, les têtes en bas, les queues en l'air. Ce soir on les mangerait ouverts en deux le long de l'arête centrale, fricassés dans du beurre salé déglacé d'un filet de vinaigre, accompagnés de patates nouvelles et d'une salade du jardin potager de la patronne. Un régal.

Pierre s'arrêta un instant. Il regarda les bateaux dans le brouillard qui se déchirait. Jeanne l'avait embauché. « A l'essai », avait-elle ajouté, l'air faussement sévère.

A huit heures les ramasseuses se déployèrent dans les champs. Celles dont les hommes pêchaient sur les bancs firent une halte au bout de la presqu'île. Avant de se mettre au travail, elles s'arrêtaient un court instant pour penser à eux, parfois pour leur parler.

— J'ai bien travaillé, murmura Marie face à la mer. Mon premier drap est presque terminé. Je n'ai pas beaucoup dormi, tu as été présent toute la nuit dans ma tête et dans mon cœur. A ce soir, mon amour.

A côté d'elle, Yvonne annonça une bonne nouvelle à François, son mari. Si seulement il pouvait l'entendre : Yves-Marie avait eu un neuf sur dix à l'école. S'il réussissait au certificat, il n'aurait peut-être pas la peine d'aller au Banc.

Huit heures, c'était aussi l'heure de la pause et du casse-croûte. Du pain, un morceau de lard ou de saucisse grillée, une bouteille de cidre, tel était le contenu du panier-repas. Marie s'approcha de Pierre.

— C'est vous, Pierre?

— Oui.

— Moi, je suis Marie, la lavandière. La patronne m'envoie vous apporter votre déjeuner. Elle va venir tout à l'heure ramasser les patates. Elle m'a dit qu'il fallait continuer d'arracher en attendant qu'elle arrive.

Marie était jolie, fine et pâle. Elle avait le visage doux, les cheveux châtain clair. De grands yeux vert émeraude que Pierre remarqua d'emblée. A force de regarder la mer, ils en avaient pris la couleur.

— Je peux m'arrêter tout de suite pour manger?

— Ben oui! Comme tout le monde, répondit-elle le sourire aux lèvres.

La lavandière fit demi-tour. Elle marchait en sabots, évitant les cailloux du chemin pour ne pas se tordre les chevilles. Pierre la fixa un instant avant d'aller rejoindre ses compagnons.

Les saisonniers s'étaient assis sur les talus. Ils burent à la bouteille avant de dénouer les torchons qui protégeaient la viande et le pain. Devant eux les glaneuses s'entourèrent la taille de carrés de toile à sac en guise de tablier. Elles s'agenouillèrent sur la terre, offrant leurs croupes aux regards envieux des tâcherons sevrés de femmes.

A la ferme, la patronne et la lavandière échangèrent leurs sentiments sur le nouveau pensionnaire. Pierre n'avait pas fait beaucoup de bruit ce matin, c'est à peine si Jeanne avait entendu son bonjour. Il devait avoir honte.

Marie pensait qu'il était timide, il avait baissé les yeux quand elle lui avait souri.

— Pourvu qu'il s'enhardisse, fit Jeanne.

Le rire de la patronne fit rougir la laveuse.

C'était le premier jeudi du mois, jour du blanc. Marie avait fait bouillir le linge sous l'appentis. Elle chargea la lessiveuse sur la brouette et prit le chemin du lavoir pour savonner, battre, rincer à grande eau les draps de lin et les chemises de coton.

Le lavoir se trouvait à la sortie du hameau de la Guimorais. Des pierres à laver disposées autour d'un plan d'eau courante, des pierres de mer, lisses, gris-bleu, avec un trou creusé dans un angle supérieur pour y loger le savon.

Agenouillées dans des caisses garnies de paille, Berthe, Hortense et Victoire accueillirent Marie en chantant :

— « *Elle avait des grands pieds*
La femme du cordonnier.
L'avait des gros tétons
La femme du forgeron.
L'avait un gros derrière
La femme du garde-barrière. »

— Tiens v'là Marie ! Bonjour, Marie.

— Bonjour, Victoire. Ça va, Berthe ?

— Comme ça peut, Marie.

Hortense et Victoire se portèrent au-devant de la jeune fille. Elles l'aidèrent à poser sa lessiveuse sur un trépied où brûlait du bois mort ramassé en chemin.

— Tu n'as pas trop chaud à rouler ta brouette, Marie ?

— Oh si ! Comme vous.

— Moi, je coule de partout, dit Victoire, un sourire en coin.

Elle déboutonna le haut de sa blouse qu'elle rabattit sur ses hanches, nouant les manches autour de sa taille. Elle plongea la main dans l'eau, rafraîchit son cou, ses épaules et sa poitrine qui apparaissait dans l'échancrure de sa chemise.

— Dire qu'il fait si bon et que nos hommes ne sont pas là pour en profiter !

Elle avait la voix rauque des chattes les nuits de mars et d'avril.

— C'est pas un marin que j'aurais dû prendre, ajouta-t-elle, mais un cantonnier. Tous les jours à traîner les chemins mais tous les soirs au lit.

— Eh ben ! C'est pas chaude que t'es, dit Berthe, c'est bouillante.

Et toutes partirent dans un grand éclat de rire :

— « *L'avait des gros tétons*
La femme du forgeron.
Elle avait un gros cul
La femme du... »

Le concert de leurs voix se brisa d'un coup. Deux oiseaux noirs passèrent dans le chemin, le maire et le curé, sur leurs bicyclettes. Quand ils voyageaient ensemble cela n'était jamais pour apporter de bonnes nouvelles. Les femmes se signèrent machinalement, se relevèrent, vacillant sur leurs jambes de laine puis se groupèrent en se pressant l'une contre l'autre pour tenir debout.

— Maudit pays ! jura Berthe qui s'était retrouvée veuve après six mois de mariage.

— Mon Dieu, pourvu que ce ne soit pas le mien, murmura Hortense. Je l'ai vu hier soir dans l'eau quand le soleil s'est couché.

Berthe la rassura :

— C'est pas pour toi ma fille, ni pour Victoire, ni pour Marie, ils se seraient arrêtés.

Jean Colin et l'abbé Cadiou descendirent de vélo à l'entrée du village. Ils ajustèrent leurs tenues. Le maire détacha les pinces fixées aux jambes de son pantalon. L'abbé tira sur sa soutane dont il avait relevé les pans dans les fentes de sa robe. Personne ne savait encore qu'ils étaient là. Personne, sauf les laveuses qui les suivirent d'abord du regard, et leur emboîtèrent le pas, en gardant leurs distances. Ils passèrent devant une première maison puis une seconde, sans s'arrêter. Derrière sa fenêtre, Branle dans l'vent se mit à trembler. Ancien matelot, il avait eu la chance de faire une cinquantaine de campagnes et d'en revenir, et la malchance de perdre sa femme quelques mois après avoir mis sac à terre. Son fils unique, le fiancé de Marie, assurait la relève. Quand le couple maudit eut doublé sa porte, Branle dans l'vent mit le nez dehors. Quoique rassuré, il émit des gémissements douloureux, de petits bruits comme il en sort souvent de la bouche des vieillards sans qu'on en détermine toujours la cause. Ses voisines d'en face, Finette et Mignonne, apparurent à leur tour. Déjà veuves, elles ne craignaient plus de mauvaises nouvelles.

Les messagers ralentirent devant la maison de Marie-Louise qui, elle aussi, les épiait derrière sa vitre. Elle retint son souffle, ferma les paupières, puis attendit. Comme personne ne cognait à sa porte, elle rouvrit les yeux et poussa un long soupir de soulagement :

— Merci mon Dieu.

L'abbé Cadiou et Jean Colin n'étaient pas venus pour elle non plus. Ils frappèrent au carreau de la voisine.

— Yvonne ? Tu es là, Yvonne ?

Marie-Louise traversa son jardinet, en caressant son ventre. Le petit qu'elle portait avait eu grand peur lui aussi.

— Elle n'est pas là. Elle est à serrer les pommes de terre.

Pauvre Yvonne.

— Oui, pauvre Yvonne, répétèrent en chœur Berthe, Hortense, Victoire et Marie qui s'étaient approchées.

— Vous savez pour qui elle travaille? demanda le curé.

— Pour André Lefeuvre. Ils sont sur la pointe du Meinga.

Au bout du village, Colombe Girault, femme Piriou, dite Belle en cuisse, les observait. Quand elle croisa le regard des femmes, elle tourna le dos et releva son visage vers le soleil pour le réchauffer. Elle avait, elle aussi, le ventre habité d'une promesse.

Midi allait sonner. Les messagers de la mort remontèrent sur leurs bicyclettes et poursuivirent leur chemin sous un soleil de plomb. Ils s'arrêtèrent plusieurs fois pour s'éponger le front, pour souffler, pour arrêter le temps. L'un et l'autre manquaient de courage, ils redoutaient l'instant où ils se retrouveraient face à Yvonne. Ils ne s'habitueraient jamais...

— A votre avis pourquoi s'entêtent-ils à aller sur les Bancs?

— Parce que c'est leur métier. Parce qu'ils en ont besoin pour vivre, répondit l'abbé.

— Je crois aussi qu'ils aiment la mer comme nous on est attaché à notre terre, dit Jean Colin partagé entre le désir de comprendre et celui de justifier le peu de risques de son métier.

Les maires du littoral étaient pour la plupart des paysans propriétaires, parfois des capitaines à la retraite ou des armateurs, jamais de simples marins. L'exercice du pouvoir était interdit aux ouvriers de la mer, ils n'étaient pas là pour en assumer les charges. On en trouvait rarement aussi parmi les fabriciens, les membres des conseils paroissiaux. Ils étaient absents de toute décision concernant la vie du pays, comme s'ils étaient des étrangers.

Dans les champs les femmes avaient noué un mouchoir sur leur tête ou coiffé un chapeau de paille pour se protéger du soleil. Tout à coup les mouettes s'affolèrent au-dessus de la pointe du Meinga. Elles tournaient dans le ciel en poussant des cris d'effroi. Une nouvelle glacée comme une grêle d'orage allait s'abattre sur la presqu'île. Jeanne se redressa et vit apparaître les deux hommes en noir. Ses lèvres se mirent à trembler. Pierre l'entendit à peine murmurer :

— Les filles, les filles.

Les ramasseuses se relevèrent les unes après les autres toutes chancelantes, prêtes à succomber. Marie-Renée joignit les mains mais s'abstint de prier, il était trop tard. Des larmes roulèrent sur les joues d'une vieille et se frayèrent un chemin parmi ses rides. Désirée courut arracher son bébé du berceau garé à l'ombre d'un talus. Si c'était pour eux, elle s'interdirait de crier pour ne pas effrayer son enfant. A leur tour les hommes levèrent la tête.

Le silence gagna les champs les uns après les autres.

Dans le ciel les mouettes se turent. Depuis le chemin, le maire et le prêtre cherchèrent du regard leur victime parmi les statues dressées de part en part.

Soudain, ils s'avancèrent vers Yvonne.

— La pauvre, murmurèrent les femmes.

Elle comprit aussitôt qu'ils étaient venus pour elle. Elle se plaignit d'abord faiblement, poussa un cri déchirant puis s'écroula sans chercher à s'agripper aux mannes pourtant à portée de main. Jeanne se précipita, elle prit la malheureuse dans ses bras et la berça comme un enfant.

— C'est pas juste. Hein, Jeanne ! C'est pas juste, répétait Yvonne en sanglotant.

M. le recteur fit le signe de la croix et récita le *Pater Noster*.

« Notre Père qui êtes aux Cieux, que votre nom soit sanctifié. Que votre règne arrive, que votre volonté soit faite... »

La veuve se releva et l'interrompit sèchement :

— Non ! Pas sa volonté.

Elle s'empara du message officiel que lui tendit M. le maire et le fourra dans sa poche sans le lire. Le bureau des Affaires maritimes qui avait rédigé le pli ne lui apprendrait rien qu'elle ne savait déjà. Noyé, de quoi d'autre aurait-il pu mourir ? Il était parti en bonne santé. Elle descendit vers le village pour s'enfermer dans sa maison et y cacher son désespoir.

Les femmes la regardèrent s'éloigner, elles n'avaient plus la force de serrer leurs patates. Elles s'agenouillèrent, les hommes se découvrirent, ils prièrent ensemble :

Je vous salue Marie pleine de grâce, le Seigneur est avec vous, vous êtes bénie entre toutes les femmes et Jésus, le fruit de vos entrailles, est béni. Sainte Marie, mère de Dieu, priez pour nous pauvres pécheurs, maintenant et à l'heure de notre mort. Ainsi soit-il. Les ouvriers remirent leurs casquettes et se courbèrent sur leur outil : pas de temps à perdre, les patrons les payaient à la tâche. Ils mirent tout leur cœur à l'ouvrage, heureux et rassurés d'avoir les pieds bien posés sur terre. Seul Pierre garda longtemps les yeux fixés sur la route empruntée par la malheureuse, la patronne et quelques autres qui la suivirent sur le chemin des douaniers. Quand elles eurent disparu derrière les fougères, il se tourna vers la mer, vers l'ouest, là où périssent les marins pêcheurs de morues. Il apprenait le pays si différent du sien. Dans ses montagnes la mort était naturelle. On la sentait venir, parfois même elle prévenait de son arrivée par des signes connus de tout le monde. On avait le temps de s'y préparer.

Comme Yvonne voulait rester seule, ses poursuivantes se rabattirent chez Hortense.

— C'est quand même drôle qu'elle n'ait pas voulu qu'on rentre avec elle.

Marie-Louise se posta à la fenêtre, redoutant qu'Yvonne ne fasse une bêtise. Berthe la rassura :

— Elle a besoin de pleurer un bon coup sans personne autour à faire mine de geindre. On se révolte toujours quand on apprend la nouvelle. Mais après, quand le coup est passé, on accepte. Que veux-tu faire d'autre, ma pauvre fille ?

Elle leur fit part de son expérience. Ses souvenirs bien que lointains étaient toujours vivaces. Elle était si jeune quand le malheur avait pénétré dans sa maison, tout juste vingt-deux printemps, « On s'était marié à l'automne précédent au retour des bateaux pour ne pas perdre une nuit d'amour », confessa-t-elle sans pudeur. Elle revoyait encore les deux masses sombres du maire et du curé se découpant dans l'encadrement de la porte un de ces matins de juin où la lumière vous aveugle.

Quand elle les avait vus l'un derrière l'autre, elle s'était affalée au pied de l'échelle qui conduisait au grenier. Le recteur s'était avancé. Elle avait essayé de se dérober prenant appui des deux mains sur les barreaux. De coups de rein en coups de rein elle avait grimpé à reculons jusqu'à la porte palière. Là-haut, crucifiée, la poitrine défaite et secouée de halètements, elle s'était mise à hurler sans discontinuer. En bas, l'abbé Cadiou s'était agenouillé. Il avait prié devant cette madone qui criait et pleurait l'injustice, sourde aux paroles de condoléances qu'avait prononcées Jean Colin. Durant des semaines et des semaines elle était restée inconsolable, buvant les larmes qui coulaient jusque dans sa bouche pour ne pas mouiller sa blouse. Au début elles étaient salées comme de l'eau de mer. Petit à petit elles avaient repris le goût de la fontaine, et Berthe avait retrouvé la paix.

Malgré tout Marie-Louise s'inquiétait, elle demanda à Jeanne de l'accompagner chez Yvonne.

— Pas la peine. Faut croire ce que dit Berthe. Et puis elle a son gars qui va la sauver.

— La mère de Marie avait bien sa fille.

— Oui mais Azéline n'avait pas le même caractère. Rappelle-toi, elle était plus sombre. Hein, Marie!

Le visage de la lavandière s'assombrit. Elle n'aimait pas qu'on parle de sa mère. C'est elle qui l'avait trouvée pendue aux barreaux de son lit. Elle lui en voulait de ne pas avoir su surmonter son chagrin.

A l'école, les enfants chantaient la table de 7. Sœur Claude battait la mesure avec une longue perche de bambou.

7 fois 4 = 28
7 fois 5 = 35
7 fois 6 = 42
7 fois 7 = 49.

L'apparition du maire interrompit la comptine. La religieuse descendit de l'estrade et traversa la classe pour ouvrir au visiteur. L'entretien fut court. A peine quelques mots échangés à voix basse. Quand sœur Claude remonta la travée centrale, ses élèves se retournèrent sur son passage, essayant d'accrocher son regard, de lui arracher un nom. Une terrible angoisse s'était abattue sur la classe. La maîtresse demeura immobile quelques instants et baissa la tête pour éviter de désigner la victime. Elle n'en avait pas le courage. Elle implora secrètement la Vierge de lui venir en aide mais la Sainte Mère ne semblait pas l'entendre comme elle n'avait pas entendu le naufragé que la mer allait engloutir. La sœur chassa vite cette pensée sacrilège et tentait de rassembler ses forces pour parler lorsqu'elle changea soudain d'avis. Elle se dirigea vers le portemanteau fixé au mur et décrocha les bérets un à un pour lire la marque cousue à l'intérieur, jusqu'à ce qu'elle trouve celui d'Yves-

Marie. Elle le contempla longuement puis le serra contre son cœur. Les écoliers se retournèrent tous vers leur copain. Le garçon se courba assommé, vaincu. Non! pas lui. Impossible, il venait d'achever une lettre où il annonçait à son père qu'il récitait ses leçons sur le bout des doigts et qu'il avait de bonnes notes à ses devoirs. Il aurait été si content de l'apprendre dans quelques semaines quand le bateau hôpital distribuerait le courrier sur les bancs. Une larme tomba sur son cahier de calcul. Elle prit la couleur de l'encre encore fraîche et s'arrondit pour former une énorme tache violette.

Sœur Claude lui vissa son béret sur la tête :

— Yves-Marie, ta maman t'attend chez toi. M. le maire va te raccompagner.

Elle l'aida à ranger ses affaires et lui mit son cartable sur le dos. Puis elle prit ses mains et les pressa dans les siennes.

Quand il fut sorti, tous les garçons se précipitèrent aux fenêtres et le regardèrent partir. Sœur Claude les rejoignit.

A chaque nouveau malheur la religieuse perdait un peu de sa foi.

— Mes enfants, regagnez vos places.

Ils reprirent leur chant sur un air triste :

7 fois 7 = 49

7 fois 8 = 56.

Yves-Marie et Jean Colin marchaient côte à côte sans rien dire. A la sortie du bourg le maire rompit le silence :

— Ça va l'école?

— Oui.

— Tu es premier, deuxième, troisième?

— Ça dépend.

— Oh! Tu dois être dans les bons. Quel âge as-tu?

— Douze ans et demi. L'année prochaine je serai mousse à bord de *L'Anita*, capitaine Guermeur, armement Jézequel, annonça-t-il d'une traite.

Le maire admira le cran de ce petit bonhomme encore

enfant, qui semblait avoir fait le serment de venger son père et conjurer le destin des gens de mer.

En s'arrêtant, Yves-Marie obligea son compagnon de route à en faire autant :

— Tout seul, je serai plus vite rendu, monsieur le maire.

— Vas-y, mon gars, et sois gentil avec ta mère.

— Ça, vous pouvez compter dessus.

Le garçon se sauva en courant. Il fit un détour pour longer la côte et descendit sur la grève. Après s'être débarrassé de son cartable, il ramassa des galets dont il fit un tas. Les larmes aux yeux, la rage au cœur, il rassembla des cailloux qu'il lança dans la mer en l'injuriant :

— Méchante ! Salope ! Garce ! Maudite garce !

Là-haut, sur la Pointe, Pierre observait la silhouette du gamin. Cette image de l'enfant jetant des pierres dans l'eau disait la détresse humaine ; Pierre s'en souviendrait toute sa vie.

Quand il rentra chez lui, Yves-Marie resta un instant face à sa mère sans oser l'approcher. Sans vouloir et sans force, elle était blottie sur une chaise près du lit, au fond de la pièce unique. Les larmes inondaient son visage et coulaient d'un mouvement continu, comme une rigole débordant après l'averse. De temps en temps, elle gémissait doucement.

Yves-Marie posa son regard sur un cadre accroché au mur près de la porte. La photo d'un jeune matelot de la Royale. Il vit le reflet de son image à côté du visage du soldat. Lui vivant, bougeant, son père mort, figé pour l'éternité.

— Pa-pa !

Ces deux syllabes qui attendaient une réponse le bouleversèrent. L'enfant venait de prendre conscience qu'il ne reverrait plus jamais son père.

Il voulut se réfugier près de sa mère mais la pauvre

femme hagarde lui fit peur. Il eut envie de sortir, de la fuir, puis se souvint : il avait donné sa parole à M. le maire. Le garçon reprit son approche hésitante, trouvant prétexte à s'arrêter, au coin de la table, près du fourneau. Marche lente et zigzagante vers ce coin sombre auprès du lit clos.

Yvonne tendit un bras vers son enfant, le serra contre elle. Comment protéger le seul bien qui lui restait ?

Se laissant glisser sur la terre battue, Yves-Marie posa sa tête sur les genoux de sa mère qui se mit à caresser ses cheveux sans le regarder, les yeux perdus dans les brumes du Grand Banc.

Dans toutes les maisons la même crainte hantait les esprits. Et si cette disparition en annonçait d'autres ? Tous avaient en mémoire certaines années noires où les campagnes à Terre-Neuve se payaient d'un lourd tribut de victimes : les hommes perdus dans la brume et qu'on ne revoyait jamais sans savoir comment ils étaient morts, ceux qui sombraient avec leur doris dans le gros temps. Ceux qu'un paquet de mer arrachait du pont. Ceux que la tempête jetait en bas des mâtures. Ceux qui succombaient malades des tripes ou des poumons. Ceux qui ne supportaient plus leur destin de misère et faisaient leur trou dans l'eau... Ces années-là, la liste des péris s'allongeaient de plusieurs noms sur le marbre de l'église. Il n'était pas une famille qui n'eût son patronyme gravé sur la plaque commémorative.

Jeanne ruminait des pensées tristes, elle avait grand'peur elle aussi de perdre son Joseph. Elle lança un regard reconnaissant à Pierre qui cherchait à distraire ses filles, à leur faire oublier qu'un jour, comme Yves-Marie, elles auraient peut-être à pleurer leur père.

Le jeune homme avait coupé une brassée de jonc en descendant du Meinga. Il le tressait aussi facilement que l'osier. Il fabriqua une maisonnette, un lit, une table, une chaise, deux poupées vertes aux yeux écarquillés en forme de marguerites, aux cheveux aussi raides que les pailles du balai.

— Je n'arriverai jamais à la coiffer, dit Perrine.

Pierre proposa de lui raser le crâne.

— Ah non ! On croira que c'est un gars.

Adèle admirait son adresse et son ingéniosité.

— Où t'as appris à faire tout ça ?

— Chez moi.

— C'est où chez toi ?

Il leur décrivit les monts d'Arrée. Il y avait des rochers mais pas la mer. Les arbres étaient tout petits, pas plus hauts qu'elles. La lande et la bruyère recouvraient la terre.

— Il y a des joncs ?

— Oui, et des ajoncs qui piquent.

C'était l'heure d'aller au lit. Pour la première fois Adèle et Perrine embrassèrent Pierre avant de monter se coucher.

Dans la chambre, elles s'agenouillèrent devant la Vierge. Avec une ferveur accrue elles prièrent pour leur père et pour tout l'équipage de *La Charmeuse*. Soudain le visage d'Adèle s'illumina :

— Et si on gardait Pierre ?

— Oh ! oui, maman, insista Perrine.

Jeanne sourit. Ses filles venaient de formuler tout haut ce qu'elle avait pensé tout bas.

·

Quand elle redescendit à la cuisine, le saisonnier finissait de rassembler les brins de jonc éparpillés sur la table. Elle le remercia d'avoir été gentil avec ses filles. Sans lui la soirée s'annonçait si triste.

— Boirais-tu une tasse de café avec moi ? J'en ai de prêt, il n'y a plus qu'à le réchauffer.

— Je veux bien, patronne.

Jeanne versa le reste du pot dans une petite casserole, puis demeura debout près du fourneau. Son esprit voguait sur la mer.

— Quand il y a des disparus avant la Saint-Jean, c'est souvent le signe d'une année noire.

Ses yeux se brouillèrent. Elle essuya ses larmes avec son tablier, sourit à Pierre et lui proposa une petite goutte avec son café.

— Non, merci, patronne.

Le garçon continuait d'apprendre le pays. Il comprit ce soir-là pourquoi les femmes et les enfants de marins ne s'endormaient jamais tranquilles.

Fidèle à son rendez-vous, Marie se rendit sur la grève. Le malheur d'Yvonne avait ravivé sa propre douleur : quelques années plus tôt elle avait eu à pleurer deux morts d'un coup. Son père disparu dans la sale brume et sa mère qui avait refusé de survivre à son homme. Pauvre mère, elle aurait été si heureuse de voir sa fille épouser René Pinto. Pour conjurer sa peur, Marie, face à l'Océan, entreprit de raconter à son amoureux les préparatifs du mariage.

— Dès demain j'irai commander ma robe chez la couturière. Elle sera toute simple, pas comme celle de Louise Legrand.

Comme la lavandière, Louise, fille de gros fermiers, s'apprêtait à prendre époux. Mais les paysannes avaient plus de chance que les filles de marin, elles se mariaient au printemps, ou l'été après la moisson. Les chemins étant secs, elles pouvaient s'autoriser des robes avec des traînes qui n'en finissaient plus. Et décorer l'église de beaux bouquets de roses.

« *Étoile*
Sans voile
Ah! Fais à mes yeux
Eclore
L'aurore
D'un jour radieux. »

Toute à son récit, Marie n'entendit pas hurler sur la mer. Pour peu qu'on prêtât l'oreille, la nuit, on pouvait percevoir des cris lugubres tout au long de la côte. C'était les appels désespérés des noyés que l'Océan n'avait pas rendus et qui ne pouvaient pas être enterrés en terre bénite. Malheur à ceux qui osaient répondre à leurs plaintes, les damnés sortaient de l'eau pour leur rompre le cou.

4

Le monde paysan n'était pas insensible aux malheurs des marins. Toutefois les deux communautés vivaient côte à côte sans alliances ni parenté. Sauf en de rares exceptions elles n'avaient guère l'occasion de partager leurs joies et leurs peines.

En ce mois de juin, les fermiers s'apprêtaient à fêter l'union de deux grosses fortunes, les Legrand et les Gouya, qui par un mariage allaient réunir leurs biens pour en constituer le plus beau domaine du canton. Cela ne s'était pas fait tout seul. Les deux pères, amis d'enfance, y songeaient depuis belle lurette. Leurs rejetons n'avaient pas encore fait leur communion solennelle qu'ils se retrouvaient chaque semaine au cul du tonneau pour discuter de leur projet. Au fil des ans, ils en avaient vidé des barriques de cidre. Les mères, plus mesquines, rechignaient à donner leur consentement. L'une espérait un militaire pour sa fille, à cause de l'uniforme bien entendu. L'autre lorgnait du côté d'une demoiselle de Bonaban qui n'avait pas trouvé de prétendant de son sang la trentaine passée. La mère Gouya rêvait, les matins de pluie, de nettoyer les vitres du château de son fils qui avait autant de fenêtres que de jours dans l'an. Ni l'une ni l'autre ne se faisaient réellement d'illusions, mais il s'écoula un certain temps avant qu'elles n'acceptent le projet de leur homme.

Restait la question du fils Gouya. Ce grand gaillard s'était laissé séduire par une mijaurée du bourg, Charlotte, la couseuse, une fille de pêcheur qui n'avait rien et, selon les dires du père, en voulait sûrement à leurs sous. Bon garçon, Julien finit par rompre. Il y eut un dernier verre, puis l'on fixa la date du mariage, pourquoi pas le dernier samedi de juin ?

Le jeudi précédant la noce, Louise passa sa robe pour le dernier essayage auquel Marie assista. Elle était venue chez Charlotte la couturière consulter les catalogues.

— Hier soir, fit la lavandière, j'ai pensé à différentes formes et je me suis dit : ma robe sera moins belle que celle de Louise. J'avais raison.

— Pas sûr, répliqua Charlotte. Plus courte et moins décolletée forcément, à cause du temps. Ça t'irait bien pourtant une grande échancrure sur le devant et le dos à moitié découvert. Jolie comme tu es.

— Plus jolie que moi ? s'offusqua Louise.

— C'est pas ce que j'ai dit.

Charlotte avait répondu sèchement, car tout de même, elle ne manquait pas de culot la Louise de lui avoir commandé sa robe de mariée. Du culot et de la bêtise.

— Tu ne l'as pas dit, mais tu l'as pensé si fort que je l'ai entendu.

C'est vrai qu'elle manquait d'attraits la Louisette. La couturière la détailla, l'œil expert. Elle avait de gros yeux globuleux qui lui donnaient un regard de vache triste. Des cheveux fins comme de la soie de porc. La poitrine plate comme une planche à pain et un cul rebondi de jument de trait. Deux poteaux soutenaient l'ensemble. Comment Julien, son Julien pouvait-il...

— Tu vas être superbe, Louise, fit Marie pour la consoler.

— Quel mal je me suis donné pour y arriver ! ajouta Charlotte qui ne manquait aucune occasion d'humilier sa rivale.

Louise se tourna et se retourna devant le miroir, fière de son allure. Elle se cambra :

— La taille pourrait être un peu plus marquée.

— Si tu tiens à faire ressortir tes grosses fesses, insista la couturière.

— Encore un compliment, c'est agréable.

Tout en s'admirant, Louise s'inquiéta de savoir si Marie avait fixé la date de ses noces.

— Le 10 novembre !

— C'est triste le mois de novembre. Pourquoi tu n'attends pas janvier pour bien commencer l'année ?

— Non. C'est trop loin. L'hiver passe si vite et l'été est si long. Je m'étais pourtant juré que jamais je n'épouserais un marin, soupira Marie.

Mais Louise ne pouvait pas comprendre. Elle ne savait pas ce que c'était de rester une nuit à écouter le temps qu'il fait dehors, de trembler au moindre coup de vent. De redouter la visite du maire et du curé, de porter un enfant et craindre qu'il ne connaisse jamais son père.

— Marie et moi, on est tombées du mauvais bord, pas comme toi, Louise, dit Charlotte qui se retenait pour ne pas lui planter une épingle dans la fesse.

Elle lui demanda d'ôter sa robe et de se rhabiller.

L'essayage était fini.

— Et toi, Charlotte ? Tu ne songes pas à te marier ?

Charlotte devint blême. Comment Louise avait-elle pu lui poser pareille question ? Il fallait qu'elle n'eût pas beaucoup de plomb dans la cervelle. Elle était bête comme une ânesse. Pas étonnant qu'à l'école elle eût si souvent coiffé le bonnet aux grandes oreilles. La couturière éclata :

— Si, j'y ai songé comme tu dis. J'ai eu le projet d'épouser un fermier que tu connais bien. Mais il est trop riche. Je n'ai pas de ferme à mettre dans ma corbeille de mariée, moi. Je n'ai pas de terre collée à mes sabots.

D'un geste brusque, elle lui arracha la robe des mains et poursuivit :

— C'est pas toi qui devrais la porter samedi, c'est moi.

Puis elle ouvrit sa fenêtre et la jeta dehors.

— Et tu lui diras à ton mari qu'il ne sait pas ce qu'il perd. Je l'aimais moi, et pas seulement pour ses sous.

Louise n'eut pas le temps de se rhabiller, elle sortit en combinaison rose. Sa surprise était telle qu'elle ne sentit pas la pluie ruisseler sur ses bras dodus. Elle récupéra son bien dans une flaque et resta plantée devant la maison de la couseuse, à pleurnicher.

Marie-Ange sortit de son épicerie avec un parapluie pour abriter Louise :

— Qu'est-ce qui t'arrive ? Tu as l'air d'une poule qui a trouvé une paire de ciseaux.

— Charlotte ne veut plus assembler ma robe.

— C'était bien la dernière à qui il fallait le demander. Tu n'as donc pas pour deux sous de jugeote, ma pauvre Louise. Viens ! Reste pas sous la pluie, c'est bien le moment d'attraper du mal.

Elles entrèrent chez la couturière. Marie-Ange lui ordonna d'achever le travail que Louise avait commandé : « Jamais une commerçante ne revient sur un engagement pris. » Samedi, quand Louise pénètrerait dans l'église, toutes les femmes du pays seraient sur le parvis pour admirer son œuvre.

— Tiens-toi fière, Charlotte. C'est pas en faisant ta gueule triste que tu vas attirer les galants, conseilla l'épicière.

— Je n'en ai pas envie.

Marie-Ange s'avança vers elle et lui chuchota à l'oreille :

— Maintenant oui, mais il s'en présentera bien un pour te faire oublier ce grand benêt qui n'a pas osé désobéir à sa mère.

L'union de Louise Legrand et de Julien Gouya fut

célébrée avec l'éclat qui convenait au rang des propriétaires terriens. Toute la fine fleur du monde paysan était là. A dix heures les carrioles envahirent le port et déversèrent les invités. On applaudit l'arrivée du marié. Maman Gouya, qui avait laissé ses hommes occuper le siège avant, trônait sur la banquette arrière du coupé, un mouchoir à la main. Elle prenait garde à ne pas trop sourire, se préparant à verser une larme durant la cérémonie : cela n'était jamais de gaieté de cœur qu'une mère donnait son fils à une autre femme. Puis la mariée apparut dans un cabriolet orné de guirlandes et de bouquets de lilas blanc. Papa Legrand le conduisait comme le char d'une reine de corso fleuri.

Le cortège nuptial grimpa la côte à pied jusqu'à l'église. Les hommes, en costumes sombres, offraient leur bras aux épouses et aux cavalières, moulées dans des robes colorées sous lesquelles on devinait la lourdeur de la taille. Quel contraste avec la simplicité, l'absence de recherche des tenues des femmes de marins. Elles avaient toutes un père, un frère, un beau-frère, un oncle, un cousin, un mari, un enfant, un fiancé à pleurer. Le noir du deuil les rendait si belles et si troublantes que les hommes de la noce ne purent s'empêcher de jeter des regards de feu vers les trottoirs où elles s'étaient regroupées. Le marié fermait la marche au bras de sa mère. Avant de franchir la porte de l'église, il tourna la tête en direction de la couturière et lui sourit. Qui sait, ils pourraient peut-être se retrouver pour se parler d'amour ? Aujourd'hui cela n'était qu'un mariage de raison. Charlotte devina ses pensées.

— Ah non ! lâcha-t-elle d'une voix si claire et si forte que tout le monde se retourna.

La grand'porte resta ouverte jusqu'au serment des fiancés. Ce rite permettait à ceux qui connaissaient des empêchements à la célébration des mariages de se manifester.

Les femmes de marins s'engouffrèrent dans l'église en queue du cortège.

Il n'y eut pas de scandale dans le chœur. Personne ne réclama l'annulation du sacrement. Pas même Charlotte.

— Maudit cochon! se contenta-t-elle de murmurer quand elle entendit Julien prononcer le « oui » qui le liait à sa bergère.

Jeanne et ses compagnes s'étaient regroupées à l'écart, dans la chapelle de la Vierge. Au-dessus de l'autel, une statue de l'enfant Jésus dans les bras de sa mère tendait un harpon pour secourir un marin perdu dans une tempête sculptée sur un panneau de chêne. La tête à peine immergée, le malheureux implorait le Rédempteur. Chaque dimanche après la grand-messe, les paroissiennes venaient s'incliner un court instant devant le retable, et se recueillir au nom de leurs hommes qui, sur les Bancs, n'avaient guère le temps de prier.

Soudain Marie porta une main à sa bouche pour étouffer un cri. Elle venait d'avoir une vision terrifiante : Jésus n'allait pas sauver le matelot en péril. Ce n'était pas une bouée de secours, une main tendue que lui envoyait le ciel, mais une gaffe crochue, acérée, un pic qui le menaçait comme celui de la statue de saint Michel terrassant Lucifer. Elle ferma les yeux pour ne pas voir la mer rougir du sang de sa proie qu'elle allait engloutir.

Marie se retourna et posa son regard sur un vitrail représentant des naufragés voguant dans le froid sur une glace en dérive. C'étaient les marins du *Gloire à Dieu* dont tout le monde ici connaissait l'histoire. Au siècle passé, ce bateau s'était éventré contre un *iceberge* comme disent les terre-neuvas, et avait jeté son équipage sur la banquise. Les marins avaient traversé un désert de glace et de feu, franchi des ruisseaux d'eau brûlante et des rivières gelées, subi des tempêtes de neige et des incendies de soufre. Quand leurs gerçures saignaient, quand la peur les prenait, ils redoublaient de ferveur et récitaient des *Ave Maria* en promettant, après chaque dizaine, d'aller tous les samedis en pèlerinage à la chapelle de Notre-Dame-du-Verger. Leur foi les sauva d'une mort certaine. La glace dériva jusqu'à croiser la route empruntée par les navires marchands. Ils furent secourus et ramenés à bon port. Ils ne figuraient pas sur la liste des péris gravée sous le vitrail.

Marie épela, l'un après l'autre, les noms de ceux pour qui la patronne des marins n'avait pas fait de miracle. Quels péchés avaient-ils donc commis pour que leurs cris ne fussent pas entendus par le ciel ? Un frisson parcourut la jeune femme lorsque son regard s'arrêta sur la place vide qui attendait d'autres noyés. Elle ne put s'empêcher de penser à René et fut soudain prise par le tournis de l'épouvante. Le bruit de sa chute interrompit le déroulement de la cérémonie. Hortense et Berthe la transportèrent au-dehors. Quand elle reprit connaissance, elle leur jura qu'elle n'était pas grosse.

— L'année prochaine je le serai. Je me marie moi aussi, dès que les bateaux seront revenus.

Elle avait dit ça avec son joli sourire triste.

Après la cérémonie, les chevaux de la noce trottèrent sur le chemin du Meinga. Les saisonniers claironnèrent des hourras.

— Vive la mariée ! Vive la mariée !

Le père Legrand avait confié la conduite du char de la reine à son gendre. Lui roulait en queue de cortège dans un coupé ordinaire.

— Venez danser avec nous si le cœur vous en dit, lança-t-il aux tâcherons pour les remercier de leurs vivats.

Il invita tout le monde. Ils ne manqueraient de rien, surtout pas de bon vin. L'œil de la mère Legrand vira au noir.

— Qu'est-ce qui te prend ?

— Il me prend qu'on n'a pas assez de cavaliers pour faire danser les filles, et qu'il n'y a pas mieux que ces gars-là pour mettre de l'entrain.

— De l'entrain ou du désordre ? fit-elle furieuse.

Arrivés sur la Pointe, les invités et les membres de la famille se réunirent autour des mariés pour la photo traditionnelle. Ils posèrent dos à la mer, entre deux rochers qui figureraient sur les bords du cadre. Une idée de M. Quémerais, le photographe de Cancale qui affectionnait particulièrement ce site.

Pierre fit une pause. Il se redressa sur son outil pour ne rien perdre du spectacle.

— Vas-tu aller au bal ce soir? demanda Jeanne.

— Je ne sais pas, patronne.

— Ah, faut y aller! Tu vas peut-être trouver une fiancée. Tiens! Regarde Marie-Thérèse, le chapeau violet sur la droite, c'est un bon parti. Elle n'est peut-être pas très jolie mais elle en a plein sa lessiveuse.

— De quoi?

— De sous pardi!

Les parents de la jeune fille ne seraient pas exigeants, ils avaient du mal à la caser. S'ils trouvaient un gendre courageux et capable de mener la ferme, ils ne demanderaient pas de contrepartie.

— Je ne suis pas intéressé, fit Pierre en rougissant.

— C'est pourtant le rêve de tous les saisonniers de prendre une fermière sur la côte. Certaines années, j'en ai entendu qui disaient : « Même une bossue. »

Pierre laissa la patronne le taquiner. Chaque fois qu'elle lui parlait comme à quelqu'un de proche, il se sentait accepté, apprécié, estimé. Il était là depuis quelques jours seulement et déjà il avait l'impression d'être un gars du pays.

— Si tu fais affaire, c'est ici qu'on prendra la photo, poursuivit Jeanne avec le plus grand sérieux.

— C'est toujours là? fit Pierre naïvement.

— Ici, à la pointe du Grand Nez, ou dans l'anse du Lupin.

Le regard de Jeanne s'embua.

— Enfin, pour les paysans précisa-t-elle, pas pour les marins.

Quand ils rentraient, la mer, ils en avaient soupé les pauvres gars. Dessus, du printemps à l'automne, ils essayaient de l'oublier l'hiver. Ils préféraient la place du bourg pour leur cliché de mariage. Là-bas, sur les Bancs, quand ils avaient le mal du pays, ils regardaient la photo. Ils voyaient leur femme, la famille, les copains. L'église, les maisons, le café d'Adrienne. Le papier moisissait durant la campagne, au retour la photo était bonne à jeter.

« L'eau de mer pourrit tout, jusqu'à leurs petites affaires. Ont-ils du mal, mon Dieu !

Jeanne avait des sanglots dans la voix. Pierre eut du mal à retenir son émotion. Jamais, jamais il n'avait entendu un cœur battre aussi fort. Il s'attachait à sa patronne.

La ferme du père Legrand tournait le dos à l'anse du Lupin, un bras de mer qui se frayait un chemin entre les champs de patates. C'est là, sur une terrasse dominant l'aber, qu'eut lieu le repas de noces l'après-midi. En échange d'un poulet et d'un gâteau pour la Communauté, sœur Claude avait rédigé les cent vingt menus de sa belle main d'écriture.

Apéritif
Les perles cancalaises (huîtres)
Les moules marinières
Les oreilles de la mer (ormeaux)
Maquereaux à la sauce verte
Effeuillade de morue
Muscadet nantais

Des plats légers pour se mettre en appétit. Les coquillages et les poissons engloutis, on chanta pour reposer les estomacs. Alignés au bord de l'eau, les hommes soulagèrent leur vessie au son des voix mélodieuses de leurs épouses.

A trois heures on se remit les pieds sous la table pour déguster les trésors de la ferme.

Asperges à la sauce mousseline
Cochon de la queue au menton
Poulet farci
Dindon dodu
Le balai de l'intestin (salade)
Cidre bouché

Nouvelle pause durant laquelle on se remit à chanter. Les voix avaient pris du gras, les trognes s'étaient empourprées. On parlait haut et fort, l'ouïe étant devenue moins fine.

De nouveaux convives arrivèrent à la nuit tombante, des relations éloignées qu'il fallait inviter. Ils se mêlèrent aux proches à l'heure du souper, des gros plats et des desserts :

Potage velouté
Veau Grand-mère
Oranges de Bretagne (pommes de terre)
Cresson
Saint Emilion, arrosez nos gros bidons
Pièce montée
Vins fins
Café
Liqueurs

A onze heures du soir, on avait pris suffisamment de force pour danser jusqu'au petit matin. Les mariés ouvrirent le bal. Jeanne, Berthe, Hortense, Victoire et leurs voisines se tenaient en retrait. Elles n'étaient pas venues pour valser, seulement pour écouter la musique et voir la noce se donner du bon temps. Elles avaient réussi à traîner Marie avec elles pour qu'elle se change les idées. On les distinguait à peine dans l'obscurité avec leurs robes sombres et leurs châles noirs. Seuls leurs yeux vifs perçaient la nuit. Pierre ne cessait de contempler ceux de la lavandière.

Jeanne reprocha à ses filles de s'accrocher aux basques

du jeune homme. Il ne trouverait pas de cavalière si elles restaient collées à lui comme des berniques au rocher.

— Il a promis de danser avec moi la première, protesta Adèle.

— A moi aussi, dit Perrine.

— Ah non ! Pas toutes les deux ensemble.

La mère intervint : elles n'étaient pas invitées, elles n'avaient pas le droit d'aller sur la piste.

Pierre fit un premier tour pour choisir une partenaire à son goût. Marie-Thérèse, le chapeau violet, faisait tapisserie, encadrée par ses parents qui lançaient des sourires à tous les garçons en âge de se marier. Pierre eut droit à leur grimace, il prit peur et fit demi-tour. Dépitée, Marie-Thérèse engouffra trois choux à la crème qui traînaient dans son assiette.

Près de la charrette qui servait d'estrade aux musiciens, Louis Legrand offrait le coup du père de la mariée aux gars venus mettre de l'entrain et faire danser les filles. Il tirait le cidre d'une barrique posée sur un chevalet en croix de Saint-André. Auguste et Raoul trinquaient.

— « *En l'honneur du patron*
Faisons sauter le bouchon.
Et buvons à la santé
De l'aimable société. »

Ils attirèrent Pierre à la buvette.

— Patron, vous avez devant vous le meilleur valseur de notre région.

Pierre se défendit.

— Faut pas les croire, monsieur Legrand.

— Comment ça, faut pas nous croire ? Il tourne quasiment sur place.

— Montre-nous ça, mon gars, commanda le père Louis.

Aussitôt Raoul et Auguste avancèrent une table, à

peine plus large qu'un guéridon, au milieu de la piste. Ils ceinturèrent leur champion et le hissèrent dessus.

Les danseuses délaissèrent leurs cavaliers pour s'approcher de la table. Elles applaudirent le beau jeune homme qui valsait d'un mouvement si gracieux. Soudain la mariée trouvait son mari moins séduisant. Marie-Thérèse était béate. Son père la poussa du coude, sa mère lui parla à l'oreille : elle devait entreprendre le jeune homme quel qu'en fût le prix.

Pierre cherchait à attirer le regard de Marie. Ses yeux croisaient ceux de la jeune fille à chaque tour, quand il se trouvait face à elle. Pour la première fois la lavandière mesura l'intérêt que lui portait le saisonnier. Rougissante, elle se cacha derrière Hortense et Berthe à qui rien n'échappait.

C'est le moment que choisit Victoire pour encourager Charlotte à sauter sur la table.

— Vas-y ! Prends ta revanche.

La couturière poussa tout le monde pour arriver au premier rang. Aussi leste qu'une chevrette, elle bondit sur le guéridon et s'offrit aux bras du danseur. Ce dernier profita d'un changement de ton de l'accordéon pour inverser le sens de la valse. Ses admiratrices applaudirent joyeusement.

Soudain, Marie se sentit mal à l'aise. Elle décida de fuir le bal.

Dans le hameau désert, Branle dans l'vent profitait de la douceur de la nuit. Il avait sorti une chaise dans son jardinet pour écouter la musique lointaine et battait la mesure avec son pied chaussé d'un lourd brodequin. Marie arriva en vue des premières maisons.

— Mais c'est notre Marie, dit-il feignant de ne pas l'avoir tout de suite reconnue. Tu n'es pas restée au bal ?

Marie fit non de la tête.

— Tu es sage à ce que je vois. C'est bien.

La jeune fille ne voulait pas s'éterniser avec son futur beau-père. Elle souhaitait rentrer chez elle, pour écrire à son fiancé. Il fallait oublier au plus vite ce pincement au cœur ressenti quand Charlotte s'était jetée dans les bras de Pierre. Le vieux Charles insista :

— Tiens-moi compagnie cinq minutes. Ne crois pas que je suis sorti pour te surveiller. Il fait bon, je prends l'air.

Il n'avait pas sommeil. Il aurait tout le temps de roupiller quand il serait mort.

— C'était comment la noce?

— Ils avaient l'air de s'ennuyer.

— Les paysans ne savent pas rigoler, affirma Branle dans l'vent, ils se plaignent tout le temps. Bientôt on va leur montrer, nous, ce qu'est une noce de marins.

Le vieil homme se leva. Il ôta sa casquette pour embrasser sa bru et lui donna la permission de se sauver.

— Va-t'en, ma fille! Si tu es revenue aussi vite, c'est que tu avais envie d'être seule.

Marie l'embrassa pour le remercier d'avoir su lire dans ses pensées. Le père Charles prit sa chaise et retira chez lui. Il s'était défendu de surveiller la fiancée de son gars. A la vérité, il avait peut-être menti.

Mon amour,

Je me suis pressée de rentrer pour être avec toi. J'étais perdue au milieu de tout ce monde. Ils faisaient trop de bruit. Ils riaient trop fort.

Marie avait allumé sa lampe, sorti du papier d'un tiroir de la commode, ainsi qu'un porte-plume et un encrier. Elle commença une lettre qu'elle confierait au *Sainte Jehanne d'Arc*, le bateau-hôpital ancré au port de Saint-Malo et qui appareillerait le lendemain pour les Bancs.

La musique du bal lui revint en tête. Elle se leva et se mit à valser entre les deux tables qui, avec deux lits, une armoire, le buffet, le coffre et l'horloge, encombraient l'unique pièce de sa maison.

Pierre, l'ouvrier de Jeanne, a dansé sur une table pas plus large que les miennes, c'est dire s'il est adroit.

Les meubles se mirent à tourner. Marie avait si peu

l'occasion de valser qu'elle dut s'asseoir pour ne pas tomber. Elle trempa la plume dans l'encrier, raconta que Charlotte avait fait du scandale, sauté sur la table pour danser avec Pierre.

Tu imagines l'effet que cela a produit. Jusque-là tout se passait pour le mieux. « Dommage qu'elle ait voulu se montrer », a dit Jeanne.

Elle interrompit son récit. Elle rêvait à des mots plus tendres.

— Mon René, mon amour, mon amour. Amour, amour, amour.

Ses lèvres parlaient pour son cœur. Rien ne semblait pouvoir interrompre leur litanie :

— Amour, amour, amour...

Les voisines revinrent à leur tour en chantant.

— « *En revenant des noces*
J'étais bien fatiguée.
L'oiseau sur une branche
S'est mis à chanter. »

Les oiseaux dormaient encore. Dans le lointain la demie de minuit sonna au clocher du bourg. Pierre avait choisi son camp, tourné le dos aux bons partis de la terre, emboîté le pas des femmes de la mer. Elles avançaient bras dessus, bras dessous, fredonnant, dansant, occupant toute la largeur du chemin.

— « *Le rossignol chantait*
La chanson de la noce. »

La chaîne perdit ses maillons au fur et à mesure qu'elles entraient dans leurs maisons. D'abord Marie-Renée, puis Jeannine, Victoire, Hortense, Désirée, Marie-Louise et enfin Berthe. Colombe se détachait du groupe comme d'habitude. Elle s'était laissé distancer en quittant la ferme.

— Celle-ci ! s'exclama Berthe.

Elle n'en dit pas plus mais toutes imaginèrent que Belle en cuisse espérait un galant.

La mer était basse. Deux doris reposaient côte à côte,

nez à nez, au bout du même corps mort. Un saisonnier sortit de l'ombre. Il entraîna Belle en cuisse entre les deux barques. Ils s'allongèrent sur le sable humide que leurs corps bien vivants séchèrent vite.

Colombe gazouilla :

— « *La chanson de la noce*
La itou la la
Itou la la
Itou la la. »

Elle ne put reprendre le couplet, trop occupée à donner des baisers.

Marie, elle, avait oublié les œillades enflammées de l'ouvrier de Jeanne. Elle se gardait pour son fiancé. Bientôt c'est lui qui délacerait son tablier, déboutonnerait sa robe, tirerait ses bas de coton gris. Elle était belle, Marie.

Pierre rusa pour s'arrêter devant le muret de la laveuse.

— Où tu vas ? s'inquiétèrent Adèle et Perrine.

— Là où vous ne pouvez pas l'accompagner, plaisanta la mère.

Il se dressa sur ses pieds qui avaient trop dansé et portaient un homme éméché, victime d'avoir dû payer en petits verres la rançon de son succès. Il vacilla sur leurs pointes et retomba sur ses talons. Il eut du mal à distinguer Marie au travers de ses rideaux. Ce qu'il en vit attisa son désir. Avant de passer sa chemise de nuit, l'amoureuse serra sa lettre contre sa peau. Elle caressa sa poitrine, parfuma le papier de son odeur, l'imprima des battements de son cœur.

— Allez ! viens, Pierre !

Jeanne avait fait demi-tour. Elle l'entraîna sur le chemin de la ferme pour lui éviter de trop rêver.

5

Chaque année l'État français envoyait un bateau sur les lieux de pêche. Chargé de surveiller l'application des lois et des règlements, d'empêcher les litiges internationaux, il portait aussi assistance aux équipages. En outre il fournissait des médicaments aux navires, accueillait et soignait à son bord les blessés et les malades qu'il transportait à l'hôpital de Saint-Pierre quand leur état le nécessitait. Enfin, et cela n'était pas la moindre de ses missions, il distribuait le courrier des familles des marins.

Prête à appareiller au début du jusant, le *Sainte Jehanne d'Arc* était à quai à la cale de Dinan au port de Saint-Malo. Deux bonnes heures avant le plein, une procession de femmes et d'enfants défila à sa coupée. Un quartier-maître confirmé présentait un grand sac ouvert dans lequel un enseigne de vaisseau de deuxième classe jetait les lettres et les petits colis. Il recevait aussi les messages.

— Dites bien à nos hommes qu'on pense à eux.

Jeanne se présenta avec trois lettres et une manne recouverte d'une grosse toile cousue à même l'osier. Le midship refusa le colis jugé trop lourd. Jeanne insista, implora une faveur. Cela n'était que des pommes de terre, quelques patates nouvelles.

— Elles ne seront plus tellement nouvelles quand elles

arriveront sur les Bancs, mais au moins ils en auront le goût.

Le jeune officier se laissa attendrir et accepta de prendre le paquet à son bord.

Victoire, elle aussi, avait une communication à transmettre au matelot Foursin Francis, saleur à bord de *La Charmeuse* : sa femme lui était fidèle, bien fidèle.

Marie-Louise se présenta le ventre en avant.

— Moi, à mon homme Amand Guilbert, faut lui dire que vous m'avez vue. Que j'porte pointu comme pour une fille. Il sera si content. On a déjà trois gars.

Quant à Marie, elle tendit sa lettre en rougissant, comme si de l'enveloppe s'échappaient ses mots doux et son parfum de femme amoureuse.

Les femmes longèrent la côte pour rentrer à la Guimorais. De temps en temps elles se retournaient pour voir le navire-hôpital s'éloigner dans le large. Les nouvelles des familles, les mots simples parfois maladroits, les épanchements des cœurs traverseraient l'Atlantique dans ses soutes. Avant de rentrer dans le bourg de Rothéneuf elles lui firent un dernier adieu à la pointe de la Varde. Le bateau disparut à l'horizon dans un mur de nuages noirs qui mangeaient le ciel au-dessus de la ville fortifiée et de ses défenses, le Grand Bé, le Fort National, Cézembre et la Conchée.

Les filles se hâtèrent, le grain ne tarderait pas à les rattraper. Marie-Louise ne pouvait suivre l'allure.

— Ne m'attendez pas !

— Il ne manquerait plus que ça, répondirent Jeanne et Marie qui rebroussèrent chemin pour la soutenir.

— Vous allez vous faire tremper.

— Nous, c'est pas grave. Toi, il ne faut pas que tu attrapes du mal à la veille d'accoucher.

Soudain la pluie s'abattit, froide, horizontale. Un vent d'ouest souleva les jupes des femmes et gonfla les voiles des maquereautiers que le changement de temps avait surpris en pêche. La marée perdue, ils luttaient face au courant qui s'était inversé et les poussait contre les têtes de cailloux découvrant au jusant.

Marie se précipita à l'intérieur de sa maison. Sans penser à ses vêtements mouillés, elle vint à la fenêtre et regarda dehors s'installer la tempête. Elle écouta le vent, la pluie, le bruit de la mer toute proche.

— René, soupira-t-elle.

Jeanne se sécha le dos à la cheminée. Elle aussi entendait le vent qui ronflait dans le conduit. Adèle et Perrine jouaient aux petits chevaux en compagnie de Pierre. Le capitaine avait découpé dans un morceau de carton toutes les pièces du jeu un soir d'hiver. Adèle et Perrine les avaient coloriés. Seuls les dés provenaient du commerce. La mère était heureuse de voir ses filles insouciantes. Adèle rejoua, elle avait fait un six.

— Maman ? Qu'est-ce que tu as écrit à papa ?

Une question moins frivole qu'il n'y paraissait.

— Tu es curieuse comme une vieille pie, répondit Jeanne.

— Allez ! dis-nous.

La mère céda. Elle avait écrit que Pierre faisait du bon travail et qu'elle avait l'intention de lui demander de rester après les patates pour la fenaison et la moisson, le piquage des choux et des betteraves.

— Oh oui ! s'exclamèrent les deux gamines.

Elles s'approchèrent du tâcheron, s'agitèrent comme des puces et piaillèrent comme des hirondelles.

— Tu veux bien, Pierre ?

— Dis oui !

— Arrêtez, les filles ! Si Pierre ne dit rien, c'est qu'il a besoin de réfléchir.

Jeanne traversa la cuisine. Elle vint comme Marie derrière sa fenêtre pour voir et écouter mugir la tempête. Elle ne cessait de penser à son capitaine.

— Mon Dieu, pourvu qu'ils ne soient pas pris dans la tourmente eux aussi.

Puis elle ajouta de peur d'inquiéter ses filles :

— Heureusement demain c'est dimanche. La terre va être trempée, on n'aurait pas pu arracher les pommes de terre.

Pierre se pencha vers les filles et leur chuchota quelques mots dans l'oreille. Les gamines lui sautèrent au cou. Elles étaient si heureuses.

— Maman ! Pierre a dit oui.

— Merci, Pierre.

Jeanne poussa un long soupir. En acceptant sa proposition, il la libérait un peu du poids de sa solitude, mais elle n'osa l'avouer.

— Comme tu vois, poursuivit-elle les filles ont de plus en plus de mal à vivre sans homme à la maison.

Les maisons de la Guimorais subissaient les assauts de l'ouragan. Emportés vers la terre, les mouettes et les goélands surgirent dans la nuit, rasant les toits, poussant des cris lugubres. Toutes les femmes sans exception, même Colombe, s'étaient postées derrière leurs carreaux. Elles priaient pour leurs pauvres marins comme si le vent qui balayait la côte devait au même moment creuser la mer à des milliers de kilomètres.

Hortense fit sa prière sans respirer, pour en dire plus :

— *Je vous salue Marie pleine de grâce, le Seigneur est avec vous. Vous êtes bénie entre toutes les femmes et Jésus, le fruit de vos entrailles, est béni.*

Victoire pressait son alliance pour se sentir plus proche de son homme.

Les mains jointes, Marie semblait absente, elle ne voyait plus les arbres plier dans la tempête.

— *Sainte Marie, Mère de Dieu, priez pour nous pauvres*

pécheurs, maintenant et à l'heure de notre mort... A l'heure de notre mort.

Elle se sentit les yeux pleins de larmes.

Louis, l'aîné des gars Guilbert, passa devant sa fenêtre en courant. Elle l'entendit frapper chez Berthe.

— C'est maman ! cria le garçon.

Marie-Louise avait ressenti les premières douleurs et envoyé son fils alerter la sage-femme.

Berthe grimpa dans le lit. Elle s'agenouilla, chevauchant les jambes de la future maman.

— Tournez la tête ! commanda-t-elle aux garçons avant de soulever la robe de leur mère.

Louis, Félix et Jean-Marie se figèrent face à la cloison. Le cadet donna un tour de vis au cou du petit frère qui cherchait à tricher. Les yeux ne voyaient pas, mais les oreilles cherchèrent à entendre malgré le bruit du dehors.

— Tout est ma faute, répétait Marie-Louise. J'ai couru sous la pluie en revenant de Saint-Malo. J'ai dû perdre les eaux.

— C'est la lune ce soir, dit Berthe. Tu n'y avais pas pensé ?

Non, elle n'y avait pas pensé. Elle n'imaginait pas que ça arriverait si vite. Le bateau avait accosté le 12 octobre, elle attendait l'heureux événement pour le 14 juillet.

— Tu iras danser au bal du 14 juillet. C'est pour ce soir, et même dans pas longtemps.

Marie-Louise avait l'habitude, pourtant cette fois elle appréhendait.

— Quoi donc, grands dieux ? Tu les mets au monde comme une lettre à la poste.

Berthe recouvrit ses jambes. Elle descendit du lit et envoya les garçons dormir chez Hortense.

— Quand vous vous réveillerez, vous aurez une petite ?...

— Sœur.

Louis et Jean-Marie s'abritèrent sous la même cape et se rendirent aussitôt chez la voisine.

— Qu'est-ce que vous faites là ?

— Notre petite sœur arrive cette nuit.

— Entrez vite vous mettre à l'abri.

Hortense accueillit les garçons sans plus de cérémonie. L'entraide était naturelle chez les femmes de marins.

— Comment allez-vous l'appeler ?

— Désirée.

— Comme c'est joli.

Jean-Marie, le plus petit, se faisait une joie de passer la nuit chez la voisine. Elle avait un mainate qui sifflait plusieurs chansons que Léon, le mari d'Hortense, lui avait apprises. La cage de l'oiseau était recouverte d'un tissu noir.

— Il n'est pas là Biribi ? fit l'enfant déçu.

— Si, il dort. Ne le réveille pas surtout, il ne serait pas content. Tu le verras demain matin.

C'est alors qu'elle remarqua l'absence de Félix.

— Il ne vient pas ?

Louis expliqua qu'il n'était pas sorti aussi vite qu'eux. Des trois, c'est lui qui mettait le plus de temps à s'habiller.

En fait, Félix traînait. Blotti entre l'armoire et le buffet, il ne pouvait détacher son regard du lit. Il avait pitié de sa mère qui ressentait des douleurs de plus en plus fréquentes, de plus en plus vives.

Berthe s'affairait dans la pièce, elle fit chauffer de l'eau, sortit des linges propres de l'armoire.

— Qu'est-ce que tu fais là ? gronda-t-elle en découvrant la présence du garçon. Tu n'es pas chez Hortense ? Allez oust ! reste pas planté comme un cierge à l'église.

Quand il fut dehors, Félix se couvrit la tête avec le col de sa veste et se tapit dans l'encoignure de la porte. Il se boucha les oreilles pour atténuer les cris de sa mère qui lui brisaient le cœur. Il grimaçait et souffrait avec elle.

Ses yeux apeurés virent la lune se cacher derrière un gros nuage. La nuit se fit plus noire encore.

L'enfant n'était pas seul sous le mauvais temps. Pierre était sorti de la ferme, il longea la côte dans la bourrasque et s'arrêta sur la grève. Il était venu assister au spectacle de la tempête. De sa première tempête.

Il avait du mal à se tenir debout face à la mer en furie. Les lames s'élevaient de plus en plus hautes dans un mouvement désordonné. Elles s'abattaient sur le sable et frappaient les rochers en faisant un bruit d'enfer. Projetés par le vent, les paquets d'eau semblaient vouloir tout détruire, tout briser. La mer, dans sa folie, pouvait tout engloutir. Pierre prit peur, il fit demi-tour et marcha comme un homme ivre, de vent, de pluie et de sons assourdissants.

Dans cette nuit d'épouvante, dans ce temps de fin du monde, une femme allait donner la vie, les gémissements de Marie-Louise se mêlaient au sifflement du vent, aux piaulements des mouettes. Félix hurla pour couvrir un long cri poussé par sa mère. Les nuages passèrent devant la lune qui éclaira de nouveau le visage de l'enfant. Dans la maison, Marie-Louise cessa de se plaindre.

Félix entendit les premiers pleurs du nouveau-né et vit Berthe le porter à bout de bras derrière les vitres de la fenêtre.

Il sortit du jardinet et courut rejoindre ses frères en criant :

— C'est un gars ! J'ai vu, c'est un gars !

Berthe leva les yeux vers le ciel pour y lire le destin du dernier des Guilbert.

— Regarde, Marie-Louise, comme la lune est belle, pas un nuage pour la noyer.

Puis s'adressant à l'enfant :

— T'as de la chance, mon bonhomme, tu ne mourras pas dans l'eau.

Elle le rendit à sa mère qui ne put contenir son chagrin. Marie-Louise pleura des larmes amères, elle aurait tant voulu avoir une fille.

Le lendemain matin toutes les femmes caquetaient devant la maison de l'accouchée.

— Elle se trompait la pauvre Marie-Louise, quand on porte pointu c'est toujours un gars, fit Berthe d'un ton doux.

— Pourquoi tu ne lui avais pas dit? demanda Marie.

— Parce qu'elle le savait. Mais elle ne se voyait pas, elle la désirait tellement sa fille. Valait mieux la laisser croire jusqu'au dernier moment.

Berthe était fière chaque fois qu'elle sortait un bébé du ventre de sa mère. Elle l'était encore plus à l'arrivée des papas. Fière d'avoir su cueillir l'été le fruit de la graine que les hommes avaient semée en hiver. Jardiniers sans jardins qui ne voyaient pas les plants sortir de terre et les arbres fleurir au printemps, les épis mûrir, les pommes et les poires tomber dans l'herbe des vergers. Berthe était là pour les suppléer. Parfois pour arracher les pousses bâtardes qui pourrissaient les récoltes.

— Tout s'est bien passé? s'inquiéta Victoire qui n'avait toujours pas enfanté après six ans de mariage.

— Très bien, assura la sage-femme. Il est arrivé un peu vite mais il est costaud, bien formé, il a tout ce qui faut. Merci mon Dieu.

Il était né dans un bon mois, encore merci mon Dieu, dans les dates permises. Cela ne serait pas le cas pour l'enfant de Belle en cuisse...

— Il paraît qu'elle va dépoter le sien au mois de janvier.

— Comment tu le sais? demanda Berthe qui avait fait ses calculs.

— Ne me le demande pas, répliqua Hortense.

Et se tournant vers les autres, elle ajouta :

— La seule chose que je peux vous dire c'est que les bateaux n'avaient pas doublé le cap Fréhel qu'elle avait déjà un pieu dans le ventre.

— Si ce que tu dis est vrai elle devrait accoucher dans les semaines qui viennent, constata Victoire.

— Non, ça n'a pas marché ce coup-là, affirma Hortense qui paraissait au courant de tout. Elle a eu un autre amant au printemps, et là !...

Elles partirent toutes d'un grand éclat de rire.

Ce dimanche, les voitures à chevaux du père Legrand, de Julien Gouya, d'André Lefeuvre, d'Eugène Fieurgant et de Jean Noblet traversèrent la Guimorais les unes derrière les autres. Chargées des tâcherons, elles faisaient route vers la gare. La saison finie, les Bretons de l'intérieur rentraient dans les terres retrouver leurs familles.

— Au revoir ! A l'année prochaine !

— A l'année prochaine !

— C'est lequel ? demanda Berthe, curieuse de voir le beau gars qui avait séduit Belle en cuisse.

Hortense la renseigna :

— Celui qui est debout dans la troisième voiture.

A la sortie du village, une jeune femme aux yeux de braise et au ventre à peine arrondi assistait au passage du cortège des cabriolets. Le jeune homme de la troisième voiture lui fit un signe de la main.

— Belle en cuisse ! cria-t-il.

Colombe lui envoya un baiser. L'an prochain, il ne ferait pas partie de la troupe.

Après la tempête de la nuit, des épaves dansaient dans le flot apaisé. La mer rendait au jour les restes d'un rafiot victime de sa fureur. Des bonbonnes de verre, des tonneaux de bois, des lames de pont, des lambeaux de voilure. Jeanne et Pierre s'étaient rendus sur la grève pour user du droit de récupérer ce que la mer rapporte. Ils chargèrent un mât dans le tombereau.

— L'année dernière elle nous a rendu un noyé, dit la patronne, on n'était pas fiers. Hue, Gros cul !

Ils avancèrent dans le sable humide, muets. Pierre

pensait aux marins qui n'avaient plus de mât, plus de voile pour guider leur navire. Peut-être plus de bateau. Certains coulés à pic, d'autres accrochés à une épave flottante. Les uns tenant le coup, les autres lâchant prise. Jeanne avait les mêmes images en tête, elle les chassa et parla d'autre chose.

— Pierre ! Tu ne regrettes pas d'être resté ?

— Je me sens bien ici.

— Tu n'as donc pas quelqu'un qui t'attend?

— Non, affirma-t-il aussitôt.

Puis il s'expliqua :

— Je veux voir les bateaux revenir. Je veux voir ces hommes pour qui le cœur des femmes bat si fort.

Jeanne ne put s'empêcher d'en rire. Elle pressa Gros cul. C'était l'heure de rentrer, de s'endimancher pour aller aux vêpres.

6

Comme elle l'avait promis, durant l'absence de Pierre, Léa ouvrit sa maison tous les jours. Elle lui redonna un coup de propre et de gaieté. La pièce principale en avait grand besoin, la mère du garçon ayant négligé son ménage, les derniers temps. La jeune fille se garda de ne rien changer à l'ordonnancement de l'intérieur. Elle encaustiqua les meubles, pendit des rideaux à la fenêtre, et mit un napperon sur la table. Elle posa un cadre sur la cheminée près des images pieuses, un tableautin qu'elle avait brodé au point de croix, le soir, en pensant à lui. Des chatons y jouaient avec une pelote de laine. Un chat tigré tournait le dos à la scène, sans doute la maman des petits. Léa l'avait doté d'une tache en forme de cœur sur la patte.

A cinq heures du soir, un sifflet joyeux signala l'arrivée du train en gare d'Havre. Les voyageurs descendirent des wagons de troisième classe. Ils restèrent un instant sur le quai pour saluer leurs compagnons qui n'étaient pas encore arrivés à destination. Des trognes rougies par le vent, le soleil et la boisson apparurent aux fenêtres. Tous chantèrent l'hymne des départs et des retours :

— « *Sont, sont, sont*
Les gars des monts d'Arrée... »

Léa s'inquiéta. Elle n'entendait pas la voix de Pierre. Il n'était pas dans la file des arrivants qui rendaient leurs billets au contrôleur. Son cœur s'affola. Elle courut après Raoul et Auguste.

— Vous n'avez pas vu Pierre Abgrall ?

Elle dut répéter sa question. Les deux compères roulaient d'un pied sur l'autre, tanguaient comme les marins retrouvant la terre ferme après un long séjour sur les océans.

— Si on l'a vu, on était dans le même pays.

— Il ne lui est rien arrivé ?

— Mais non. On ne fait pas un métier dangereux, nous autres.

— Alors pourquoi il n'est pas avec vous ?

— Il a décidé de faire du rab, lâcha Raoul.

Le visage de Léa se décomposa. L'homme lui mentait. Elle devint aussi pâle qu'une morte.

— Il n'a pas trouvé de fiancée là-bas si c'est ça qui te fait peur.

Auguste en profita pour embrasser le cou de la jeune fille et lui caresser la taille. Léa pleurait déjà. Elle repoussa l'ivrogne et le gifla pour le punir de son audace et de son sourire stupide.

La pauvrette s'enfuit cacher ses larmes chez Mélanie.

— Il aura voulu gagner un peu plus de sous, dit la tante pour la consoler. Quand il en aura mis assez de côté, il reviendra pour demander ta main.

Non, Léa ne voulait pas la croire, il les aurait fait prévenir par les autres.

— Pierre n'est guère causant tu sais bien. Il n'est pas du genre à livrer ses secrets.

— J'ai peur, Mélanie, j'ai fait un songe.

L'amoureuse se réfugia dans l'ombre pour raconter : La veille, elle s'était réveillée au milieu de la nuit. La lune était pleine, il faisait clair comme à midi. Léa entendait des bruits, comme une tempête, et les cris d'une femme sur le point d'accoucher. Des mouettes aussi qui piaillaient dans le vent au-dessus de la maison. Un vent si fort qu'il ouvrit la porte et la fenêtre. Léa se leva pour les fermer, Pierre était là, dans le chemin, sous la pluie. Il ne cherchait pas à s'abriter, au contraire, il lui tendait les mains en disant : « Sors ! Viens avec moi ! Viens voir comme c'est beau la mer en furie. »

— Toi qui as le don de voir, Mélanie, dis-moi ce que ça signifie.

La vieille restait muette. Léa venait de découvrir ce que rêver veut dire. De plus en plus inquiète, la jeune fille risqua, tremblante :

— Moi aussi j'ai le don de voir?

— Oui, fit la vieille gravement, en secouant la tête.

Léa prit peur. Dorénavant elle ne dormirait plus jamais tranquille.

Le soleil se couchait. En traversant le marécage au bas de la colline, la jeune fille croisa les fantômes des lavandières autour de l'étang. Certaines battaient leur linge, agenouillées dans des baquets. D'autres, qui se tenaient debout, tordaient les draps pour les essorer. Elles se hâtaient et réclamèrent l'aide de la passante :

— Rejoins-nous, Léa ! Regarde nos tas de linge, si tu ne nous aides pas, on n'aura pas fini avant que le jour se lève.

La montagne fourmillait déjà de bruits inquiétants. La nuit se peuplait de ses créatures étranges.

A minuit, Léa n'arrivait toujours pas à trouver le sommeil. Des images revenaient sans cesse : une laveuse en robe blanche s'admirait devant un miroir pendant qu'une couturière lui posait un diadème sur la tête. La couseuse avait fait des merveilles.

— Tu vas être la plus belle mariée de l'année, disait-elle à sa cliente. Quand c'est pour nous autres, je ne ménage pas ma peine, j'y mets tout mon cœur. Ils méritent bien d'épouser de belles filles nos pauvres marins.

7

L'été, Pierre vécut au rythme des travaux de la belle saison, la fenaison, les moissons du blé, de l'orge et de l'avoine. Le dimanche, il ne courait pas le jupon et ne fréquentait pas les cafés du bourg. Son passe-temps favori était de s'isoler à la pointe du petit Chevret ou sur le grand perchis face aux Tintiaux. Il pêchait à la gaule, maquereau, lieu de roche, bar, guittan et perlée. Il retournait les cailloux, fouillait les fentes et les trous du Nielport et des Courtils. Il traquait les poings-clos, les étrilles, les congres et les homards. Aux petites marées il se contentait de cueillir quelques assiettées de moules sur les cailloux bleus de la Roche aux Chats. La pratique de la pêche à pied finit d'en faire un gars du pays.

Au retour de la grève il lui arrivait d'allonger son chemin. Il entrait dans le hameau et frappait à la porte de la lavandière.

— Le banc de sable du port a détouré. J'ai des praires et des coques, en voulez-vous?

Marie sortait une bassine, remerciait le pêcheur et le gardait juste le temps de boire un verre de vin. Elle en avait toujours une bouteille d'avance en cas de visite, du *Comte de Manon* écrit en lettres d'or sur une étiquette noire. 12° 5. Pierre avalait debout, ce velours de l'estomac. Jamais la lavandière ne l'invita à s'asseoir, elle redoutait d'entendre le saisonnier lui bredouiller des mots doux. Vite, elle se trouvait de l'ouvrage pour abréger leur entretien. Elle était fiancée, le garçon était arrivé trop tard.

Un matin, en arrivant à la ferme, Marie trouva Pierre à genoux devant la lessiveuse. Il avait allumé le feu et attisait les flammes en soufflant dessus.

— Merci, lui dit-elle en guise de bonjour.

— J'ai pensé que ça vous ferait plaisir, répondit-il en rougissant.

Elle évita son regard, souleva le couvercle et trempa sa main dans l'eau.

— Ça va surtout me faire gagner du temps, elle est déjà tiède.

Puis elle chercha à l'éloigner :

— Si vous avez du linge à me donner, c'est le moment.

Pierre ne voulait pas importuner la jeune fille, mais ce lundi, il ne put s'empêcher de lui avouer que c'était pour elle qu'il était resté.

— Vous me faites beaucoup d'honneur, mais je suis déjà promise.

— Je sais.

— Alors il ne faut plus m'en parler, poursuivit-elle de sa voix douce. Et ne plus me tourner autour sinon je ne pourrais pas venir faire mes journées à la ferme et j'en ai besoin pour vivre.

Plus jamais Pierre n'aborda la jeune fille.

Le 15 août, jour de la sainte Marie, le saisonnier suivit la procession à la Vierge au milieu des femmes. Avec elles il chanta :

— « *Astre béni du marin*
Conduis ma barque au rivage.
Garde-la de tout naufrage,

Blanche étoile du matin. »

Avec elles il pria pour tous les marins, le capitaine, l'équipage de *La Charmeuse* et pour celui qui avait pris le cœur de celle qu'il aimait en cachette.

A la fin de la cérémonie, il laissa les femmes entrer seules chez Marie pour lui souhaiter sa fête.

En septembre, les épouses commençaient à penser au retour de leurs hommes. A partir du 15 octobre, elles s'y préparaient. Le 16, Jeanne sortit de la maison en portant à bout de bras deux costumes du capitaine. Elle les accrocha aux vantaux de la fenêtre de la cuisine pour les aérer. Pour appeler le mari à rentrer.

— Quand on sort les vêtements c'est bon signe, fit-elle gaiement.

— Ils vont être contents d'être enfin au sec, répliqua la lavandière tout aussi joyeuse.

— Oh oui les pauvres, ils sont si longtemps trempés, des pieds jusqu'à la tête.

Pierre cassait du bois. Le bonheur des deux femmes l'agaçait, il voulut s'éloigner. Adèle et Perrine traversaient la cour, le cartable sur le dos. Elles embrassèrent le cousin Pierrot comme elles l'appelaient pour rire.

— Pourquoi tu es triste? s'inquiéta Adèle.

— Je ne suis pas triste.

— Menteur.

Pierre continua de prendre le large à grandes enjambées. La patronne le rappela :

— Ne te sauve pas! Emmène Gros cul à la forge, il a perdu un fer. Il faut que tout le monde soit en bon état pour le retour du capitaine.

Sur le chemin du bourg, le jeune homme se confia au cheval. Il n'avait pas de veine, il n'en avait jamais eu. Il n'y en avait qu'une dont il ne fallait pas s'amouracher et il était tombé dessus.

— Faut-y être bête! Mais faut-y être con nom de dieu!

En traversant la Guimorais il fut pris dans un tourbillon de femmes affairées. Elles aussi exposaient à l'air les costumes du dimanche de leurs hommes, les vareuses et les braies de toile. Trop préoccupées par l'idée des retrouvailles, elles ne prêtèrent aucune attention au cheval boiteux qui passait et à son cavalier.

— Regardez comme le mien est cochon! clama Victoire, son index pointé vers le ciel dans la braguette ouverte du pantalon de Francis.

Le hameau tout entier explosa de rire. Comme les autres, Belle en cuisse étalait les vêtements de son matelot. Hortense ne put s'empêcher de la critiquer :

— Elle ne se gêne pas pour sortir les hardes de son cocu.

— Occupez-vous de vos fesses, répondit la belle. Ce qui m'arrive ne regarde que moi.

On changea vite de sujet pour éviter que cela s'envenime. Marie-Louise annonça qu'elle irait au bourg acheter de la farine de blé noir, Amand avait des envies de galettes quand il arrivait. De la galette et de la saucisse grillée, il en était fou. Berthe se souvint : Tintin raffolait des petits pois en boîte cuits avec des carottes et une tranche d'andouille de lard. Victoire avoua que son Francis ne s'intéressait pas aux petits plats, dès son arrivée c'était elle qui passait à la casserole. Les voisines s'esclaffèrent.

— Eh ben les gars! je vous souhaite bien du courage, marmonna Branle dans l'vent.

Lui aussi avait sorti les hardes de son fils René.

Les jours suivants, les enfants Guilbert traînèrent sur la pointe du Meinga avant d'aller à l'école. Ils auraient été si contents de voir se poindre des voiles à l'horizon, être les premiers à annoncer le retour de *La Charmeuse*. Ils n'eurent pas ce privilège. Le 22 octobre, au lever du jour, une mouette avisa un point scintillant dans le large. C'était le trois-mâts tant attendu. L'oiseau plongea de son rocher pour aller à sa rencontre. Il fit trois fois le tour du bateau et remit cap à l'est.

Revenu au-dessus de la terre, il alerta les goélands qui sonnèrent le branle-bas pour réveiller le village encore endormi.

Félix, Louis et Jean-Marie Guilbert se précipitèrent à la Pointe. Félix courait plus vite que ses frères.

— Ils arrivent ! Les voilà qui arrivent !

Les femmes sortirent de leurs maisons. La pauvre Yvonne les regarda se précipiter vers la côte. Elle pleura derrière sa porte close.

— C'est papa ! cria Jeanne à ses filles quand l'image du navire se précisa.

C'était bien lui. Il avait pour habitude de tirer un bord vers le large avant de replonger sur la côte.

— Les voilà, les voilà ces hommes pour qui le cœur des femmes bat si fort. Les voilà ! Les voilà ! répéta-t-elle à Pierre, des larmes de bonheur plein les yeux.

Le navire s'approchait lentement de la côte. Il était à peine reconnaissable. Où était-elle la fringante *Charmeuse* partie un jour de mars sans pluie, dans le soleil pâle d'un matin d'hiver ? Belle, élégante, repeinte à neuf, les voiles gonflées par un vent de suète, arrondies comme les corsages des filles et les robes enflées des porteuses de promesses. Elle rentrait lourde, basse sur l'eau, signe que la pêche avait été bonne. Sa voilure avait souffert, sa coque perdu ses couleurs dans les flots furieux du Grand Banc.

Sur le pont les matelots regardaient la terre. Décrassés, rasés, débarrassés de leurs misères, les visages hâlés par le soleil et le vent du large, les fronts traversés de rides profondes, ils étaient graves et silencieux. Heureux de mettre sac à terre. Chacun cherchait à reconnaître la sienne dans le paquet de femmes qui s'agitait en haut de la falaise. Leurs yeux étincelaient et lançaient des flammes après ces huit longs mois de solitude et de continence.

— Amenez le pavillon ! commanda Joseph pour avertir la terre que le bateau était en deuil.

— Amenez le pavillon ! répéta Cul roussi.

Il descendit le drapeau à mi-mât.

— Pavillon amené.

— C'est bien.

« Ne soyez pas si gais ! Préparez-vous à pleurer ! » disait le fanion aux femmes qui attendaient leurs maris, aux enfants qui guettaient leurs pères. Félix, le premier, distingua le funeste avertissement.

— Ils ont mis le pavillon en berne ! Ils ont mis le pavillon en berne ! hurla-t-il.

Les femmes et les enfants se turent, leur joie s'éteignit. Les rires s'arrêtèrent net, le silence chassa les clameurs. Tous furent saisis d'effroi.

— N'ayez pas peur, dit Jeanne à ses filles, à voir le bateau aussi bien manœuvrer au milieu des cailloux c'est que votre père est à bord.

Doublés les Tintiaux, le trois-mâts piqua sur la Pointe du Nid. Il frôlerait les Jumelles avant de reprendre le courant par tribord arrière, ce qui lui permettrait de passer au plus près entre le phare du Herpin et la Pointe du Grouin.

Félix trouva le moyen de vérifier que son père était à bord. Quand le navire fut à portée de voix, il mit les mains autour de sa bouche et s'égosilla :

— Papa ! Papa ! On a un petit frère.

Il tendit l'oreille et répéta :

— Papa ! On a un petit frère !

La voix du père répondit, à peine audible :

— C'est pas une fille?

Le fils et la mère eurent un soupir de soulagement.

— Tu l'as entendu, maman? Il a répondu. C'est pas lui, maman! C'est pas lui!

Rassurée, Marie-Louise se retint de sauter de joie devant les mines inquiètes de ses compagnes. Son mari sauvé, elle serait malgré tout en deuil, d'un parent, d'un voisin, d'un ami, peut-être d'un frère qui naviguait avec son homme. Auguste Leroux, surnommé Cul roussi.

— Merde! merde! Merde!

Sur le pont, Amand ne put cacher sa déception. Marie-Louise lui avait fait dire qu'elle attendait une fille, il l'avait cru au point de l'annoncer à tout l'équipage.

— C'est bien, dit le capitaine. C'est bien, Amand, tu travailles pour la marine.

Les marins rigolèrent. Ils en oublièrent leur tristesse. Il fallait bien survivre.

Les femmes avançaient sur le chemin des douaniers, cœur battant, poitrine serrée, gorge sèche. Imitant Félix, elles hurlèrent les noms de leurs hommes.

— Auguste! Jean-Marie! Emmanuel! Francis! Léon!

Hortense tremblait :

— C'est pas toi, Léon. Tu te caches pour me faire peur mais je suis sûre que c'est pas toi.

— J'ai reconnu le mien, cria Victoire. Il est sur l'avant avec son bonnet bleu. Et toi Marie-Renée, as-tu vu le tien?

Non Marie-Renée n'avait pas encore vu Emmanuel. Et pourtant si, c'était lui, debout dans les vergues, prêt à serrer les huniers. Elle se signa.

— Merci mon Dieu.

Victoire agita les bras pour que son homme la reconnaisse parmi les autres.

— Francis! Francis!

Dans l'écho de sa voix lui revint celle du saleur :

— Te déboîte pas l'épaule, je t'ai reconnue.

— Demande des nouvelles avant qu'elles nous interrogent un par un pour savoir qui est manquant, ordonna le capitaine. Il sera bien temps de le dire quand on aura accosté.

— Quoi de neuf au pays?

Il n'y avait pas grand nouvelles, elles n'avaient pas le cœur à en donner. Seule Jeanne répondit à la question du saleur :

— Branle dans l'vent ne sort plus de chez lui. Il dit qu'il est malade, il ne veut plus garder le bateau cet hiver.

— Trouve-lui un remplaçant, répondit Joseph.

— Et s'il change d'avis?

— Il ne changera pas d'avis le pauvre bonhomme.

Marie se mit à trembler.

— Pourquoi il dit ça? s'inquiéta la lavandière. C'est son gars qui est manquant? C'est René?

Jeanne ne dit rien. Elle prit ses filles par les épaules et les serra contre elle. Alors Marie poussa des appels déchirants.

— René! Montre-toi! Je ne te vois pas!

Le bateau poursuivait sa manœuvre sans répondre à la jeune fille. Elle lança un cri de détresse :

— René!

Des mouettes s'envolèrent, reprenant en chœur la longue plainte de la lavandière.

A bord les marins silencieux se figèrent sur le pont, transis comme dans les glaces.

— Pauvre fille! dit le capitaine, comme si elle n'avait déjà pas eu sa part de malheur.

Il modifia son cap et s'éloigna des deux têtes de cailloux rocheux qu'on appelait les Jumelles parce qu'elles se ressemblaient.

— La barre à droite.

— A droite, répéta le matelot de quart. La barre est tout à droite.

— C'est bien.

Les voiles faseyèrent avant de reprendre du vent.

Les six ou sept femmes qui entouraient Marie arrivaient à peine à la maîtriser, elle voulait se jeter du haut de la falaise.

— Lâchez-moi, vous autres! Laissez-moi, je vous dis! hurlait-elle en se débattant.

La douleur décuplait ses forces. La pauvre fille poussait des braillements inhumains, des gémissements de bête blessée.

— Y'a pas de bon Dieu dans l'église! vociféra-t-elle.

Elle tendit le poing vers la mer, le leva au ciel, et continua de blasphémer.

— Maudits soient Jésus et sa sainte mère! Ils m'ont tout pris. Pourquoi vous m'avez tout pris?

Hortense la serra contre sa poitrine. Pauvre Marie, son esprit s'égarait. Intérieurement la femme de Léon remercia Notre-Dame-du-Verger d'avoir protégé son homme, le patron de doris de René, ils auraient pu périr ensemble.

Vaincue par le chagrin, Marie accepta de suivre ses compagnes sur le chemin du hameau. Pierre les regardait, dissimulé derrière une haie de tamaris. Il ne voulait pas se montrer, associer sa présence au terrible souvenir que garderait de cette journée celle pour qui son cœur battait si fort. Plus fort que jamais.

Quand un pêcheur périt en mer, les goélands viennent siffler et battre de l'aile aux vitres de sa maison. Des courlis voltigeaient au-dessus du toit de Branle dans l'vent. L'un d'eux se posa sur le rebord de la fenêtre et frappa au carreau. Le vieux marin connaissait le dicton, il comprit le message que l'oiseau lui apportait : son fils qu'il attendait aujourd'hui n'était pas de retour. René était resté là-bas dans les eaux froides du Grand Banc.

Jeanne ouvrit sa porte. Elle resta plantée sur le seuil.

— Charles, je viens vous annoncer une nouvelle qui n'est pas bonne, le malheur arrive dans votre maison.

— Je sais. On m'a déjà prévenu.

D'un regard, il fit comprendre à la femme du capitaine qu'il souhaitait qu'elle s'en aille et ferma le rideau derrière les carreaux pour ne pas se donner en spectacle aux passants. Le père pleura à l'intérieur de son corps, les yeux taris ne pouvaient plus verser de larmes. Il tira sa chaise jusqu'au fond de la pièce, s'assit et se découvrit devant la photo de René communiant, accrochée sur la cloison du cellier.

Quand elles furent arrivées chez Marie, Berthe ordonna aux autres d'aller au-devant de leurs hommes. Elle s'occuperait de la jeune fille, elle saurait s'y prendre, elle était passée par là.

— On ne va pas te laisser toute seule avec elle, protestèrent les autres femmes.

— Ne soyez pas inquiètes, dit Yvonne.

Elle prit la clef dans la poche de la laveuse pour ouvrir sa porte et ajouta :

— Moi non plus je n'attends personne cette année.

A peine sorties du village, les femmes se mirent à courir et arrivèrent à temps pour voir *La Charmeuse* se présenter face au quai.

— Affalez la misaine !

Le trois-mâts perdit son erre, il acheva sa longue course, lentement, comme un marathonien qui franchit au pas la ligne d'arrivée.

Qu'elles furent émouvantes les minutes où le bateau était si près sur l'eau que l'équipage et les familles, qui avaient envahi la cale de l'Epi, pouvaient se regarder les yeux dans les yeux, muets, gorges serrées. Ils se contemplaient, oubliant à terre d'avoir attendu si longtemps, sur le navire d'avoir tant souffert.

Le capitaine poussa un coup de gueule :

— La pointe, Jean-Marie ! Qu'est-ce que tu fous nom de dieu ? Envoie la pointe !

Le matelot lança l'amarre de l'avant. Un vieux marin récupéra le bout et le tourna autour de la boucle. *La Charmeuse* approcha son flanc du quai. Elle le toucha et frémit comme sous l'effet d'une caresse.

Le saleur avait des fourmis plein les bottes, il fut le premier à se précipiter pour enjamber la lisse et assurer l'amarrage. Le contact avec le pavé fut difficile, Francis se balança d'une jambe sur l'autre, du mouvement du bateau, et finit cul par-dessus tête. Des rires fusèrent du navire et du quai.

— Tu ne pouvais pas aller plus vite, maudit couillon, c'est bien le moment de te casser une jambe, gueula encore le capitaine.

Victoire courut au secours de son homme. Elle l'aida à se relever et le garda contre elle.

— Me v'là, ma belle, dit Francis comme s'il était parti la veille.

— Tu me retrouves comme tu m'as quittée, répondit-elle aussi simplement.

Ah ! que leurs yeux brillaient. Ils s'étreignirent à s'étouffer.

Le ton montait. Des rires, des appels, un brouhaha joyeux s'installa sur le quai. Sur la coupée, les sabots des marins croisèrent une paire de souliers vernis qui grimpaient à bord.

— Bienvenue, monsieur l'armateur.

— Bonjour, capitaine. A te voir arriver si bas sur l'eau, je me suis dit, Joseph a encore fait des miracles.

M. Louvet n'avait pas lieu d'être mécontent. La cale était pleine et le poisson, presque aussi épais que du lard. Deux jours et une nuit ne seraient pas de trop pour le dessaler.

— Tu n'exagères pas un peu ?

— Non, monsieur Louvet, vous allez voir par vous-même. Mousse !

— Oui, capitaine.

— Apporte une morue ! Et ne choisis pas, prends la première sur le dessus.

Le second intervint à son tour.

— Mousse !

— Oui, père Lebreton.

— Choisis pas mais prends quand même la plus grosse.

L'armateur leva le nez vers le mât d'artimon. Il ôta sa casquette de drap, son seul attribut de marin, puis fixa le pavillon pour saluer la mémoire du disparu.

— Tu n'as pas ramené tout ton monde.

— Hélas non, monsieur Louvet.

L'un et l'autre n'avaient rien à se reprocher. Souliers vernis, c'était le surnom de l'armateur, avait fourni à ses matelots un navire solide, cousu solide, gréé solide, muni d'un triple jeu de voilure s'il fallait en changer. De son côté le capitaine connaissait les routes du Septentrion par cœur, les fonds de l'Atlantique Nord comme sa poche.

Mais il y avait tout le reste. Les *iceberges* à l'accore des Bancs, la banquise, les ouragans, les furies, les roches Virgin propices aux abordages, la brume enfin. Autant de dangers connus, autant de risques acceptés.

— Comment c'est arrivé pour qu'il se soit perdu tout seul ? interrogea l'armateur.

— Si ça ne vous ennuie pas, je préfère ne pas en parler tout de suite. C'est à son père que j'aimerais raconter en premier.

— Je te comprends, Joseph.

Jeanne et ses filles attendaient au bas de la coupée.

— Maudit Souliers vernis ! Il ne va pas le garder cent sept ans !

— On a envie de l'embrasser nous, s'impatientaient les gamines.

Le mousse sortit de la cale brandissant une morue presque aussi haute que lui.

— Lève le bras ! La traîne pas par terre !

Joseph saisit le poisson par la queue et autorisa le garçon à sauter sur le quai pour aller dans les bras de sa mère.

— Tenez ! V'là votre part, monsieur Louvet.

Une plaisanterie qui rendit le sourire aux deux hommes.

— T'avais raison, Joseph, elle est belle.

Le poisson salé dégoulinait de saumure. M. Louvet quitta le bateau en tenant sa morue loin du corps pour éviter de saler le cuir de ses souliers vernis.

— Regardez, les filles ! fit-il en s'en allant. Vous pouvez être fières, une fois de plus votre père va être le coq de la campagne.

Le capitaine entendit le compliment, l'œil vif, rieur. Il avait le regard perçant de ceux qui savent sonder la brume, scruter l'horizon pour prévenir le danger.

Libre de toute obligation, Joseph put enfin se consacrer à sa femme et à ses filles.

— Allez ! montez à bord que je vous fasse la bise.

Adèle et Perrine se tinrent dans le dos de leur mère, attendant qu'elle ait eu son content de baisers. Elles étaient à la fois heureuses et inquiètes de retrouver leur père. Pour avoir la paix à la maison durant la campagne, les mères menaçaient les enfants turbulents de rapporter à leur père toutes les bêtises qu'ils avaient faites en leur absence. Adèle et Perrine redoutaient d'entendre Jeanne raconter qu'elles avaient oublié de fermer la porte du clapier, trop pressées comme toujours d'aller jouer avec les gars Guilbert. Ce jour-là quatre lapins avaient disparu. Ou encore qu'Adèle avait soulevé sa robe et montré ses fesses à Berthe qui se moquait d'elle le jour où elle était tombée de bicyclette devant les garçons. Que Perrine avait volé deux sous dans le porte-monnaie pour s'acheter des bonbons chez Marie-Ange. La fillette avait juré que c'était la première fois et promis qu'elle ne recommencerait plus.

— Vous avez encore grandi maudit fi de garce ! dit Joseph en leur tendant les bras.

— De quatre centimètres, répondit Perrine.

— Oh ! Plus que ça. Vous allez bientôt me manger la soupe sur la tête.

Puis se tournant vers sa femme :

— Ont-elles été sages ?

Adèle s'empressa de répondre, le cœur battant :

— Oui, très sages.

— C'est pas à toi que je demande.

— C'est vrai, reprit Jeanne, davantage que l'année dernière.

— Parce qu'on devient grandes, expliqua Perrine.

Ouf ! la mère n'avait rien dit.

Mme Louvet attendait patiemment son mari à l'arrière de leur automobile. Elle se pinça le nez quand il vint s'asseoir près d'elle et lui reprocha d'une voix nasillarde :

— Monsieur Louvet, vous sentez la morue comme au temps peu glorieux où vous fréquentiez les dames des cafés de la *Rue de la Soif*.

— Si je fréquentais ce genre d'endroit, ma chère amie, c'est que votre indifférence m'y poussait.

— Ou votre trop-plein d'ardeur.

Le compliment flatta l'armateur. Avec l'âge il se contentait de ses souvenirs. Il se rengorgea et donna l'ordre à Jean, le chauffeur, de faire démarrer l'auto.

Jean dut klaxonner plusieurs fois pour se frayer un chemin parmi les familles qui stationnaient aux abords du quai. Les marins avaient mis sac à terre, déserté le poste d'équipage et sa puanteur. Ils étaient pressés de retrouver leurs maisons, l'odeur du feu dans la cheminée, celle des draps propres dans un bon lit.

Cul roussi embrassa sa poissonnière.

— Ce qu'il y a de bien avec toi, ma bonne femme, c'est que je sens toujours le poisson.

— Maudit cochon ! répondit-elle pour la forme.

— As-tu bien pensé à moi ?

— Tous les jours, mon Cul roussi. Tous les jours que le bon Dieu a faits.

— Menteuse ! T'as les yeux si noirs que t'as pas dû souvent regarder la mer.

Il ne put s'empêcher de ternir la joie de leurs retrouvailles. Il ne pardonnait pas à sa femme de l'avoir soûlé le jour du départ puis amené en brouette jusqu'au bateau. Ivre mort il ne l'avait pas entendue donner l'ordre à deux matelots de le descendre à fond de cale pour être sûre qu'il ne sauterait pas à la mer avant d'être au large. Garce de bonne femme qui l'avait obligé à faire campagne quand il voulait rester à terre.

Marie-Louise Leroux, sœur de Cul roussi, présenta à Amand le dernier de sa couvée. Il était de son bord, le même sourcil froncé qui faisait croire qu'il était toujours en colère.

— Pour la fille, va falloir qu'on remette ça.

— Je ne demande pas mieux, chuchota le mari à l'oreille de sa femme.

Le père Lebreton fut le dernier à passer la coupée. Son épouse le lui reprocha.

— J'ai cru que tu n'allais jamais débarquer. Tu n'es pas comme les autres, tu n'es pas pressé de retrouver ta femme.

— Ça m'aurait étonné que tu ne trouves rien à redire, comme si je n'en avais pas assez vu.

Hortense regretta ses paroles, elle s'approcha et lui tendit la joue.

Depuis de longues minutes déjà Belle en cuisse et Jean-Marie étaient face à face. Le mari trompé avança la main sur le ventre de sa femme pour le caresser. Colombe tremblait. Cette main si douce pouvait tout à coup se fâcher, la gifler en public. La femme infidèle redoutait d'entendre son homme la traiter de putain. Ce fut pire. Parlant puissamment il déclara :

— Quel fainéant celui-ci ! On dirait qu'il ne veut pas sortir.

Il haussa encore le ton.

— C'est moi qui te fais honte ?

Alentour on se força à rire en désertant le quai. Personne ne voulait assister au drame qui couvait.

Les rues étroites du port se peuplèrent. Les uns prirent directement la route de leurs maisons. Certains avaient dix bons kilomètres à parcourir. D'autres, assoiffés ou célibataires, firent une pause dans le bourg pour fêter le retour.

Jean-Marie arrêta Colombe devant le café d'Adrienne.

— As-tu apporté des sous ?

— Déjà ?

— Oui, déjà. J'ai des choses à arroser et à ta place, je ne demanderais pas lesquelles.

Belle en cuisse comprit, elle devrait filer doux durant tout l'hiver. Elle sortit le porte-monnaie de la poche de son tablier. Jean-Marie l'arracha de ses mains.

— Garde mes affaires, ordonna-t-il.

Puis il entra chez Adrienne. Résignée, Colombe s'adossa au mur et attendit en veillant sur le sac du marin.

Ceux de la Guimorais avaient pris la route de la côte pour arriver au village. Les hommes roulaient d'un bord à l'autre du chemin, il leur faudrait un peu de temps pour se réhabituer à marcher sur la terre ferme. Francis et Victoire se laissèrent distancer. Ils filèrent à l'anglaise, descendirent sur la grève de la Touesse et coururent se cacher derrière la Pointe du Petit Nez. Au rendez-vous des amoureux.

— On aurait pu attendre d'être chez nous, soupira Victoire entre deux baisers.

— Un petit acompte, ma belle, juste un acompte, j'ai tellement rêvé de toi.

Tout feu tout flamme, le saleur impatient ne pensa

même pas à ôter son bonnet bleu qu'il avait toujours vissé sur la tête.

Adèle et Perrine dévalèrent la cour de la ferme ventre à terre.

— Pierre ! Pierre !

— Regarde ce que papa nous a rapporté.

— Ce sont des poupées de Saint-Pierre.

— De Saint-Pierre ?

— Oui, de Saint-Pierre-et-Miquelon.

Deux poupées de porcelaine, chapeautées, vêtues de robes colorées et bouffantes sous lesquelles on découvrait les dentelles de leurs longues culottes.

Adèle annonça que Jeanne était restée au bateau avec Joseph.

— Maman a demandé que tu nous fasses à manger ce soir et que tu nous gardes cette nuit.

— Et puis que tu ailles au port demain matin pour les remplacer.

— Sur *La Charmeuse ?*

— Oui. Tu n'es pas content ?

— Si, fit Pierre pris au dépourvu.

Les mâts et les vergues du morutier se profilaient dans le soleil couchant. Assis côte à côte sur le banc de veille, le capitaine et sa femme regardaient la mer.

— Je me souviens, dit Jeanne, tu m'avais fait monter à bord avant qu'on se marie. Et depuis, plus jamais, lui reprocha-t-elle gentiment.

— Ça, ça m'étonnerait.

— J'en suis sûre.

Joseph avança timidement ses mains pour prendre celles de sa femme. Pauvres mains de marin. Les doigts rougis et gonflés par l'eau de mer portaient les marques des piqûres de pointes d'hameçons, des dents et des arêtes de poisson. Des petites plaies apparemment bénignes mais qui servaient de porte d'entrée aux microbes et donnaient naissance à des abcès, des panaris qu'il fallait ouvrir au couteau et désinfecter au rikiki. Pauvres mains écorchées par les coquilles des bulots, gercées, crevassées par le gel. Elles allaient et venaient sur la peau douce et fine de Jeanne, la frôlant pour éviter de l'irriter.

— Si on m'avait dit que je dormirais à bord ce soir, soupira Joseph.

— Tu ne trouves pas qu'on est bien ici tous les deux ?

— J'aurais préféré passer la nuit dans notre lit.

— Y'a trop de monde chez nous.

Jeanne posa la tête sur l'épaule de son capitaine. Quand il serait reparti, tous les jours elle se souviendrait de cette belle soirée. Tous les soirs avant d'aller dormir.

— Nous, dit Joseph, quand on pense à vous là-bas, ça ne nous fait pas que du bien.

— Dis-moi tout, à Saint-Pierre, es-tu allé chez la belle Angèle ?

— Oui.

— Y'avait de jolies filles ?

— Pas pour les capitaines.

Joseph coupa court aux questions embarrassantes, il fit un dernier tour du bateau pour vérifier que tout était en ordre.

Une pluie fine s'était mise à tomber la nuit venue. Belle en cuisse faisait front face aux regards goguenards des passants qui reconnaissaient la voix de son mari à l'intérieur du café d'Adrienne. Jean-Marie chantait :

— « *Oh ! les belles morues*
Que nous avons pêchées.
Ah ! Les belles morues
Qui nous attendaient sur le quai. »

Vautré sur les genoux de trois aimables dames qui chassaient le porte-monnaie, il s'abandonna à leurs baisers, à leurs caresses. Le matelot en chassa deux pour garder Germaine, la plus potelée. Avec elle, il en aurait pour son argent. Quel argent? Il avait bu tous les sous que lui avait donnés sa femme.

— Je te fais crédit, mon mignon, tu me paieras quand tu auras touché ton retour.

Germaine entraîna son client vers la porte. Adrienne tolérait la présence des filles dans son café, uniquement pour y trouver des hommes en peine, pas pour y pratiquer leur métier.

Dehors, Jean-Marie n'eut pas un regard pour sa femme, il fredonna le vilain refrain qu'il venait d'inventer :

— « *Ah! Les belles morues*
Qui nous attendaient sur le quai. »

Colombe pleura des larmes amères, des larmes salées. Elle tenta d'arracher son époux des bras de la putain avant qu'ils ne franchissent la porte de l'entrepôt des Salines Lelouët et Fils, un grand hangar en bois goudronné où la maquerelle vendait sa tendresse sur un lit de sacs de sel. L'ivrogne la repoussa d'un coup de coude en pleine poitrine.

— Non mais dis donc? Laquelle est la putain?

Il abattit sa grosse main sur les joues de sa femme. La colère lui redonnait la force qu'il avait perdue au comptoir du café. Colombe tomba sur le pavé mouillé, sa robe retroussée jusqu'à la taille, exhibant ses longues et jolies cuisses qui en faisaient la femme la plus convoitée du canton de Cancale.

Elle se releva meurtrie, donna des coups de poing sur la porte qui s'était refermée sur les amants en criant :

— Jean-Marie! Jean-Marie! Fais pas ça, Jean-Marie!

La pluie ruisselait sur la palissade éclairée de reflets humides et bleutés. Déchirées par les éclisses du bois et les aspérités du coaltar, les mains de Colombe saignèrent.

La fête ne dura pas longtemps. Germaine sortit la première du hangar, bientôt suivie par le matelot.

— Viens! On est quitte maintenant, dit-il en tirant sa femme par le bras.

— Jean-Marie! n'oublie pas ton sac.

Ils prirent la route de la Guimorais, elle derrière, lui devant. Le crachin s'était installé sur le port, il rendait floues les silhouettes des marins soûls qui déambulaient en cousant leur chemin. La mer était à flot. *La Charmeuse* dansait à l'amorce de la renverse.

La cloche de l'église sonna onze heures. On l'entendait de l'intérieur du bateau aussi distinctement que des rues du port. Elle réveilla Joseph qui se plaignit de l'étroitesse de sa couchette.

— Va falloir dégoter un concierge au plus vite, grogna-t-il en se retournant dans le lit. On ne va pas passer une nuit de plus aussi serrés que des sardines dans leur boîte.

— Pierre vient demain, je suis sûre qu'il fera l'affaire, dit Jeanne à moitié endormie.

— Pierre, Pierre, Pierre ! Il me tarde de voir sa tête à ce gars-là. Il ne se passe pas cinq minutes sans que tu en parles. Qu'est-ce qu'il a de plus que les autres ?

Jeanne l'écoutait, les yeux fermés.

— Tu es jaloux ma parole, risqua-t-elle en souriant.

— Ben ! Je finis par me demander si c'est pas pour ses beaux yeux que tu l'as gardé.

La jalousie du mari avait amusé l'épouse. Elle ne rit plus quand il commença à la soupçonner. Elle bondit de la bannette et vint s'asseoir sur le banc devant la table des cartes.

— C'est plus rigolo ! Je me faisais une fête d'être seule avec toi pour donner un peu de gaieté à l'endroit où tu as eu tant de misère. Tu gâches tout.

A son tour, Joseph s'extirpa de la couchette.

— Ne te fâche pas, Jeanne, écoute-moi : je ne suis pas jaloux, c'est pas toi qui ferais des saloperies dans mon dos je le sais bien. Si j'ai dit une ânerie il ne faut pas m'en vouloir, je suis encore sous le coup de ce qui est arrivé.

Jeanne recula sur le banc pour lui laisser la place de s'asseoir près d'elle et continuer son récit :

— D'habitude quand je reviens, je me demande tous les soirs si je ne me suis pas trompé de cap tellement le voyage paraît long. J'occupe mon temps à imaginer nos retrouvailles, à espérer que tout va bien et à avoir peur que ça ne se passe pas comme je l'avais prévu.

Il s'arrêta un court instant.

— Ce coup-ci personne n'était pressé de rentrer pour annoncer la mauvaise nouvelle. Ça doit être pour ça qu'on est tous un peu bêtes.

Emue par le discours de son homme, Jeanne pardonna. Tous les ans il leur fallait réapprendre à vivre ensemble.

A minuit, une goélette montra le bout de son nez derrière le Grand Chevret. Le capitaine donna l'ordre de mouiller l'ancre entre le Nielport et la pointe du Meinga. Comme tous les Cancalais il préférait accoster de jour pour que la fête soit complète. Branle dans l'vent reconnut *L'Anita*, capitaine Guermeur, armement Jézéquel. Le malheureux père était venu dans le noir, dire adieu à son fils face à la mer.

— Tu me l'as pris, maudite garce, jamais plus je ne viendrai te voir.

L'ancien matelot resta un instant à écouter les bruits qui provenaient de *L'Anita*. Il entendit, aussi distinctement que s'il était à bord, le plouf de l'ancre, le guindeau s'emballer en dévidant la chaîne, la toile des focs et de la trinquette mollir et s'affaler, les gabiers chanter en grimpant aux vergues à serrer les huniers.

Quand il entra chez elle, Branle dans l'vent trouva Marie prostrée sur une chaise entre Yvonne et Berthe. Les deux veuves avaient décidé de ne pas la laisser seule pour la première nuit. Charles les libéra dès qu'il eut franchi la porte :

— Allez vous coucher, les filles ! Je suis là et je n'en bougerai pas jusqu'à demain.

— Si vous avez besoin, n'hésitez pas à cogner à ma porte, proposa Berthe, la plus proche voisine.

— Ce ne sera pas nécessaire.

— Le café est au chaud sur le fourneau.

— Merci.

— On a bien de la peine pour vous aussi, père Charles, se lamenta Yvonne.

— Je sais, je sais, répondit-il, les pressant de sortir.

Quand elles furent dehors, il posa sa casquette sur la table, prit une chaise et s'assit devant Marie. Elle n'avait pas cessé de pleurer depuis l'annonce de la nouvelle.

— Elles sont parties ?

— Oui. C'est moi qui leur ai demandé de s'en aller.

— Vous avez bien fait, je commençais à ne plus pouvoir supporter leur présence.

— Quand on a du chagrin, on n'a pas envie de le partager avec des étrangers. Elles devraient pourtant le savoir, elles qui sont passées par là.

De nouvelles larmes jaillirent des yeux de la jeune fille.

— Je n'arrête pas de le voir. Il pleure lui aussi.

Elle se boucha les oreilles, ne supportant plus d'entendre les rires qui sortaient des maisons où l'on fêtait tard dans la nuit la joie du retour.

— Ils en font du bruit.

— Ils ont le droit de rire, lui dit le père Charles. Il ne faut pas leur en vouloir, ils ont souvent eu si peur d'y rester.

Des images de tempêtes et de brume lui revinrent en mémoire. Au cours de ses quarante années de navigation il en avait connu des frayeurs, subi des ouragans. Vu des doris sombrer à quelques mètres du bateau sans pouvoir leur porter secours.

— Maudite garce ! La mer pour se calmer a eu besoin

d'en prendre un. En se noyant, René a sauvé la vie de ses compagnons. C'est pas de veine pour nous et c'est tant mieux pour les autres.

Marie saisit les bras tremblants du vieillard. Les mains de la jeune fille s'y agrippèrent comme à une bouée de sauvetage.

8

Le lendemain matin le port s'anima d'une intense activité entre l'accostage de *L'Anita* et le déchargement de la morue sur *La Charmeuse*. Pierre arriva aux abords de la cale. Il arrêta Gros cul et se dressa dans la carriole, calculant le meilleur moyen de se frayer un chemin au milieu des charrettes qui faisaient la queue en bout de quai. Le terre-plein grouillait d'ouvriers et d'ouvrières si différents des travailleurs des champs que Pierre se sentit perdu au milieu de cette foule étrange. Il ne trouvait pas le moyen d'arriver au bateau.

— Regardez, mesdames, y'a la campagne qui débarque ! cria la poissonnière. Il vient du marais de Dol, couille molle, ajouta-t-elle pour amuser ses clientes. C'est un cul vasou !

Pierre devina qu'on parlait de lui, il se retourna et salua poliment Marie Leclerc.

— Bonjour, madame.

— Bonjour, Jean les patates. Où vas-tu avec ton beau carrosse ?

— A *La Charmeuse*.

— Avance tout droit ! Ne reste pas collé au pavé comme une raie dans le sable ou tu ne risques pas d'y arriver.

— Merci, madame.

— De quoi ? Allez file ! Garde pas les deux pieds dans le même sabot.

Pierre descendit de la carriole. Il longea l'arrière des Salines Lelouët et Fils et amarra Gros cul à la chaîne qui courait le long du quai.

Le déchargement de *La Charmeuse* avait débuté dès le lever du jour. Les pelletas hissaient le poisson de la cale et le pesaient sur de grandes balances à fléau en présence de l'armateur, du capitaine et d'un agent des douanes portant l'uniforme. Puis ils entassaient la morue sur des charrettes qui l'emportaient chez l'acheteur ou aux sécheries de Saint-Malo.

Joseph entendit son cheval hennir sur le quai.

— Ah ! c'est Gros cul. Si vous le permettez, monsieur l'armateur, je vous abandonne cinq minutes.

— T'attends quelqu'un ?

— Oui, mon cheval. Regardez, il s'impatiente. Il nous amène notre nouveau concierge.

— C'est qui celui-là ?

— Le fils à Marie les ballottes.

— Je ne savais pas qu'elle avait eu un gars.

Le capitaine franchit la coupée.

— Vous ne savez pas tout. Y'a tant de choses qui vous échappent quand vous vous enfermez dans votre belle maison.

— Plains-toi, Joseph ! Tu vas pouvoir t'en acheter une belle toi aussi, et dans pas longtemps avec tous les sous que tu gagnes sur mon bateau.

Le marin avait réplique à tout :

— On ne touche que ce qu'on mérite, monsieur Louvet.

Prenant à témoin les matelots qui vidaient la cale il ajouta :

— Et nous on paie cher quelquefois l'argent qu'on gagne.

Il s'échappa, pas mécontent d'avoir chatouillé l'amour-propre de Souliers vernis devant l'équipage.

Arrivé sur le quai, il ignora Pierre et se rendit tout droit près de son cheval. Écartant les bras, il s'écria jovial :

— Je suis là, pépère, me v'là revenu !

Le cheval lui répondit en s'ébrouant.

— Oh ! qu'il est content mon pépère, encore plus content que la patronne.

Il flatta l'animal à l'encolure.

— Est-ce qu'on t'a bien soigné ?

Mine de rien, Joseph surveillait du coin de l'œil les réactions de Pierre. En ne lui adressant pas la parole, il l'obligeait à se taire, le mettait à l'épreuve du silence. Il prit du recul pour juger de l'aspect physique de sa bête.

— Montre-moi comme t'es beau. As-tu toujours tes grosses fesses ?

Gros cul remua la queue et frappa de la patte arrière, la conversation lui plaisait. Joseph lui caressa le flanc. Quelque chose clochait dans le harnachement.

— C'est toi qui as réglé la sous-ventrière ?

— Oui, répondit Pierre.

— A quelle mode t'as fait ça ? A la mode de par chez toi ?

Pierre sortit les mains de ses poches. Il dansa d'un pied sur l'autre, attendant de se faire engueuler.

— Ici, c'est un cran de moins. Regarde, y'a la marque.

Joseph desserra la sangle. Il plaignit son cheval, ça lui comprimait le cœur, ça lui coupait le bidon.

— Pourquoi tu n'as rien dit, Gros cul ? Pourquoi tu ne t'es pas révolté ?

Il se tourna vers son ouvrier, il était temps de faire connaissance.

— Alors c'est toi le chéri de la patronne ?

Le garçon baissa les yeux, il rougit.

— Bonjour, Pierre.

— Bonjour, patron.

— Ah non ! Pas patron, capitaine. Patron c'est chez

les culottes de velours, moi mes braies sont en toile, c'est cap'taine qu'on dit.

— Bonjour, capitaine.

— C'est bien. Maintenant on va pouvoir faire affaire.

Les deux hommes se donnèrent une poignée de main.

— Voilà not'phénomène ! lança Joseph quand il présenta le nouveau concierge à l'armateur et aux matelots.

Vêtu de son uniforme d'apparat, l'Administrateur du bureau des Affaires maritimes fit lecture, au père Pinto, de l'acte officiel écrit par le capitaine de *La Charmeuse. Aujourd'hui, deux du mois de septembre mille neuf cent-vingt, étant au mouillage sur le Grand Banc de Terre-Neuve par quarante-quatre degrés de latitude nord et cinquante-cinq degrés cinquante de longitude ouest, nous Le Reculou Joseph, capitaine, averti par le matelot Lebreton Léon que le sieur René Charles Marie Pinto, avant de doris, avait disparu, nous sommes immédiatement transportés avec les sieurs Lebreton et Le Trasmeur dans le poste d'équipage où nous nous sommes fait présenter les hardes qui appartenaient au dit Pinto René.*

Le fonctionnaire n'était pas insensible à la douleur de Branle dans l'vent. A celle de Marie qu'il apercevait dans le vestibule par la porte entrouverte. La lavandière avait ouvert les sacs pour regarder, sentir et toucher les affaires de son fiancé. L'officier poursuivit sa lecture :

Ayant fait ouvrir en présence des susnommés les sacs au nombre de deux, nous avons trouvé ce qui suit : trois pantalons cirés, deux vareuses, deux vestons cirés. Cinq chemises en coton, trois chemises de laine, deux pantalons en drap, six paires de chaussettes. Huit mouchoirs, quatre paires de mitaines, deux bérets. Trois paletots en toile, une casquette, un gilet. Une ceinture en cuir, une paire de galoches et quatorze francs soixante en menue monnaie.

— Que voici, conclut l'Administrateur en tendant les pièces au père du noyé.

C'était cela les restes du marin. Cela que René laissait

en héritage, quelques nippes humides et rapiécées prouvant qu'il avait été vivant.

— Si vous voulez bien signer, monsieur Pinto.

Le vieil homme avança vers le bureau. Il prit le porte-plume que l'officier lui tendit. Sa main trembla plus que d'habitude quand il écrivit son nom au bas de l'inventaire. *Charles Pinto.*

Sur le pont de *La Charmeuse*, les marins interrompirent leur travail et se découvrirent à l'arrivée de Branle dans l'vent.

— Bienvenue à bord, Charles. Enfin c'est ce qu'on dit d'habitude.

— Faut faire comme d'habitude, Joseph.

Ils demeurèrent quelques secondes à se regarder, puis à s'éviter, à penser au malheur et à ne pas savoir quoi dire. Branle dans l'vent dévoila le but de leur visite : Marie voulait voir la cabane de René. Joseph conduisit la jeune fille sur l'avant.

Seul face au vieil homme, Souliers vernis éprouva de la gêne. Pas facile pour un armateur d'affronter la douleur des familles quand un marin périssait durant la campagne. Pour se donner bonne contenance, il bredouilla :

— Je passerai te voir demain ou après-demain, Charles, quand les comptes seront établis.

— Oh ! les comptes, rien ne presse.

Pour couper court l'ancien pelletas fit semblant de s'intéresser à l'état du trois-mâts. Il connaissait bien le navire, il avait navigué dessus au temps du capitaine Lecan de Saint-Coulomb.

Joseph et Marie franchirent l'écoutille. Elle servait à la fois de porte, de fenêtre et de bouche d'aération au trou noir qu'on appelait poste d'équipage. Il épousait la forme du navire, évasé à l'entrée, pointu à la proue. Tout autour, sur deux étages, se trouvaient les bannettes des matelots. Des cages individuelles, des cercueils étroits dans lesquels ils se recroquevillaient pour dormir. Des rideaux de toile à voile obstruaient les ouvertures. Un banc courait au bas des couchettes. Les hommes s'y asseyaient pour discuter, se reposer et manger, la gamelle posée sur les genoux, quand il n'y avait plus de place autour de la table. Elle occupait tout le centre de la pièce. Le mât de misaine la traversait en son milieu. Au bout, un poêle chauffait le gîte, réchauffait la marmite et séchait les hardes toujours trempées.

Les marins avaient nettoyé leur maison avant d'accoster, pourtant une puanteur tenace arrêta Marie au bas de l'échelle. Elle avait le cœur qui se soulevait, elle se retint pour ne pas vomir.

— Quand on n'est pas habitué, ça fait drôle. Veux-tu remonter? demanda le capitaine.

— Non.

Il lui indiqua l'emplacement de la cabane de René, son sépulcre comme disaient les marins les soirs de cafard. La jeune fille s'approcha et lui fit comprendre qu'elle voulait rester seule. Joseph remonta l'échelle.

Quand le capitaine réapparut sur le pont, Souliers vernis avait disparu.

— Il est parti en glissant sur la coupée comme un pet sur une toile cirée, dit le père Charles. Je les ai toujours connus comme ça, les armateurs c'est jamais très courageux, ils ont toujours peur qu'on les accuse.

Le vieux marin s'était assis sur le banc de veille comme au temps où il prenait son tour de quart. Il ne s'était pas placé là par hasard, il attendait le retour de Joseph.

— Saloperie de brume, finit par dire le capitaine.

— Ah! c'est ça. J'aurais dû m'en douter.

Elle était arrivée presque au début de la campagne et les avait rarement lâchés jusqu'à ce qu'ils quittent le premier mouillage. Ce jour-là elle s'était levée en quelques minutes. Ceux qui étaient au plus près sur le retour avaient entendu la corne et le canon, ils avaient pu rallier sans souci. D'autres comme Cul roussi et Jean-Marie avaient eu plus de misère, ils étaient rentrés tard dans la nuit. Le lendemain matin, il n'y avait qu'un doris qui manquait, celui du père Lebreton et de son gars.

— Ils se sont fait avoir.

— Oui. Léon n'a rien à se reprocher.

— Je ne lui en veux pas. C'est sûrement pas de sa faute, y'a pas meilleur patron de doris. Tu peux lui dire.

Comme cela arrivait souvent, le plus jeune des deux avait flanché le premier. Il n'avait pas résisté à la faim, au froid et à la peur.

— Est-il devenu fou?

— Non, non. Il est mort normalement.

— Qu'est-ce qu'il a dit en dernier? s'inquiéta le vieux bonhomme.

Léon Lebreton n'était pas bavard. Depuis le jour de son sauvetage il était devenu silencieux. Et, lors de son compte rendu, il avait juste dit le nécessaire.

— Dès qu'il sera remis, il viendra te raconter.

— Ce ne sera pas utile, j'en sais assez pour nourrir mon chagrin, conclut le pauvre père.

Marie resta prostrée de longues minutes dans le poste d'équipage, face au placard dans lequel avait vécu son fiancé. Une tanière sombre et sale dans laquelle on ne pouvait ni se dresser ni s'asseoir, à peine pouvait-on s'y allonger. Elle caressa le bois qui ruisselait encore, trembla à l'idée que des planches usées ou mal calfatées pouvaient craquer sous la pression de l'eau et faire couler le navire. Sa main rencontra une photo punaisée sous la planchette qui servait d'étagère. L'image avait échappé à l'inventaire. René l'avait placée au-dessus de sa tête pour la voir avant de s'endormir.

Le cliché datait du premier dimanche de février, jour de la foire du pays. Comme chaque année le photographe ambulant s'était installé au croisement de la côte du bourg et de la rue du port. Les amoureux passèrent leurs têtes dans les trous d'une toile peinte représentant un petit aéroplane volant en plein ciel.

— Ne regarde pas en bas, tu vas avoir le vertige, plaisanta René.

Il était joyeux à l'idée d'embarquer une image de sa fiancée. L'an prochain il aurait la photo de leur mariage. Les fêtes foraines avaient lieu les dimanches de janvier et de février à Saint-Malo et dans les communes avoisinantes. En général les armateurs et les capitaines formaient leurs équipages dès le mois de décembre pour le départ de mars, toutefois ils pouvaient y dénicher la perle rare qui leur manquait pour afficher complet. Reconnaissables à leurs bérets et à leurs chemises de laine, les pelletas se donnaient du bon temps en compagnie des femmes et des fiancées. Ils naviguaient sur la place entre le manège des chevaux de bois, le stand de tir, le jeu de massacre, la loterie et la buvette où René et Marie rencontrèrent Joseph.

— Alors raconte? As-tu promis ta campagne?

— Pas encore, répondit le jeune marin. J'attends le dernier moment.

— Tu espères rempiler sur *La Cancalaise*?

— Pas forcément, ça dépend des avances.

— Combien ils te proposent?

— On n'a pas encore discuté.

— Souliers vernis donne cinq cents francs et vingt-cinq francs de denier à Dieu. Si tu n'as pas meilleur chez eux, reviens me voir.

— C'est entendu.

Le capitaine souhaitait enrôler le jeune homme réputé bon marin. Il en avait parlé à Marie durant l'hiver mais René n'avait toujours pas donné de réponse.

— J'ai oublié de vous demander, c'est pour quand le mariage?

— Pas cette année, Marie s'est décidée trop tard.

Joseph taquina la promise :

— Tu n'es pas pressée, Marie? C'est pas bon signe, à ta place je me ferais du souci, René.

— Ça va, ça va, répliqua le garçon qui était sûr des sentiments de sa belle.

Il avait voulu l'entraîner devant la diseuse de bonne aventure pour s'entendre dire qu'il avait de la chance. Marie avait refusé, les yeux brillants de la bohémienne lui faisaient peur. A la loterie ils avaient gagné deux bouteilles de *Comte de Manon*. Sur les chevaux de bois ils s'étaient penchés l'un vers l'autre pour s'embrasser.

— La fais pas tomber! avait crié le vieux Charles, tu vas bien finir par la faire tomber.

René avait confié les bouteilles à son père avant de grimper sur le manège.

Brisée par l'émotion, Marie remonta l'échelle, emportant la photo moisie.

— Ça y'est, ma fille? demanda Branle dans l'vent quand il la vit sur le pont, plus pâle que jamais sous son fichu noir.

Marie hocha la tête.

— On s'en va?

— Oui.

Le capitaine leur proposa de les raccompagner en cabriolet s'ils avaient la patience d'attendre un peu.

— Je te remercie, Joseph, on va marcher tranquillement tous les deux, hein Marie!

— Oui.

Sur la cale, la jeune fille arrêta le vieil homme, ils avaient oublié les affaires de René.

— Je ne les ai pas oubliées, je les ai laissées pour l'équipage. Elles seront plus utiles à quelqu'un qui en fera usage plutôt qu'à pourrir dans mon grenier.

— J'aurais bien voulu garder son cache-nez ou une paire de mitaines.

— Vaut mieux pas, ma petite, un jour ça risquerait de t'encombrer.

Ils disparurent au bout du quai. Juché sur l'avant,

Pierre ne les avait pas quittés des yeux. Le capitaine le sortit de sa rêverie :

— Pierre !

— Oui, capitaine.

— C'est bien, t'as pris le pli. As-tu visité le bateau ?

— Oui, capitaine.

— Pour la paye, tu t'es mis d'accord avec l'armateur ?

— Oui.

Joseph avait compris, Souliers vernis n'avait pas été généreux.

— Te fais pas de souci, j'arrangerai ça à la première occasion. Si on allait arroser ta venue dans le monde des marins ?

Le capitaine n'attendit pas la réponse. Il fit patienter le nouveau concierge, le temps d'aller prévenir Jeanne occupée à ranger la cabine.

— Jeanne !

— Oui, capitaine.

— Ah ! ne te moque pas. S'il n'y a pas de discipline à bord, c'est le bateau tout entier qui coule. Qu'est-ce que tu fabriques, je t'appelle depuis une heure ?

— Le lit de Pierre.

— Il n'est pas assez grand pour le faire tout seul ? lui reprocha-t-il gentiment.

Jeanne haussa les épaules pour lui rappeler sa jalousie de la veille.

— Garde le bateau, j'emmène ton protégé boire un coup chez Adrienne.

— Un mais pas deux !

— Deux, trois si ça nous plaît. Et ne t'avise pas de venir nous chercher, ajouta-t-il en rigolant.

Il prit sa femme par la taille, l'embrassa dans le cou et lui tapota les fesses.

Les femmes que les deux hommes, en route vers le café, rencontrèrent eurent toutes un mot aimable pour

Joseph. Visiblement ce petit homme rond au regard vif attirait les sympathies.

— V'là le plus beau de nos capitaines ! clama Francine Huet, la mercière.

— Le plus beau c'est pas sûr, le moins vilain peut-être, répondit-il modestement.

— Le plus malin en tout cas, déclara la marchande de poisson. Y'en a pas deux comme Joseph pour dénicher la morue.

Germaine étalait sa marchandise devant la porte de l'entrepôt Lelouët et fils.

— C'est qui le jeune matelot que tu promènes avec toi. Je ne t'ai jamais vu dans les parages mon mignon ?

— Laisse-le tranquille, il n'est pas pour toi.

Le capitaine profita de l'occasion pour énoncer à Pierre le premier article du règlement de sa nouvelle charge : en aucun cas on ne doit déserter le navire durant la nuit.

— Si les femmes te tracassent, démerde-toi pour en faire venir une à bord.

L'accueil du café fut aussi chaleureux que celui de la rue. Adrienne reprocha au capitaine de ne pas être venu l'embrasser aussitôt l'accostage.

— Je me disais, est-y fâché qu'il ne vient pas me voir.

— Laisse-moi le temps d'arriver.

— Alors ? Il paraît que tu as ramené du poisson pour nourrir la France entière, lança un client.

— Et les colonies par-dessus le marché.

Les buveurs et les joueurs de cartes rigolèrent.

— Adrienne ! Donne-nous deux p'tits verres.

Il présenta Pierre à la compagnie. C'est lui qui aurait l'honneur de veiller sur *La Charmeuse*, avec la lourde tâche de remplacer Branle dans l'vent.

— Pauvre Branle dans l'vent, dit Adrienne, il aurait mieux valu qu'il meure avant.

Elle servit deux rikikis et attendit près de la table que les hommes les aient bus pour remplir.

— Quand je pense que je me suis battu pour l'avoir son fils, regretta Joseph. Si je l'avais laissé embarquer sur *La Cancalaise*, il serait revenu. Émile Lefeuvre a ramené tout son monde, lui.

— Cette année, oui.

Adrienne remplit des verres.

— Celui-ci, c'est le coup de la patronne.

Puis elle fit le tour du comptoir pour ranger sa bouteille.

— Tu ne vas pas te mettre des idées en tête, Joseph, tu sais bien que tu n'y es pour rien, dit un vieux marin.

Un capitaine avait toujours quelque chose à se reprocher quand un matelot ne ralliait pas le bateau. Il n'aurait peut-être pas dû les laisser sortir ce jour-là. Il ventait si fort qu'ils n'avaient pas entendu sonner la cloche, tonner le canon Pierrier, beugler la corne. Ils étaient restés sur les rames pendant douze jours, René était mort le dixième, de faim et d'épuisement. Ils avaient vidé leurs caisses de biscuit les premiers jours et n'avaient plus rien à manger.

— Comment s'est sauvé le père Lebreton? demanda Pierre.

— En buvant son urine. Il a pu tenir deux jours de plus, juste assez pour que le temps se lève.

Adrienne caressa la joue de Joseph et l'embrassa.

Elle remplit une nouvelle fois son verre.

— Bon! dit le capitaine. Si on parlait de choses plus gaies.

— Ça te plaît ton nouveau métier? demanda-t-il à Pierre.

— Oui, capitaine.

— Attention, c'est une grande responsabilité.

— Je sais, capitaine.

— Pour manger, elle t'a dit la patronne?

— Oui, capitaine.

— On t'apportera des provisions tous les trois ou quatre jours. Tu sais faire la cuisine?

— Je me débrouille.

— On te relèvera une fois par semaine pour que tu mettes pied à terre. Le dimanche, Adèle et Perrine aiment bien venir passer la journée sur le bateau. Si ça avait été des gars, leur métier était tout trouvé.

Ils trinquèrent.

Avant de confier son navire au saisonnier, Joseph lui fit une dernière recommandation :

— Même à quai un bateau a besoin d'un commandant. Tu vas être seul maître à bord après Dieu, tâche de t'en montrer digne.

— Je ferai de mon mieux, capitaine.

Pierre salua la patronne qui attendait dans la carriole.

— Dites bonsoir aux filles.

— Tu vas leur manquer, répondit-elle.

Elle se garda d'ajouter qu'elle aussi regretterait son absence.

Pierre tira la coupée, au coucher du soleil. Seul à bord, il fit les cent pas sur le pont en pensant à Marie.

La pauvre fille n'avait pas allumé sa chandelle à la tombée de la nuit. A quoi bon? La vie avait fui sa maison, et le bonheur avec. Elle coupa sept tranches de pain dans une assiette creuse. Elle les trempa avec le bouillon de légumes que Berthe lui avait apporté, pensant que sa jeune voisine n'aurait pas le courage de préparer son souper.

— Il faut manger! avait dit la sage-femme. On a moins de chagrin quand on a l'estomac plein.

Marie s'assit devant son écuelle. Elle touilla la soupe pour la refroidir d'un mouvement machinal et désordonné. Le liquide fit des vagues, déborda de l'assiette et se répandit sur la table. Le regard de la malheureuse restait fixé sur la chaise vide qu'elle avait en vis-à-vis : la place de l'époux. Elle imaginait René assis en face d'elle lui contant sa campagne. Passé les premiers jours de cafard et d'ennui, le voyage lui avait paru plus court que d'habitude. Il y avait eu un premier coup de tabac dans la mer d'Iroise puis, le calme revenu, quelques chicaneries dans le poste. Surtout avec Jean Carillon, un ancien qu'on appelait Boîte d'horloge et qui prenait plaisir à chercher des noises à tout l'équipage. René avait dû, lui aussi, faire usage de ses poings pour se défendre du mauvais coucheur. Heureusement le capitaine était intervenu. Il ramena l'ordre en prononçant les mots qu'il fallait dire pour calmer le forcené. Poussée par de bons vents, *La Charmeuse* rallia le plateau du Grand Banc en vingt jours, dix de moins que l'an dernier avec *La Cancalaise*. Autant de gagné sur la campagne, autant de moins à attendre pour retrouver la terre et sa fiancée, avait pensé René, à condition bien entendu que la pêche fût bonne.

Marie baissa les paupières, elle s'imaginait lui servir son fricot en l'écoutant. Elle avait pour lui ces petites attentions qui font les bonnes épouses, veillait à ce qu'il ne manque de rien, emplissait son verre, poussait la salière devant son assiette. Elle avançait la main pour caresser celle de René, elle la saisissait et la montait près de sa bouche pour l'embrasser. L'amorce d'un sourire naquit sur son visage. Soudain, un coup de poignard lui transperça le cœur : elle eut la terrible certitude de ne plus jamais revoir René. Elle se leva, tira la chaise pour l'éloigner de sa vue. Puis elle se rassit devant l'écuelle. Ses yeux noyés de larmes brillaient d'images qui la tourmentaient. Elle poussa un cri de désespoir et balaya la table d'un geste brutal de tout son avant-bras. L'assiette se brisa contre le bas du fourneau, la soupe mitonnée se répandit sur la terre battue. C'est alors qu'une idée terrible germa dans sa tête, un grain de folie semé dans la douleur. Marie sortit sa robe de mariée de l'armoire en merisier, la présenta devant elle pour se regarder dans la glace. Le tain usé du miroir lui renvoya une image déformée. Marie vit qu'elle n'avait déjà plus figure humaine.

Le capitaine se réjouissait à l'idée de retrouver son logis, il chanta tout le long de la route, du port à la Guimorais. De temps en temps il lâchait les guides pour embrasser Jeanne. Gros cul connaissait le chemin par cœur, il n'avait pas besoin d'être conduit. En longeant la côte aux abords de la ferme le cheval s'immobilisa d'un coup. Sur la grève, un grand oiseau blanc blessé fonçait vers la mer sans pouvoir prendre son envol. Les mouettes tournoyaient autour, l'encourageant de leurs cris lugubres.

— Joseph ! Vite, Joseph ! hurla Jeanne.

Le capitaine sauta de la carriole et courut à la poursuite de la désespérée.

Marie avançait dans l'eau, sereine. Elle s'en allait rejoindre son fiancé pour la célébration de leur mariage, prêter serment d'être fidèle jusqu'à son dernier jour.

Joseph se précipita dans la vague.

— Faut pas mourir, Marie ! Faut pas mourir !

La jeune fille se défendit pour échapper à son sauveur. Sa volonté d'en finir était si grande que, malgré tous ses efforts, le capitaine n'arrivait pas à la tirer vers le rivage.

Au contraire c'était elle qui l'entraînait vers le large. Par deux ou trois fois ils risquèrent d'être happés par le retour des vagues et projetés dans le ressac sur les cailloux qui roulaient. A bout de forces, Joseph dut assommer Marie pour sauver sa propre vie.

Jeanne l'aida à remonter la rescapée sur le sable sec.

— Retourne-toi ! je vais la déshabiller.

Elle lui enleva sa robe et commanda à son mari de la jeter dans l'eau. Puis elle frotta le corps de la jeune fille avec son tablier et le recouvrit avec son châle.

— Une minute de plus et on se noyait.

Joseph se réchauffait devant la cheminée. Collées à leur père, Adèle et Perrine écoutaient, tremblantes, le récit du sauvetage.

— Tu ne sais pas nager? s'étonna Perrine.

Le père fit non de la tête.

— Pourtant t'es capitaine.

— Quand on est marin, il vaut mieux ne pas savoir.

— Pourquoi?

— En cas de malheur, ça ne fait que prolonger l'agonie de ceux qui tombent à l'eau.

Les fillettes serrèrent leurs poupées contre elles.

— Tu n'es pas gentil.

— Tu nous fais peur.

— Mais non! Vous savez bien qu'il ne peut rien m'arriver à moi, j'ai deux petites fées qui me protègent.

Trois petites fées, ajouta-t-il quand Jeanne descendit de la chambre où reposait Marie. Il prit sa femme dans ses bras pour oublier leur frayeur. Jeanne rassura tout son monde :

— Elle s'est enfin calmée.

— Papa! dis à maman pour la robe, s'empressa de demander Adèle.

— Quoi la robe? Tu ne l'as pas jetée?

— Si. Je leur ai raconté qu'elle n'a pas coulé quand je l'ai balancée dans le flot. Au contraire, elle s'est gonflée comme si le tissu ne buvait pas l'eau.

— Pourquoi tu ne me l'as pas dit? lui reprocha-t-elle.

— Je n'ai pas eu le temps.

— Oh! merci mon Dieu!

Jeanne se signa par trois fois. Elle haussa les épaules quand son mari lui fit remarquer que le bon Dieu n'avait rien à voir là-dedans.

— Qu'est-ce que ça fait qu'elle n'a pas coulé? s'inquiéta Adèle.

— C'est un bon présage, répondit Joseph.

— C'est quoi un présage? demanda Perrine.

Elles vinrent s'installer sur les genoux de leur père qui

commença son récit. Quand il vint au monde, il n'était pas plus gros qu'un lapin de trois semaines. Les jours passaient et il ne profitait pas. Sa pauvre mère se lamentait :

— Il ne va pas vivre, c'est pas possible. Regardez comme il est fripé, on dirait un petit chat sans poil.

Au bout d'une semaine la mère Le Calvez, une de ses voisines, se fatigua de l'entendre geindre.

— Donne-moi une de ses brassières, lui dit-elle, on va en avoir le cœur net.

— Pourquoi faire? s'inquiéta Adèle.

— Attends!

— Elle est toujours pressée celle-là, se plaignit Perrine qui n'aimait pas que l'on interrompe son père lorsqu'il racontait une belle histoire.

— La bonne femme s'en alla jeter la petite chemise dans la mer. Quand elle revint elle criait :

« — Ne te fais pas de bile, Joséphine, ton petit va vivre, la brassière s'est soulevée dès que je l'ai mise à l'eau.

— C'était un bon présage, dit Perrine émerveillée.

— Oui. La première fois que je suis parti au Banc, maman ne pleurait pas comme les mères des autres mousses. Elle savait que j'étais né sous une bonne étoile.

L'histoire terminée, Jeanne sonna le branle-bas en battant des mains :

— Il est grand temps d'aller au lit.

Les filles insistèrent pour que leur père assiste à leur coucher.

Dans la chambre, Adèle et Perrine se recueillirent devant la statuette de la Vierge.

— Pas la peine de faire votre prière, je suis revenu, plaisanta le capitaine.

— La Sainte Vierge ne va pas être contente.

— Vous lui en ferez une plus longue quand je serai reparti.

Il embrassa son aînée, borda le lit de sa petite qui se rappelait la belle histoire avant de fermer les yeux.

— Marie aussi a une bonne étoile, c'est pour ça que sa robe nageait dans le flot.

— Oui, assura le père, je peux même vous dire que les vagues la ramenaient dès qu'elle prenait le large.

Dans la chambre voisine, Marie dormait d'un sommeil agité. Le capitaine rejoignit sa femme au chevet de la jeune fille.

— Regarde dans quel état est sa pauvre figure. Tu n'avais pas besoin de frapper si fort, maudit cochon.

— C'était ça ou tu ne nous voyais plus ni l'un ni l'autre.

— Je reste la veiller, tu peux aller te coucher.

— T'en as de belles, toi ! Où est-ce que je vais dormir ?

La chambre dans laquelle reposait Marie était la leur, le lit, celui du couple. Le seul endroit disponible était le logement des ouvriers libéré par Pierre le matin même.

Joseph bougonna :

— Dans le lit des tâcherons ! C'est pas Dieu possible ! Qu'est-ce qui va encore se passer demain pour m'empêcher de dormir enfin sous ma couette ?

— Chut ! tu vas la réveiller.

Jeanne le poussa vers le palier. Elle savait qu'il grognait pour la forme, il avait un grand cœur Joseph, il ne supportait pas de voir les gens malheureux. C'était cela aussi qui l'avait séduite.

D'année en année, à chaque retour de campagne elle était plus amoureuse de son homme. Elle l'embrassa et lui chuchota dans l'oreille :

— Ne t'endors pas, je vais bientôt venir.

Gros cul entendit son maître sortir de la maison. Il mit le nez dehors et le regarda traverser la cour. Le cheval découvrit ses dents et poussa un hennissement moqueur quand il vit le patron se diriger vers le logement des ouvriers.

— Te fous pas de ma gueule toi, ou je vais te dresser les côtes !

Joseph alluma une bougie pour se tenir éveillé en attendant Jeanne, puis il s'allongea sur la paillasse de l'ouvrier. Il avait la tête encore pleine des péripéties de sa naissance qu'il venait d'évoquer.

— Pauvre mère, se dit-il. Quand je pense qu'elle n'avait pas peur. C'est quand même pas normal, elle savait pourtant où j'allais. Elle m'aimait peut-être moins que les autres mères.

Le hennissement du cheval avait réveillé Marie. Jeanne lui donna à boire une décoction de feuilles de tilleul séchées.

— Je veux mourir, je veux mourir, répétait Marie.

— Ne dis donc pas de bêtises.

— Si, je veux mourir.

Jeanne fit semblant de se mettre en colère :

— Ça suffit maintenant. Dis-toi qu'il y en a de plus malheureuses. Regarde la pauvre Yvonne. Et Finette, et Mignonne qui sont restées seules avec leur marmaille. A ta place j'aurais honte.

— Ne me dispute pas.

— Si.

Marie pleura. Ses sanglots secouaient sa poitrine. Elle aimait tant son René qu'elle serait inconsolable.

— Maintenant qu'il est mort, il est à moi, à moi toute seule.

Elle jura devant Jeanne que jamais elle ne trahirait la mémoire de son aimé. La patronne la laissa dire. Demain il ferait jour.

Quand elle pénétra dans le logement des ouvriers, son

homme dormait profondément. Jeanne, déçue, allait se retirer sur la pointe des pieds quand Joseph ouvrit un œil malicieux. Il bondit sur sa femme et la maintint prisonnière.

— Attends au moins que je me déshabille.

— Laisse faire, je m'en occupe, répondit-il d'une voix brûlante.

Le lendemain la nouvelle se propagea de bouche en bouche : la porte de la lavandière battait à tous les vents.

— Quelqu'un est entré pour voir? demanda Marie-Louise.

Yvonne et Berthe, les plus courageuses, pénétrèrent dans la maison. Elles virent que Marie ne s'était pas couchée, son lit n'était pas *débrassé*, son cotillon et son châle traînaient sur la terre battue.

— C'est ce qui nous fait peur, avoua Yvonne quand elle ressortit.

Toutes pensaient la même chose :

— Pourvu qu'elle n'ait pas fait comme sa pauvre mère.

— Oui, pourvu.

— L'envie d'en finir se transmet aussi facilement que le reste.

Berthe avait des idées sur tout, c'est à elle qu'appartint la conclusion :

— Quand le suicide est dans les familles, il n'en sort pas facilement.

Elles entendirent la carriole du capitaine. Joseph s'étonna de les trouver rassemblées d'aussi bonne heure devant chez la laveuse.

— Qu'est-ce que vous avez à faire vos gueules tristes?

— Marie a disparu.

— Elle a pas disparu, elle est chez nous.

— Il ne lui est rien arrivé?

— On est passé tard chez elle hier soir en revenant du

bateau. Jeanne trouvait qu'elle n'avait pas bon moral, on l'a emmenée coucher à la ferme.

Joseph ne savait pas mentir, ses narines s'écartaient comme les évents d'une baleine. Il descendit du cabriolet et s'avança vers la maison.

— Vous auriez pu fermer sa porte.

— Elle a battu toute la nuit, lui fit remarquer Berthe.

— Fallait te lever pour la fermer.

— Sûrement pas, j'avais bien trop peur. Pas vous, les filles ?

— Si ! affirma le chœur des femmes.

Toutes savaient que le capitaine racontait des sornettes, ça se voyait comme son nez qui s'élargissait au milieu de sa figure.

Pendant ce temps à la ferme, Jeanne choisissait parmi ses vêtements de quoi habiller Marie. Elle lui proposa une robe qu'elle portait quand elle avait vingt ans.

— Elle n'est pas trop gaie ?

— Mais non ! Profite de ta jeunesse pour mettre des couleurs vives, après il sera trop tard.

— Je pensais à René.

— Je ne veux pas te faire de peine mais tu n'as pas à porter le deuil.

Jeanne secoua la jeune fille. La vie n'était pas finie pour Marie, elle ne faisait que commencer. En lui passant la robe à fleurs, elle chercha les mots qui encourageraient celle qu'elle aimait comme une petite sœur et qu'elle protégeait depuis qu'elle était orpheline.

— Regarde comme tu es belle ! T'as la peau si fine et si douce, on dirait du satin.

Marie n'était pas faite pour jouer les veuves, mais pour se marier et avoir des enfants. Avec des hanches pareilles, elle n'aurait pas de mal à les mettre au monde. Avant tout, elle devait s'occuper d'elle. Ça n'était pas un crime que d'aspirer au bonheur.

— Et puis ce serait pécher que de priver un homme de tes trésors, poursuivit Jeanne. Je n'ai jamais vu une aussi belle poitrine que la tienne. Je peux te le dire, ils en sont friands les cochons.

L'ombre d'un sourire éclaira un court instant le visage de Marie. Il fut bien vite chassé par des larmes qui revinrent et coulèrent sur ses joues.

— Ah non! fit la patronne avec douceur. Faut pas pleurer. La poudre de riz c'est comme la farine à galette, quand c'est mouillé ça fait des grumeaux.

Jeanne s'appliquait à cacher la marque du coup que Marie avait reçu de son sauveteur.

9

Le lundi de la Toussaint, la communauté des marins se rassembla dans l'église pour assister à la *Proéla*, un service funèbre célébré à la mémoire des pêcheurs péris au cours de la dernière campagne. La foule occupait les bancs de part et d'autre du catafalque vide. Avant le début de l'office, l'abbé Cadiou s'adressa aux fidèles.

— Mes frères,

Nous sommes une fois encore réunis au retour de la campagne pour pleurer ceux qui ne sont pas rentrés au port, François Toullec de *L'Anita*, René Pinto de *La Charmeuse*. Tout à l'heure, à la prière des morts, nous demanderons au Seigneur de juger avec indulgence nos chers disparus. Ils sont morts loin de leur pays, de leurs familles, du clocher paroissial, dépourvus du secours de notre Sainte Mère l'Église. Ils ont eu, j'en suis sûr, la contrition parfaite de leurs fautes et le désir du sacrement de la confession. Ils se sont réconciliés avec Dieu. Ah! de grâce, pauvres marins, ayez toujours la conscience en paix, vous qui êtes constamment sur le qui-vive face à la mer qui, sans cesse, vous guette et vous désire.

Des remous se firent dans les rangs des paroissiens. Les marins n'appréciaient guère les paroles du prêtre. Ils ne connaissaient que trop les dangers qu'ils encouraient.

— Pensez à votre salut, mes frères, vous qui êtes plus

que tout autre exposés à une mort soudaine et imprévue. Adieu François, adieu René. Que Notre Seigneur Jésus-Christ vous donne le repos éternel.

L'abbé Cadiou tourna le dos à ses ouailles. Il se dirigea au milieu du chœur et là, face à l'autel, marmonna les premières prières du Saint Sacrifice de la messe : *Introïbo ad altare Dei.*

Le père Lebreton n'était pas venu prier pour son avant de doris, il avait trop de choses à reprocher au bon Dieu. Le vieux marin ne dormait plus depuis qu'il avait retrouvé la terre. Partout il revoyait son jeune équipier, le jour dans les chemins, à la fontaine, devant la maison de son père. La nuit, la maudite brume se levait et s'étalait dans la chambre. Alors René apparaissait au pied du lit et se plaignait.

— Je n'en peux plus. Je capitule.

C'étaient les derniers mots sensés qu'il avait dits. Léon l'avait encouragé :

— Tiens le coup, René ! Tiens le coup !

Soudain, le matelot s'était dressé dans le doris et précipité à l'avant au risque de chavirer.

— C'est plus la peine de souquer si fort, regarde, on est presque arrivés. Je vois la cale, elle est noire de monde. Elles sont toutes là à nous attendre.

« Ohé du quai ! Nous voilà. C'est nous, ceux de *La Charmeuse.*

Mais personne ne répondait.

— Approche, Léon ! Approche au plus près qu'elles nous reconnaissent !

— On y va, René, on y va.

— Mais non, on n'y va pas ! Qu'est-ce que tu fous nom de Dieu ? C'est moi qui commande ici. Accoste, je te dis !

Il avait sauté sur son patron pour l'obliger à modifier son cap. Léon dut se battre pour ne pas cabaner. Maîtrisé, le jeune homme leva les yeux sur le vieux marin, un regard que le père Lebreton n'oublierait jamais.

— Pourquoi tu me dévisages ? demanda René.

Il fut pris d'une peur subite et retrouva ses esprits, le temps d'une ultime requête.

— Surtout, quand je vais passer vire-moi par-dessus bord. Je ne veux pas que tu me manges. Tu me le jures?

Léon avait juré et basculé le corps de son matelot aussitôt que le pauvre gars eut rendu son dernier soupir. C'était vrai, l'idée de manger René l'avait effleuré, pour ne pas mourir lui aussi.

Le père Lebreton n'attendit pas la fin de l'office pour fuir l'église. Il alla chercher du réconfort chez Adrienne. Le café était vide, la bistrote s'installa à la table de son client, pour ne pas le laisser seul avec son tourment.

— Tous les ans je vais mettre une bougie à la bonne Vierge avant de partir et une autre quand je reviens. On s'est engagés comme ça tous les deux depuis que je suis tout mousse. René aussi faisait ça.

— Ne te ronge pas les sangs, lui conseilla Adrienne. A quoi ça te sert?

Léon ne l'écoutait pas, trop occupé à ressasser les reproches qu'il avait à faire au ciel et à Notre-Dame-du-Verger.

— Pendant douze jours, il a eu le temps d'en réciter des dizaines et des dizaines de chapelet.

— Ça suffit, Léon, tu te fais du mal pour rien. Ça ne va pas le ramener le pauvre gars.

— Pourquoi elle m'a entendu moi, et pas lui. Elle a trop de monde à s'occuper? C'est ça, elle en oublie plus souvent qu'elle ne devrait cette...

— Chut! tais-toi.

En lui mettant la main devant la bouche, Adrienne l'empêcha de blasphémer.

— Vide ton verre avant que les autres n'arrivent. Aujourd'hui c'est moi qui offre.

Le père Lebreton n'entendit pas les cloches sonner la fin du service funèbre. Il ne leva pas les yeux à l'entrée des premiers marins qui avaient couru de l'église au bistro pour se remonter le moral.

Le capitaine ne décolérait pas :

— Quel besoin de nous faire peur chaque fois qu'il grimpe dans son pigeonnier !

— Qui ? demandèrent les filles.

— Le curé pardi ! Vous n'avez pas écouté son prêche ?

— Non.

— Eh ben tant mieux ! Hue, Gros cul !

Il fit claquer son fouet pour inciter le cheval à trotter malgré l'étroitesse de la rue.

Marie-Louise profita d'être au bourg pour baptiser son dernier-né. La famille Guilbert au complet patientait au bas de l'église. L'abbé Cadiou sortit de la sacristie. Il avait quitté les ornements du deuil et revêtu ceux prescrits par la liturgie pour célébrer le sacrement du baptême. Il descendit la nef en compagnie de Mme et M. Louvet qui l'avaient attendu à leur place, dans le premier banc.

— Nous comptons sur vous à l'heure du déjeuner, lui rappela la maîtresse de maison.

— Merci, madame Louvet.

Avant de franchir la grand'porte, Soulier vernis s'arrêta à hauteur des fonts baptismaux.

— Je te félicite, Amand, te voilà père un coup de plus.

— Oui, monsieur Louvet, c'est le quatrième.

Mme Louvet se renseigna, c'était important de savoir.

— C'est un gars ?

— Oui.

— Mes félicitations. Bravo aussi à toi, Marie-Louise.

La maman ne cacha pas qu'elle eût préféré avoir une fille.

— Ce sera pour l'année prochaine, répondit la femme de l'armateur pour ne pas décourager celle du marin.

Puis le couple souhaita une bonne journée à cette si belle famille.

L'abbé Cadiou ordonna au démon de quitter l'âme de celui qui, par la voix de ses parents, de son parrain et de sa marraine, demandait à entrer dans la communauté des fils de Dieu. Il souffla sur le front de l'enfant, de haut en bas puis de gauche à droite pour y dessiner la croix du Christ. Le diable chassé, il invita tout le monde à franchir la grille des fonts baptismaux.

— Comment allons-nous appeler ce nouveau chrétien ?

— Francis Joseph, dit la mère.

Le prêtre invita le parrain et la marraine à poser la main sur le bébé pour répondre en son nom.

— Francis Joseph Marie, croyez-vous en Dieu le père tout-puissant...

Marie-Louise l'interrompit brutalement :

— Non ! pas Marie.

— Vous ne voulez pas mettre votre enfant sous la protection de la Vierge ?

— Je n'y tiens pas, monsieur le recteur.

Elle avait ses raisons. Elle voulait le garder pour elle. Si elle le confiait à la Vierge, rien ne s'opposerait plus à ce qu'il embarque comme tous les fils de pêcheurs.

— Mais ma fille, qu'en ferez-vous ?

— Je ne sais pas. S'il a de la chance il apprendra un métier. S'il n'en a pas, il ira travailler dans les fermes, on le nourrira mais il ne partira pas au Banc. J'ai trop peur que la mer me les prenne tous.

L'abbé Cadiou n'attendit pas midi pour suivre la route de la Ville-Bague, la Malouinière des Louvet, à un kilomètre du bourg. C'était l'une de ces magnifiques demeures construites aux XVe et XVIe siècles par les armateurs malouins désireux de profiter du silence de la campagne sans s'éloigner de la mer. La gentilhommière avait grande allure avec ses murs blancs, bordés d'arêtes de granit gris. De la route, on apercevait un colombier carré, une forme inhabituelle, et une chapelle entourée par les arbres centenaires du parc. L'abbé y venait dire la messe tous les ans le 25 mai, jour de la Sainte-Sophie à qui l'oratoire fut dédié le jour de sa consécration par l'archevêque de Rennes.

Antoinette, une jeune employée de maison, accueillit le prêtre à peine avait-il franchi la grande porte voûtée de l'entrée. Elle le conduisit dans le salon aux murs peints de scènes exotiques. M. et Mme Louvet l'y attendaient. Après avoir échangé les souhaits de bienvenue et les marques de politesse, l'armateur se retira dans son bureau. Il en ressortit aussitôt apportant une liasse de billets de banque qu'il destinait aux œuvres de la paroisse.

— Oh ! merci, dit le prêtre dont le front s'empourpra de gêne et de contentement.

L'abbé Cadiou garda un instant l'offrande dans la main. Chaque année il feignait la surprise, c'était l'usage.

— Je suis toujours un peu gêné, marmonna-t-il.

Mme Louvet le tira vite de son embarras :

— Faut pas, monsieur le curé, faut pas. Vous priez pour les marins de mon époux de mars à octobre, il est juste que vous soyez récompensé quand ils sont à terre.

D'un coup d'œil elle évalua le montant de la somme offerte par le généreux donateur. Elle augmentait tous les ans, l'armateur était plus large avec l'Eglise qu'avec sa femme. En prenant de l'âge il privilégiait l'essentiel. Sentirait-il le besoin de s'acheter une place au paradis ? pensa secrètement Mme Louvet. Elle répéta sur un ton faussement détaché :

— Bien récompensé, n'est-ce pas, monsieur Louvet ?

C'est ainsi qu'elle appelait son mari quand elle lui parlait en public. Sa remarque appuyée agaça Souliers vernis.

— Oui, Amélie ! N'ayez pas mauvaise conscience,

l'abbé, cet argent n'est pas pris sur la part des marins mais sur celle de l'armateur.

— Dans ce cas j'accepte.

Le prêtre glissa les billets dans une poche dissimulée sous la ceinture de sa soutane, le signe pour Antoinette de servir le porto. Maintenant qu'il avait reçu son obole l'abbé Cadiou pouvait aborder le sujet qui ne manquerait pas de préoccuper ses hôtes.

— Comme vous le savez, je viens de baptiser le dernier-né de Marie-Louise.

— Elle ne fait que des gars cette pauvre femme, fit remarquer Mme Louvet. Si elle continue, à elle seule, elle te fournira tout un équipage, monsieur Louvet.

— Ça n'est pas son intention, reprit l'ecclésiastique.

— Qu'elle le veuille ou non, c'est la nature qui commande. Il y en a qui ne font que des femelles et d'autres que des mâles.

Une fois de plus Mme Louvet eut le don d'énerver son mari.

— S'il te plaît, Amélie, laisse l'abbé aller au bout de ce qu'il a à dire.

— C'est vrai, je vous prie de m'excuser, monsieur le recteur, comme vous le savez, je suis née bavarde.

Le curé annonça donc que Marie-Louise avait refusé de mettre son bébé sous la protection de la Vierge. Il avait insisté pour la faire revenir sur sa décision, elle n'avait rien voulu savoir. Quant à Amand son homme, il s'était tu comme tous les marins devant leurs épouses. Mme Louvet cherchait à comprendre :

— Pourquoi elle a fait ça?

Lucide et perspicace, M. Louvet avait deviné tout de suite.

— Pour que celui-ci n'aille pas au Banc pardi! Elle veut le garder près d'elle pour remplacer la fille qu'elle n'a pas eue.

— Quelle orgueilleuse! Cela ne lui portera pas chance.

Tracassé par ce qu'il venait d'apprendre, Souliers vernis ne supporta plus d'entendre sa femme parler sans réfléchir. Il lui commanda d'aller voir si le déjeuner était prêt.

— Antoinette nous préviendra.

— Non! Je t'en prie, Amélie, renseigne-toi à la cuisine.

Quand elle fut sortie, l'armateur l'excusa. Sa femme était sotte, riche mais sotte.

— Vous la connaissez mieux que moi, vous l'entendez en confession.

L'abbé détourna son regard pour ne pas approuver ouvertement les propos du mari exaspéré.

— Pour revenir à ce qui nous soucie, qu'en dit-on aux alentours?

— La nouvelle n'a pas encore eu le temps de se répandre.

— Il ne faudrait pas que d'autres se mettent à l'imiter.

De mémoire de Louvet, armateurs de père en fils, on n'avait jamais vu une mère se rebeller, une femme de marin défier la règle acceptée et respectée par tous les gens de mer comme un commandement de Dieu.

Quand il y a danger, il faut immédiatement faire face. C'était une des devises de l'armateur. Tôt le lendemain matin, il se rendit à la Guimorais. Il arrêta son automobile devant la maison des Guilbert. Aussitôt Amand prévint sa femme. Marie-Louise redoutait sa visite, elle craignait le pire : Souliers vernis pouvait décider de débarquer Amand pour lui faire payer le prix de l'insolence de sa femme.

— Le recteur l'aura prévenu, dit Amand.

Il partageait les craintes de Marie-Louise.

M. Louvet semblait pressé. Il oublia de regarder où il mettait les pieds en sortant de l'auto, ses beaux souliers plongèrent dans une flaque d'eau croupie. Cela commençait mal. Amand sortit à sa rencontre.

— Tu es là, matelot, ça tombe bien, c'est toi que je viens voir. Quel vilain temps !

— Oui, les vents ne sont pourtant pas à la pluie.

Ils entrèrent dans la maison.

— Bonjour Marie-Louise, salut les enfants !

Il avait pris un ton bonhomme qui rassura tout le monde.

Tout le monde sauf Marie-Louise qui resta sur ses gardes.

M. Louvet prit place en bout de table, comme s'il était chez lui, et invita le marin à s'asseoir.

— Je suis venu t'apporter ton retour.

— Fallait pas vous déranger, monsieur l'armateur, je serais venu demain avec les autres.

— Premièrement cela ne m'a pas dérangé, et deuxièmement je me suis dit que cela t'arrangerait de ne pas avoir à te déplacer et de profiter au maximum de ta petite famille.

Il mit trop de gaieté à prononcer le mot famille. Marie-Louise en conclut que Souliers vernis n'était pas venu dans le seul but d'apporter la paye à son homme.

— Merci, monsieur Louvet.

— As-tu fait tes comptes ?

Oui Amand avait calculé l'argent qui lui revenait, mais il n'osa pas annoncer le montant de ses gains des fois qu'il se serait trompé. Pas dans les additions, il savait combien il avait pêché de poissons, mais dans la soustraction des charges multiples des assurances et des dépenses dues au fonctionnement de l'armement. Ça n'est qu'une fois ces retenues déduites qu'on déterminait le prix à la morue en divisant la part de l'équipage par le nombre de poissons ramenés.

— Vous avez ma confiance, monsieur Louvet.

L'armateur sortit les sous d'une sacoche en cuir qui le suivait partout comme un chien fidèle.

— Voilà ta part. Vérifie que ça te convient.

Amand n'en revenait pas, il resta un instant bouche

bée devant les billets étalés devant lui. Cela ne collait pas, la somme lui parut trop élevée, au moins du quart. Souliers vernis se justifia :

— La campagne a été exceptionnelle, le poisson n'a jamais été aussi beau. Cela n'est pas à toi que je vais l'apprendre.

— C'est vrai que sur *La Charmeuse* on n'a pas à se plaindre. Ce coup-là encore moins que d'habitude.

— Si tu veux un conseil, ne change pas de bateau. Il n'y en a pas un comme Joseph pour sentir la morue.

— Quand même, vous m'en donnez trop.

Les trois grands garçons entouraient leur père. Ils écarquillaient des yeux émerveillés, se sentant tout à coup aussi riches qu'Adèle et Perrine, les filles du capitaine.

— Je pense aussi que tu as une bouche de plus à nourrir et qu'une petite gratification sera la bienvenue.

L'armateur commençait à exposer sa manœuvre. Marie-Louise, isolée dans un coin près du berceau de son nouveau-né, répliqua vivement :

— C'est en somme une prime sur l'avenir que vous nous offrez, monsieur Louvet.

— Qu'est-ce que tu vas chercher, Marie-Louise? C'est juste quelques billets pour récompenser ton homme.

— De faire des gars?

Souliers vernis haussa le ton pour montrer qu'il n'était pas homme à se laisser impressionner par des paroles de femme désenchantée.

— Non! D'être le meilleur de mes patrons de doris, comme l'était son père et comme le seront ses fils. Et cela mérite plus qu'une récompense, ça se paie.

Francis Joseph se mit à pleurer, la grosse voix de l'armateur en colère l'avait tiré de son sommeil.

Souliers vernis poussa les billets vers son matelot.

— Prends tes sous, Amand, tu les as bien gagnés.

Il sortit trois pièces de cent sous de la poche gousset de son gilet pour chacun des fils du marin modèle.

— Et une pour votre petit frère.

— Merci, monsieur Louvet.

La visite touchait à sa fin. L'armateur referma sa sacoche. Il se leva et allait prendre congé quand il se ravisa et tendit à Marie-Louise un cadeau de Mme Louvet pour le petit, un gobelet d'argent gravé des trois prénoms du bébé : Francis Joseph Marie. La maman tremblait.

— Alors ? il ne sera pas marin celui-ci à ce qui paraît ?

— J'aimerais autant pas, monsieur Louvet.

— Malheureusement tu ne pourras pas grand-chose, ma pauvre Marie-Louise, c'est lui qui décidera. C'est bien rare que les fils de marin aient envie de faire autre chose que le métier de leur père. Hein les gars !

— Oui, monsieur Louvet.

D'un geste il attira les garçons près de lui. L'aîné, Louis, avait treize ans, il serait du prochain départ. Félix, douze au mois d'octobre, en mars il serait dans l'année de ses treize ans, l'âge légal.

— Et puis tu es costaud comme un gars de quatorze. Regarde les mains et les bras que tu as.

Marie-Louise vacilla et dut s'asseoir pour ne pas tomber.

— Vous n'allez pas me le prendre déjà ? Il est trop petit, il est trop pâle.

— Au large il prendra des couleurs.

Il parla à Félix d'homme à homme :

— Ça te dirait d'embarquer ?

— Oh oui !

— Tu vois, c'est vrai ce qu'on dit, Marie-Louise, c'est pas du sang qu'ils ont dans les veines, c'est de l'eau de mer. Tu chausses du combien ? demanda-t-il au futur mousse.

Félix haussa les épaules, il n'avait aucune raison de connaître sa pointure. Il récupérait les chaussures de Louis quand elles étaient devenues trop petites pour l'aîné, et, à son tour, il les passerait à son petit frère pour les mêmes raisons.

— Je suis sûr que tu as les pieds assez grands et les jambes assez longues pour enfiler les bottes de ton père.

Marie-Louise poussa un cri déchirant :

— Vous n'allez pas m'en enlever deux d'un coup, monsieur Louvet.

— Si ! Ils embarqueront tous les deux sur *La Charmeuse* avec un bon capitaine et leur père pour veiller dessus.

Félix et Louis sortirent avec l'armateur pour admirer l'auto, une De Dion-Bouton décapotable.

— Etes-vous déjà montés en automobile ?

— Non jamais.

— Ça vous dirait de venir au port ?

— Oui.

— C'est une grande journée pour vous, les gars.

Derrière sa fenêtre, les yeux pleins de larmes, Marie-Louise assista au démarrage de la voiture. Ses deux garçons étaient fiers comme des papes. Trop heureux de ce qui leur arrivait, ils n'eurent pas un regard pour leur mère.

La De Dion-Bouton fit une première halte devant chez Branle dans l'vent. Le vieux Charles profitait d'une éclaircie pour faire les cent pas dans son jardinet. Souliers vernis engageait toujours la conversation par des considérations sur l'état du ciel.

— Bonjour, Charles. Tu as raison de prendre l'air, ça ne va pas durer. Regarde ce qui se prépare.

— J'ai vu.

L'armateur ouvrit sa sacoche.

— Si c'est pour le retour que vous venez, cela n'était pas la peine de descendre de l'auto, monsieur Louvet, je ne veux pas de votre argent.

— C'est la part de ton fils, elle te revient de droit.

— Pourquoi faire ? A mon âge on n'a plus de désirs. J'ai pas besoin de vos sous.

Il reprit sa ronde n'ayant plus rien à ajouter. L'armateur revint à la charge :

— Tu n'as pas à refuser, c'est une clause du contrat.

— Donnez-les à la Caisse de prévoyance.

Cette institution étendait aux marins les acquis des ouvriers de l'Industrie qui les garantissaient contre les risques du métier. Elle versait aussi des pensions aux femmes des péris en mer. Brusquement Branle dans l'vent revint sur sa décision.

— Ou plutôt, proposez-les à Marie sa fiancée, elle a engagé des frais en prévision de leur mariage.

Cette fois il avait tout dit. Il rentra et s'enferma.

La voiture de l'armateur doubla le père Lebreton à la sortie du Haut-Pays, un autre village de Saint-Coulomb habité par des pêcheurs et situé sur la route côtière en direction de Cancale. Souliers vernis stoppa son véhicule et attendit que le piéton le rattrape.

— Veux-tu monter, Léon?

— Non merci!

— Ah! je te demande de m'excuser, je n'avais pas vu que tu étais en pèlerinage.

Le père Lebreton n'apprécia guère d'être troublé dans son recueillement. Il reprit son chemin, avançant pieds nus, l'estomac vide et sans mot dire pour acquitter sa dette envers la mère protectrice des marins.

La chapelle de Notre-Dame-du-Verger était blottie au bas d'une butte de sable, au milieu d'un bosquet de pins maritimes. Elle tournait le dos à la mer pour préserver son entrée des vents du large et abriter les marins qui arrivaient chantant à pleins poumons l'hymne de la reconnaissance. Souriante, elle tendait les bras à ses visiteurs. Le père Lebreton trempa ses doigts dans l'eau bénite et se signa pour la saluer. Puis il se retourna et posa le regard sur une fresque peinte au-dessus de la porte d'entrée. Des marins en détresse tendaient leurs mains vers la Bonne Mère leur apparaissant sur la crête d'une vague monstrueuse que les pieds nus de la Vierge semblaient retenir avant qu'elle ne déferle sur la barque fragile. Il chanta son cantique, selon sa promesse :

— « *Astre béni du marin,*
Conduis ma barque au rivage.
Garde-la de tout naufrage,
Blanche étoile du matin. »

Puis il déplia le journal qui protégeait son cadeau : *La Charmeuse* emprisonnée dans une bouteille, à l'abri de la brume et du gros temps.

Au port, les voitures à chevaux se rangèrent sur les côtés de la rue pour laisser le passage à la belle auto de l'armateur qui stationna à l'entrée du quai. Souliers vernis bloqua la manette du frein, coupa le contact et se retourna vers ses passagers. Le plus grand faisait triste mine.

— Oh! toi tu es pâle comme les fesses à Duval. Aurais-tu le mal de mer?

Louis sauta de la voiture sans répondre. Il fonça vers le bassin nourrir les poissons.

— Il est souvent malade ton frère?

— Non jamais! répondit Félix avec aplomb. Il a eu peur, on allait trop vite dans les tournants.

— Ce sont les poissons qui vont être contents, plaisanta M. Louvet. Va le retenir avant qu'il ne plonge dans le bassin.

Le cadet vola au secours de l'aîné.

— Arrête de dégueuler!

— Je peux pas.

— Il voudra plus de toi.

— Pourquoi?

— Si t'es malade en auto, il va penser que t'auras le mal de mer.

La cale grouillait de voiliers, de peintres et de cordiers. L'état des bateaux nécessitait une sérieuse remise à neuf au retour de campagne. La coque de *La Charmeuse* avait souffert, les vergues et les mâts étaient endommagés, la voilure avait été mise à mal.

Quand Félix et Louis rejoignirent M. Louvet Joseph racontait l'ouragan du 7 août, le grand responsable des dégâts subis par le navire. Jamais le capitaine n'avait vu de pareils paquets de mer s'écraser sur le pont. Au plus fort de la tempête, ils avaient plongé de la hauteur du clocher de Saint-Malo et cru qu'ils ne remonteraient jamais. Quand ils réapparurent en haut de la lame, *La Charmeuse* n'était pas belle à voir, elle était brisée de partout. Une chance, ou plutôt un miracle, il ne manquait personne sur le pont. Louis en eut froid dans le dos, il rendit le peu de nourriture qui lui restait dans l'estomac.

— Capitaine ! fit l'armateur, je te présente les futurs mousses de l'armement Louvet.

— Faillis mousses ! Il aurait honte ton père s'il te voyait dégueuler avant même d'avoir mis le pied à bord.

— Louis est malade en auto, pas en bateau. Jamais, affirma Félix pour sauver son grand frère.

Joseph poussa Louis sur la coupée et le confia au concierge.

— Aide-le à monter dans le grand mât, il est barbouillé, ça va lui remettre le cœur en place.

Le futur mousse fut pris de panique. Il allait mieux, beaucoup mieux.

— Ça ira encore mieux après, affirma le capitaine.

Pierre indiqua à Louis la façon d'enjamber la lisse et d'attraper l'échelle. Il lui recommanda de regarder droit devant lui, jamais en haut et surtout pas en bas. Félix voulait grimper lui aussi. Louis s'écarta pour le laisser passer devant.

Jeanne arriva sur le quai avec ses filles et Marie qu'elle avait entraînée au bourg acheter de la lessive, un prétexte pour distraire la jeune fille. Elles passaient sur le port récupérer le capitaine afin de le ramener en carriole à la ferme.

— Adèle ! Perrine ! cria Félix en apercevant l'attelage.

Il était arrivé à hauteur des flèches. Louis que Pierre guidait était cinq bons mètres en dessous. Adèle tremblait pour eux :

— Ils vont tomber.

— Mais non ! fit Perrine, avec Pierre ils ne risquent rien.

La laveuse leva les yeux sur le saisonnier. C'est aussi pour cela que Jeanne l'avait amenée. La patronne avait décidé de faire se rencontrer les deux jeunes gens autant de fois qu'il le faudrait. Pour les aider à se trouver, disait-elle.

Là-haut, Félix s'époumonait :

— Les filles !

Louis voulut redescendre.

— Attends qu'elles nous voient ! Ohé du quai ! C'est moi Félix Guilbert.

— On t'a reconnu, matelot ! crièrent en chœur les deux gamines.

Elles coururent sur la cale pour assister à la descente des futurs gabiers.

Marie ne voulait plus s'approcher du bateau, elle était restée seule dans la carriole. Pierre arriva dans son dos et contourna le cabriolet pour ne pas la surprendre.

— Bonjour Marie, ça ne vous ennuie pas si je vous parle ?

— Non, répondit-elle.

— Quand j'ai perdu ma mère, je n'avais pas envie d'entendre les autres, confessa Pierre.

— Moi si, au contraire, répliqua la jeune fille. J'ai besoin de parler avec tout le monde. On ne peut pas passer sa vie à pleurer, le malheur fait fuir les gens.

Elle poursuivit, les yeux tournés vers le large :

— Comme dit la patronne, quand on a eu son trop-plein de misère, il ne peut plus vous arriver que des bonnes choses. Il ne faut pas attendre qu'elles viennent, il faut aller au-devant.

10

Le lendemain une procession joyeuse arriva vers les trois heures de l'après-midi devant le bureau de l'Inscription maritime. Les femmes marchaient en tête, d'un pas alerte, la mine réjouie. Les hommes s'étaient mis sur leur trente et un. Ils portaient les habits du dimanche, la casquette propre, le foulard aux couleurs vives noué autour du cou. Pour tous ces pauvres gens, c'était le plus grand jour de l'année.

Joseph et Jeanne avaient eu le privilège de les précéder dans le bureau de l'Administrateur. Chaque année Souliers vernis convoquait ses capitaines et ses équipages au bureau des Affaires maritimes pour la remise des gains de la campagne écoulée. La paye était faite en présence d'un agent de l'Administration. L'armateur armait trois navires, *L'Anita*, *Le Gloire à Dieu*, et *La Charmeuse*. Il avait une préférence marquée pour sa petite dernière et son vaillant capitaine. Il donna sa part à Joseph.

— Merci, monsieur Louvet.

— C'est moi qui te remercie d'avoir fait une si bonne campagne.

— Vous auriez pu attendre l'arrivée de l'équipage pour me donner mes sous.

— Non, c'est mieux comme ça. Même s'ils connaissent la répartition des bénéfices, ce n'est jamais bon que les matelots voient ce que touche le capitaine. C'était l'idée de mon père et c'est la mienne aussi.

Joseph confia ses gains à sa femme. Elle mit l'argent dans son sac à main et embrassa son homme.

— Tu as bien travaillé.

— Je parie que cette année ton mari te rapporte plus que ta ferme.

Jeanne ne répondit pas, elle se contenta de sourire, c'était une cachottière.

— Je vous paye des prunes si vous arrivez à le savoir, dit Joseph. Moi, il y a belle lurette que je ne pose plus la question.

— L'argent, c'est l'affaire des épouses, affirma Jeanne. Peut-être pas chez les armateurs mais chez nous c'est comme ça. Vous savez bien, monsieur Louvet, que les marins sont incapables de s'occuper des sous.

— Que vous dites les femmes, répliqua Joseph, parce que ça vous arrange. Attends un peu que je ne navigue plus, tu verras qui aura le porte-monnaie.

— Ne rêve pas trop, capitaine.

Souliers vernis écoutait le couple, amusé. Il étala ses cahiers de comptes sur le bureau et fit entrer l'équipage. Le capitaine plaça ses matelots sur les bancs, avancés face au bureau pour la circonstance.

— Retirez vos casquettes, ordonna-t-il.

Tous n'y avaient pas pensé. Les femmes se tinrent debout derrière leur mari.

Souliers vernis salua tout le monde puis il ouvrit un grand cahier noir à couverture cartonnée, pour faire lecture des comptes de la campagne. Il prit un ton de curé en chaire.

— Mes chers amis, je vous félicite, une fois de plus la cale était pleine.

Les marins apprirent avec fierté qu'ils avaient ramené 4 520 quintaux de poisson vendus à 135 francs, au total 610 200 francs. Là-dessus l'armateur avait prélevé 4 % d'escompte et 2 % de commission de vente sur le reste, ce qui ramenait la somme à 574 076 francs et 16 centimes. S'ajoutait la vente des huiles et des rogues, 2 200, le fret du sel, 5 900. Soit 6 100 qui faisaient passer le total à 582 176 francs 16 dont il fallait retrancher les dépenses. Les primes d'assurance, 32 000, le prix des fûts, 350, les frais de déchargement et de pesage, 1 750. En tout 34 100.

— Ça augmente tous les ans, dit Hortense à voix basse.

— Il en retire trop tout de même, ajouta Marie-Renée.

Toutes déductions faites, il restait 548 076 francs 16 sur lesquels la part des marins était fixée à 26 %. Il leur revenait donc 142 499 francs 80.

— Ils ont la plus petite part, constata Hortense en soupirant.

— Oui, fit sa voisine, c'est pourtant eux qui ont tout le mal.

— Vous avez pêché 198 212 poissons, ce qui met la morue à 0 franc 718, conclut l'armateur.

Avant de s'asseoir, il s'inquiéta de savoir si l'équipage était au complet. On lui signala l'absence d'Amand Guilbert. L'armateur déclara qu'il avait déjà touché sa part. Tous s'en étonnèrent.

— Et le père Lebreton, dit Hortense en levant le doigt.

— J'irai le voir ton homme.

— Je peux bien m'en aller, il ne me donnera pas mon argent, regretta la femme de Léon.

— Reste quand même avec nous pour rigoler chez Adrienne, proposa Marie-Renée.

L'agent des Affaires maritimes invita les marins à se présenter un à un devant le bureau, le saleur en tête.

— Les plus riches sont toujours servis les premiers, plaisanta Jean-Marie, l'homme de Belle en cuisse.

Victoire, la femme de Francis le saleur, réagit vivement à cette réflexion dans laquelle elle perçut une pointe d'envie, son mari ayant un pourcentage plus important que les dorissiers.

— Qu'est-ce que tu trouves à redire, L'Encornet? tu ferais mieux d'être jaloux de ta femme que de tes copains. Ce ne sont pas eux qui te font porter les cornes.

Elle venait de baptiser Jean-Marie pour le restant de sa vie. Désormais on ne l'appellerait plus que L'Encornet parce que son épouse le trompait pendant qu'il boëttait ses lignes avec du calmar. Le cocu jeta à ses copains un regard triste. Dans son dos, les femmes pouffaient. Elles étaient nerveuses en novembre et en février quand elles venaient toucher le retour ou les avances. Les deux seuls jours de l'année où elles avaient l'illusion d'être riches. Ça leur tournait la tête, ça les rendait idiotes.

— Taisez-vous! pauvres innocentes, gueula le capitaine.

Il ne leur permettait pas de rire du malheur d'un de ses matelots, pas devant lui.

L'Encornet avait pêché 22 354 morues et se trouvait dans le trio de tête. Seuls le père Lebreton et Amand Guilbert avaient fait mieux que lui.

— Ça n'a pas l'air de te faire plaisir? s'étonna l'armateur. Avec un peu de chance, l'année prochaine tu les dépasseras.

— Si le proverbe est vrai, monsieur Louvet, c'est cette année que j'aurais dû en avoir de la chance.

— Je ne sais pas ce dont tu parles.

— Et on ne veut pas le savoir, Jean-Marie, fit le capitaine pour couper court aux épanchements.

Mal à l'aise, l'armateur reprit vite l'énoncé des comptes.

— Donc 22 354 morues. Je t'en enlève 2 612 pour ceux qui sont restés à bord travailler dans l'intérêt commun.

Il restait au dorissier 19 742 poissons payables à

0 francs 718, soit 14 174 francs 75. Ça mettait le neuvième à 1 574 francs 97. Il en revenait 5 à Jean-Marie et 4 à son avant de doris. Souliers vernis sortit l'argent de sa sacoche et compta jusqu'à avoir atteint la somme de 7 871 francs et 85 centimes. L'Encornet prit ses sous. Joseph connaissait son matelot, à son regard fixe embué de larmes, il vit que la rage le gagnait.

Pour Adrienne aussi ce fut une belle journée. Son café était plein comme un œuf. Elle déambulait entre les tables, intervenant dès qu'un verre vide se levait.

Aujourd'hui c'étaient les femmes qui régalaient, elles avaient empoché l'argent des marins à peine franchie la porte de l'Inscription maritime.

— Pour moi, ça fera combien ? demanda Victoire.

— Tu as deux tournées, Victoire Labat, ça te fait...

— Non ! pas Victoire Labat, madame Foursin. Aujourd'hui je suis fière de porter le nom de mon homme. Comme les dames du bourg, celles qui ont des grands chapeaux et des belles toilettes.

— Vous me devez deux fois quarante sous, madame Foursin.

L'Encornet était seul debout au comptoir. Il arrêtait Adrienne dès qu'elle passait à portée de main.

— Doucement, Jean-Marie.

— Ah non ! protesta-t-il. Pas Jean-Marie, L'Encornet.

— C'est quoi encore cette histoire ? Personne n'est satisfait de porter son nom aujourd'hui.

— Demande à Victoire, c'est elle qui m'a trouvé ce sobriquet. Tu devines pourquoi ?

Son verre plein, il le leva à la santé de la compagnie. Puis il se rendit dans la chambre des députés, une arrière-salle dans laquelle s'isolaient les gens de bien pour ne pas se mêler à la populace. Il y trouva Souliers vernis, Joseph,

Jeanne et Marie que sa patronne avait amenée à la demande de l'armateur.

— A la vôtre, monsieur Louvet. Toi aussi, Joseph.

— A la tienne, Jean-Marie.

Il titubait déjà. Revenu dans la salle commune, il s'approcha de la table du saleur et brailla :

— A la santé du cocu !

Francis se dressa, prêt à se battre, Adrienne s'interposa. Elle poussa Jean-Marie vers le bar.

— Si tu veux que je sois sage, remplis mon verre, implora l'offensé.

— Ne bois pas si vite, tes jambes ne vont plus te porter.

— T'occupes ! Je vais m'en retourner à la nage.

— Dis donc pas de bêtises.

La paix revenue, l'armateur proposa à Joseph de raccompagner Jean-Marie en auto jusqu'à sa maison.

— Ne faites pas ça, monsieur Louvet. Je le connais mon loustic, s'il rentre maintenant il va tuer sa femme. Faut le laisser noyer son chagrin, après il n'aura plus la force d'être méchant.

Ils oublièrent l'incident. L'armateur ouvrit sa sacoche, il en tira une enveloppe qu'il tendit à Marie.

— Je n'attends rien, monsieur Louvet.

— C'est la volonté du vieux Charles. Il m'a demandé de vous remettre la part de son fils. Il pense qu'elle vous revient.

— Je le remercierai mais je ne veux pas prendre cet argent. Si j'accepte, c'est me marier avec un mort. Laissez-moi la chance d'en retrouver un de bien vivant.

A leur retour Jeanne proposa à Marie de venir dormir une nuit de plus à la ferme. La jeune fille refusa. Elle pouvait rester seule désormais, elle ne ferait pas de bêtises. Une fois chez elle, elle ouvrit sa fenêtre pour faire entrer de l'air frais dans sa pièce malgré l'heure tardive. Elle noua son tablier et entreprit de faire le ménage.

Vers les huit heures du soir, Adrienne mit son dernier client à la porte.

— Un dernier, juste un dernier, mendia L'Encornet.

— Non ça suffit! T'as assez bu!

Le marin traversa difficilement la rue. Devant l'Entrepôt des Salines, Germaine attendait une âme en peine à consoler. Jean-Marie se présenta.

— Non, monsieur! Tu es resté en face trop longtemps. Passé la dose, l'amour et la bouteille ne font plus bon ménage.

Jean-Marie avança sur le quai en chantant :

— « *Quand ils partaient*

Pour le Grand Banc,

Le banc à Saint-Pierre. »

A hauteur de *La Charmeuse*, il signala sa présence.

— Ohé, du bateau!

— Oui, répondit Pierre qui apparut sur le pont.

Madame Adrienne lui ayant fermé sa porte, le matelot implora le concierge d'avoir pitié d'un homme sur le point de mourir de soif. Il avait l'impérieux besoin de se rafraîchir la glotte avant de reprendre le chemin de son logis.

— J'ai de l'eau si vous voulez.

— Quoi! de l'eau! Un marin ne boit jamais d'eau.

Il demanda à Pierre d'aller fouiller dans la cabine du capitaine, il y avait sûrement une bouteille à traîner dans un coin.

— Non, son coffre est vide.

— A d'autres! Il doit bien en cacher une pour boire un coup quand il est à bord.

Il voulut descendre vérifier lui-même. Pierre lui barra le passage. Les deux hommes s'empoignèrent sur la coupée.

— Non mais dis donc! Où tu te crois ici? Maudit bouseux! Pied de chou! C'est peut-être bien toi qui as séduit ma colombe?

— Ah non! C'est pas moi, je vous le jure.

— Je sais que c'est pas toi, mais c'en est un de ton

espèce. Si tu le connais, préviens-le bien. Dis-lui qu'un jour je le retrouverai et je le trancherai comme un flétan, du nombril jusqu'à la gorge.

Puis Jean-Marie s'inquiéta de savoir si Cul roussi disait la vérité quand il prétendait que Pierre voulait embarquer avec eux.

— J'ai dit ça comme ça.

— Il raconte aussi que t'as des vues sur la fiancée du pauvre René.

— Il en dit bien de trop.

Sans doute y avait-il une part de vérité dans tout ça, il n'y a jamais de fumée sans feu, se dit L'Encornet qui avait perçu, dans la réponse de Pierre, comme un aveu.

— Puisque c'est vrai, insista-t-il je vais te donner mon avis. Un conseil de malheureux, ou de cocu si tu préfères. Reste à terre ! Même les bonnes filles il faut les surveiller.

Il vira de cap, reprenant sa chanson, là où il l'avait laissée, preuve qu'il n'avait pas perdu la tête :

— « *Le Banc à Saint-Pierre,*
Les Cancalais
Le cœur confiant
Prenaient la mer. »

Il lui fallut plus d'une heure et demie pour se rendre à la Guimorais. Marie fermait sa porte quand il arriva sur la place du village.

— *Je vous salue Marie pleine de grâce, le Seigneur est avec vous, vous êtes bénie entre toutes les femmes, et Jésus, le fruit de vos entrailles...*

Les mots amenant les idées, L'Encornet se mit à répéter avec une ironie méchante :

— Le fruit de vos entrailles.

La jeune fille effrayée tira le loquet.

— Attends ! J'ai quelque chose à te dire. Si ton cœur bat pour le bec de moule que je viens de voir sur *La Charmeuse*, c'est trop tôt. Cela pourrait déplaire à René.

Marie tremblait derrière sa porte.

Jean-Marie entonna son hymne au déshonneur des femmes.

— « *Ah! les belles morues*

Qui nous attendaient sur le quai. »

Belle en cuisse s'apprêtait à aller se coucher lorsqu'elle entendit son mari chanter à tue-tête dans la rue. Elle éteignit la lampe et se précipita au fond de son lit. L'Encornet prit le temps de pisser contre le mur avant d'entrer. Il ralluma la chandelle, découvrit le faitout posé sur la table près de son couvert mis.

— Aurions-nous droit à la soupe à la grimace? ricana-t-il, la bouche pâteuse.

Les traits convulsés, les paupières rougies, il sortit de sa veste les quelques billets qu'il n'avait pas dilapidés au café en petits verres et en tournées générales.

— Voilà qui va ramener la bonne humeur.

Il retourna les poches de son pantalon et les vida dans l'assiette. Les pièces de monnaie tintèrent en tombant sur la faïence.

Belle en cuisse gardait les yeux fermés, en faisant semblant de ne rien voir, de ne rien entendre. Hortense était venue lui rapporter les propos insolents de Victoire au bureau de l'Inscription maritime et la scène au café qui avait suivi. Berthe, qui avait été témoin de cette discussion, lui avait proposé de venir se réfugier chez elle. Quelle que fût sa faute, entre femmes, il fallait s'aider. Bien que touchée, Colombe avait refusé : Jean-Marie devait être bien malheureux. Son devoir à elle était de l'attendre pour le consoler, sans se soucier de l'état dans lequel il rentrerait. Maintenant qu'elle entendait son rire diabolique résonner dans la maison, Belle en cuisse était sans courage et sans force. Elle avait si peur d'affronter la souffrance de son mari.

— Du bon argent tout frais. Il est peut-être trop frais, bredouillait-il.

Comme le chant des sous ne réveillait pas sa femme, le

matelot eut un geste fou : il décrocha la poêle qui pendait le long de la cheminée, y versa les écus et les mit à cuire sur le fourneau. Tout en se balançant d'un pied sur l'autre il les fit danser, sauter dans le poêlon comme les crêpes à la Chandeleur. Il était fier de sa trouvaille. Son visage ravagé par l'ivresse grimaçait de contentement. Quand les pièces se mirent à fumer, il les retira du feu.

Belle en cuisse l'entendit s'approcher du lit. Une sensation de chaud lui fit ouvrir les yeux. Elle poussa un cri de frayeur.

— Jean-Marie!

Le cocu secouait la poêle au-dessus de la tête de sa femme infidèle. Colombe réussit à se dégager, à se redresser, à se coller contre le mur.

— Qu'est-ce que tu fais, Jean-Marie?

— Je t'apporte des pièces toutes chaudes, comme toi, ma jolie.

Il les ramena sous son cou. De plus en plus épouvantée, Belle en cuisse cherchait à lui échapper, glissant le long de la cloison.

— T'en veux pas de mes sous?

Le marin dans son ivresse avait oublié que les pièces étaient brûlantes. Il en versa une poignée dans sa main, hurla sous la douleur et projeta la poêle contre le mur. Les pièces chauffées à blanc se répandirent sur l'édredon.

Pendant ce temps Colombe avait réussi à s'enfuir, elle courut pieds nus, en chemise de nuit, se réfugier chez Berthe.

— Il a tellement bu qu'il est devenu fou.

Berthe lui prit les mains.

— Repose-toi, respire doucement. Glisse-toi dans mes draps.

Belle en cuisse était terrorisée. Sa respiration courte et saccadée l'empêchait de parler. Elle s'allongea dans le lit de la sage-femme.

— Ça n'est pas bon pour toi de te mettre dans cet état, tu pourrais perdre ton petit.

— C'est ce qui pourrait m'arriver de mieux.

— Ne dis donc pas d'âneries. C'est trop tard, quand le vent gonfle les huniers, il ne faut pas dévier de sa route.

La sage-femme remplit un verre d'eau et le fit boire à la future maman. Une question l'occupait depuis le printemps.

— Pourquoi tu n'es pas venue me voir avant?

— J'avais peur.

— Tu l'aimes, ce gars-là?

— Un peu. Ses yeux, surtout ses yeux.

— Eh ben y'a toutes les chances pour que ton petit ait les mêmes. Et si c'est un fils, tu pourras peut-être le garder pour toi celui-là, les corbeaux ne font pas des goélands.

Belle en cuisse s'inquiéta de savoir si Berthe la jugeait mal.

— Oh non! Tu n'es pas la première à qui c'est arrivé et tu ne seras pas la dernière.

— Si Jean-Marie me pardonne, dit Colombe en sanglotant, je suis prête à souffrir toutes les peines qu'il lui plaira.

— Vas-tu te taire, pauvre idiote! Il n'a que ce qu'il mérite.

— C'est pas vrai, protesta la pauvre fille. Il ne boit pas tous les jours et quand il boit c'est ma faute. Maman disait toujours : « Ce sont les femmes qui font les hommes. »

— Elle était encore plus bête que toi ta mère.

Dans la nuit, elles entendirent une voix qui appelait le village à son secours.

— Au feu! criait L'Encornet. Au feu!

L'incendie avait pris dans l'édredon et s'était propagé d'un coup. Déjà la maison brûlait, les flammes atteignaient le toit de chaume. Les voisins accourus armés de seaux, firent une chaîne depuis la fontaine. En vain...

Au bateau, Pierre fit un dernier tour d'inspection sur le pont, puis descendit dans la cabine du capitaine. Il eut envie d'écrire une lettre à sa tante, la première depuis qu'il était descendu de ses montagnes.

Ma chère tante Mélanie,

Aujourd'hui j'ai vu les marins venir toucher leur paye, le retour comme ils disent. Chacun n'a pas empoché moins de six mille francs. C'est beaucoup d'argent comparé à ce que j'ai pu gagner durant la même période. C'est vrai que les risques ne sont pas les mêmes. Leurs femmes étaient avec eux. D'après ce que dit la patronne, elles ont peur qu'ils aillent tout dépenser dans les cafés du port. Moi je dis que ça n'est pas possible, on ne peut pas boire en un soir le quart d'une somme pareille ou on devient fou, ou on meurt. J'en ai vu un qui était fin soûl ce soir, c'est un des marins de La Charmeuse. *Il est venu me réclamer de la goutte du capitaine, je me suis bien gardé de lui en donner. En repartant il a mis les mains dans ses poches pour que ses billets ne s'envolent pas. C'est la preuve qu'il en avait encore.*

11

La lettre voyagea deux jours pour parvenir à Saint-Rivoal. Mélanie retira une épingle à cheveux de son chignon pour la décacheter sans déchirer l'enveloppe. Puis elle attendit l'arrivée de Léa pour en connaître le contenu. Elle ne savait pas lire, pas même le breton qui se parlait encore dans les monts d'Arrée malgré l'usage obligé de la langue française dans l'enseignement et la vie courante. Elle avait plus souvent gardé les vaches pour gagner sa nourriture que fréquenté les bancs de l'école.

La jeune fille se précipita chez la vieille femme. Elle avait été prévenue par le facteur qui lui avait lancé, sans descendre de bicyclette :

— Mélanie a une lettre. Elle t'attend.

Léa sut immédiatement que le courrier était de Pierre. Enfin il donnait des nouvelles, enfin il se souvenait du pays. Elle entra chez la tante le cœur battant, commença à parcourir la lettre rapidement pour voir s'il parlait d'elle. Mélanie s'impatienta :

— Raconte-moi au moins ce qu'il dit!

— Il raconte qu'il a vu les marins venir toucher leur paye. Qu'ils ont empoché beaucoup de sous et que leurs femmes étaient avec eux pour les empêcher d'aller faire la foire.

— Et après?

Après, il parlait de la laveuse, Marie, qui avait perdu son fiancé en mer. Petit à petit, elle commençait à oublier son malheur, à reprendre le dessus. Jeanne, la patronne, lui avait conseillé de se secouer, Marie était trop jeune pour s'enterrer et faire une croix sur son avenir. Pierre avait ajouté : *C'est vrai qu'elle mériterait d'être heureuse.*

Elles restèrent un instant silencieuses. Puis la tante s'inquiéta de savoir s'il avait écrit autre chose. Oui, il avait vite terminé sa lettre n'ayant sans doute plus rien à dire. — *Je t'embrasse, ma chère tante. Je ne sais pas encore quand je rentrerai. Pierre Abgrall.* — Il n'avait pas eu une pensée pour Léa.

— Il ne s'intéresse même pas de savoir dans quel état est sa maison.

Pauvre amoureuse ! Sans plus se retenir elle cacha son visage dans les bras de la tante pour pleurer.

— Ecoute, Léa ! S'il tarde à revenir, il faudrait peut-être lui porter du rechange, risqua Mélanie.

— Il ne l'a pas demandé.

— Comme si les hommes pensaient à ces choses-là. Si on les laissait faire, ils porteraient leur pantalon jusqu'à ce qu'il n'ait plus de fond.

L'idée du voyage redonna un peu espoir à la jeune fille. Malheureusement elle n'avait pas assez de sous pour prendre le train.

— Ne te fais pas de souci, j'en ai, dit Mélanie. Une femme de mon âge ne voyage pas seule.

Léa retrouva le sourire, elle sauta au cou de la tante et l'embrassa.

— Merci, tante Mélanie ! Merci !

— De quoi doux Jésus ? Moi aussi j'ai grande envie de le voir, et vite.

Léa grimpa la colline. Elle ouvrit l'armoire de Pierre, en sortit un caleçon, un pantalon de travail, deux paires de chaussettes, une chemise avec col, un paletot de laine pour le froid de l'hiver qui s'installait, trois mouchoirs enfin. Elle posa le tout sur la table pour en faire un paquet. Elle regarda la photo du jeune homme en militaire, elle avait pris l'habitude de lui parler chaque jour.

— Tu ne m'as pas oubliée ?

Elle passa ses doigts sous le col de la chemise et caressa son cou, sans fin.

La jeune fille rêvait près de la fenêtre sans prêter attention au paysage qui défilait. Elle sursauta quand la locomotive lâcha sa vapeur et siffla pour saluer des vaches qui, dans un pré, s'étaient approchées de la voie pour regarder passer le train.

Au plaisir du voyage, tante Mélanie avait ajouté celui du casse-croûte. Elle étala une serviette de table sur ses genoux et en posa une autre sur ceux de Léa qui lui faisait face. Elle trancha deux tartines dans un demi-pain de quatre livres. Pour l'accompagner elle proposa du beurre salé et de l'andouille fumée, des rillettes de porc ou du pâté de lapin avec des cornichons. Léa refusa l'ensemble.

— Il faut pourtant manger, gronda la tante. Cela nous fera ça de moins à porter, et surtout il ne faut pas arriver l'estomac vide, on risque d'avoir faim longtemps.

Tout cela importait peu à Léa. Elle se demandait quelle tête ferait le garçon quand il les verrait.

— Il va être surpris.

— Justement, ça ne va peut-être pas lui faire plaisir.

La tante essayait de la rassurer.

— Quand on est loin de chez soi, enchaîna-t-elle, on est toujours content de voir arriver quelqu'un du pays. Tous ceux qui sont partis de chez eux le disent.

Mais Léa demeurait malgré tout inquiète, son instinct lui murmurait que Pierre ne songeait pas à elle. Elle resta muette durant tout le voyage.

Au lavoir de la Guimorais, Berthe, Victoire, Marie-

Louise et Désirée fredonnaient une chanson à hisser pour se donner du cœur à l'ouvrage.

— « *Larguez le hâle-bas du mât*
Choquez l'écoute la belle
Ah! choquez-moi. »

Elles s'interrompirent à l'arrivée des deux étrangères.

— Bonjour, mesdames!

— Bonjour. Sommes-nous bien en direction de la ferme des Nielles s'il vous plaît?

Berthe confirma et leur indiqua le chemin qui leur restait à parcourir. Il fallait continuer tout droit, traverser le hameau, grimper la côte et redescendre de l'autre côté. Et là, derrière les sapins, on tombait sur la ferme du capitaine.

— Vous ne pouvez pas vous tromper, ça n'est pas plus compliqué que ça.

— Merci, madame.

— De rien.

Mélanie et Léa s'éloignèrent dans la direction proposée. Pendant ce temps les laveuses faisaient leurs commentaires. Qui étaient ces dames? personne ne les avait encore vues par ici. Le soleil ne devait pas souvent briller dans leur pays, elles étaient pâlottes comme les fesses à...

— Charlotte! s'exclamèrent-elles en chœur.

Et elles se mirent à entonner le refrain de la plus leste de leurs chansons.

— « *Elle a du poil aux fesses*
Madame la comtesse
Et du poil aux nichons
Comme monsieur le baron. »

Les Bretonnes de l'intérieur passèrent la Guimorais. Elles croisèrent un groupe d'hommes qui réparaient la toiture d'une maison brûlée. Solidarité des gens de mer, Léon, Francis, Amand, Cul roussi et les autres donnaient un coup de main à L'Encornet.

En haut de la côte, Léa et Mélanie furent saisies par la

vision de la mer, un spectacle grandiose pour qui ne l'avait jamais vue. La vieille tante allongea le pas pour s'approcher de la falaise.

— Mon Dieu que c'est beau ! C'est beau !

Léa détourna les yeux. Elle aussi avait le souffle coupé. Comme tous les êtres en proie à la tristesse. Tant de splendeur lui faisait mal. Elle hâta le pas, elle n'était pas venue pour admirer le paysage. Mélanie dut courir pour la suivre.

Dans la cour, elles se trouvèrent face à face avec Marie. La lavandière chargeait sa brouette et s'apprêtait à partir rejoindre ses compagnes au lavoir. Léa la trouva bien ordinaire, elle ne reconnut pas la jeune fille que Pierre avait décrite. Il la voyait donc autrement qu'avec des yeux détachés.

— Nous sommes bien chez M. et Mme Le Reculou ? questionna Mélanie.

— Oui, vous y êtes, répondit la lavandière.

— Je suis la tante de Pierre Abgrall.

— Ah ! vous n'avez pas de chance, Pierre n'est pas ici. Vous avez fait du chemin pour rien mes pauvres dames, il est port sur *La Charm...*

— Merci ! on va le trouver, l'interrompît précipitamment Léa.

Elle ne s'y trompait pas, la laveuse avait l'air trop joyeux quand elle prononçait le nom du garçon.

Sa sécheresse surprit Marie qui s'appliqua à lui répondre aimablement :

— Ne partez pas tout de suite, mademoiselle, je vais annoncer votre visite. Le capitaine vous emmènera en carriole, il va au port tous les après-midi.

Elle ajouta :

— Ça vous évitera trois kilomètres de marche, et vous gagnerez une demi-heure pour voir Pierre.

« Capitaine ! Capitaine ! appela-t-elle en se dirigeant vers la maison.

— Les femmes ont un drôle d'air par ici, murmura Léa.

— Tu exagères, ma fille, on n'a pas à se plaindre. Elles ont plutôt été aimables jusqu'à présent.

Et Mélanie entraîna la jeune fille vers la ferme.

Le capitaine allongea son chemin, fier de montrer son coin aux deux étrangères. Ici le moindre ruisseau créait une frontière. La tante ne cessait de s'ébahir. Elle qui croyait ne jamais voir la mer avant de mourir, il avait fallu cette occasion.

— Vous aussi, mademoiselle, c'est la première fois que vous venez sur la côte, demanda Jeanne qui avait accompagné son mari pour honorer les visiteuses.

— Oui.

Le capitaine et sa femme questionnèrent tour à tour la jeune fille.

— Mademoiselle comment déjà?

— Léa.

— Vous êtes une cousine de Pierre?

— Non.

— Vous ne venez pas nous le prendre?

— Non.

— Ah bon! Vous nous avez fait peur, on n'a personne pour garder le bateau.

En leur for intérieur, le capitaine et sa femme mesuraient à quel point ils s'étaient attachés à Pierre. Il faisait un peu partie de leur famille maintenant. Quant à la pauvre Léa, chaque minute qui passait lui apprenait que Pierre lui échappait.

Quand ils furent au port, le capitaine prévint la tante pour lui éviter un choc, son neveu s'était métamorphosé. C'était un vrai marin maintenant, du moins il en avait pris l'allure.

— Déjà?

— Oui.

— Dites-moi mon bon monsieur, est-ce qu'il vous a demandé de l'emmener à Terre-Neuve.

— Non pas encore, mais on sent que ça le titille.

Tous les ans, des gars de la campagne, valets de ferme comme lui, s'engageaient pour la pêche. Souvent ils demandaient à embarquer dès le mois de février avant même d'avoir fini de préparer la terre pour planter les patates.

— Ils gagnent mieux.

— Pas seulement, quand la mer vous appelle, c'est dur d'y résister.

Joseph offrit son bras à la vieille dame, puis à la jeune fille, il les aida à franchir la coupée. Jeanne demeura sur le quai, elle voulut rester discrète.

— Bienvenue à bord, mesdames !

— Merci, monsieur.

Joseph se pencha sur la lisse opposée.

— Matelot !

— Oui, capitaine.

— Monte sur le pont, t'as de la visite.

Au son de sa voix, Léa sut que son intuition était exacte : Pierre avait changé, plus que ne l'avouait le capitaine.

Le garçon arriva par l'échelle qui pendait le long de la coque. Il s'était joint aux calfats qui, profitant de la marée basse, garnissaient d'étoupe goudronnée les joints des bordages pour assurer leur étanchéité. Il avait le visage noirci par la fumée qui s'échappait du brasero sur lequel chauffait le brai.

Il ne put masquer son étonnement et resta accroché un instant au bord de la lisse, les pieds sur les barreaux de l'échelle, le corps dans le vide. La surprise passée, il sauta sur le pont, ôta son tablier de cuir enduit de goudron, trempa ses mains dans un seau d'eau pour les nettoyer puis se rafraîchir le visage. Quand il fut présentable, il s'avança pour embrasser sa tante. Il ne fit qu'un sourire à Léa. Le garçon s'enquit tout de suite de savoir ce qui amenait les deux femmes jusqu'ici.

— Rien de grave, répondit la tante.

— Ta maison ne s'est pas envolée, ajouta Léa.

— On t'apporte du rechange.

— Merci, mais fallait pas vous donner la peine d'un si long voyage.

Cette visite inattendue le mettait mal à l'aise.

— Pour tout te dire, confessa Mélanie, on avait envie de se promener et de voir la mer.

— De te voir aussi, reconnut Léa. Et maintenant qu'on t'a vu on va s'en retourner.

La jeune fille souffrait. Elle avait découvert de l'indifférence dans le regard de celui qu'elle adorait.

Le capitaine autorisa Pierre à raccompagner sa tante à la gare de La Gouesnière. Léa s'installa à l'arrière du cabriolet pour ne plus voir ces yeux bleus qui perdaient tout éclat quand ils la regardaient. A la gare, il leur resta un peu de temps à occuper avant l'arrivée du train. Mélanie s'isola avec son neveu. Elle n'avait pas de conseils à lui donner, il était assez grand pour savoir ce qu'il avait à faire. Mais elle lui rappela de ne jamais oublier ce que sa mère lui avait appris quand il était petit. La route qui descend en enfer est plus facile à prendre que celle qui monte au paradis. Il y a des auberges tout le long du chemin. On y boit du bon vin, les servantes sont légères.

Dans le dernier café, au bas de la côte, cela n'est pas du vin que les filles de salle versent aux clients, mais du sang de vipère et de crapaud mélangés. Malheur à celui qui succombe, il court à sa perte et vend son âme au diable.

Mais Pierre avait grandi, les propos de sa tante ne l'impressionnaient plus. Même si cette dernière fit une ultime tentative :

— Avant d'entrer dans cette auberge-là, viens donc prier sur la tombe de ta mère. Elle te dira sûrement que ça n'est pas bon de rester vivre loin de son église et de son cimetière.

Pierre rentra s'asseoir près de Léa sur le banc de la petite salle d'attente. Il la trouva si malheureuse qu'il se sentit le devoir de la consoler.

— Je n'ai jamais dit que je ne reviendrais pas au pays.

Ils n'eurent pas le temps de se parler davantage, le train arrivait en gare. Pierre aida les deux femmes à monter dans le compartiment. Il ferma la porte derrière elles. Il y eut un moment de flottement, des sourires tristes s'échangèrent de part et d'autre de la vitre. Heureusement l'arrêt dura à peine une minute. Le cheminot leva son drapeau. Pierre fit un dernier geste de la main.

Le cocher joua du fouet, il emmena la carriole ventre à terre en direction de la ferme. Gros cul se demanda ce que Pierre avait dans le crâne. Le cheval savait qu'il devait d'abord passer au port récupérer le patron et la patronne.

— Plus vite, Gros cul ! Allez ! Fonce, mon gars !

Marie s'étonna de voir l'attelage arriver à si vive allure.

— Vous en faites de la poussière, c'est pas bon pour mon linge.

Elle étendait sa lessive sur un long fil tendu entre des piquets plantés sur un carré d'herbe. Là où les sapins ne freinaient pas le vent.

— Qu'est-ce qui vous fait courir si vite ?

— J'avais peur que vous soyez partie.

Pierre descendit du cabriolet, il soufflait autant que le cheval qu'il félicita. Il resta un instant immobile et timide devant la lavandière qui passait un chiffon humide sur le fil pour le nettoyer avant d'y accrocher sa lessive.

— Si vous êtes venu récupérer votre chemise du dimanche, va falloir attendre qu'elle sèche.

— Non merci, je n'en ai pas besoin tout de suite, ma tante m'a apporté du rechange.

Il se décida enfin à lui dévoiler le véritable objet de son passage à la ferme.

— Si je changeais de métier... je veux dire par là, si le capitaine m'enrôlait pour la pêche, accepteriez-vous d'être ma marraine ?

Marie fit attendre sa réponse.

— Juste pour m'écrire, pour m'envoyer des nouvelles.

— Pourquoi ne demandez-vous pas à la jeune fille qui est venue vous voir ?

— Non, répondit-il fermement.

Désormais ce qui se passait dans les monts d'Arrée lui était indifférent. Il était incapable d'expliquer à Marie ce qu'il ressentait vraiment, mais chaque fois qu'il pensait à son pays, une immense peine envahissait tout son être. Aujourd'hui c'était pire, il avait ressenti le frisson de la mort passer près de lui quand il avait découvert sa tante et Léa sur le pont du bateau. C'était pour cela qu'il s'était empressé de venir voir la lavandière dès que le train eut ramené les deux femmes dans leurs montagnes. Il ressentait le besoin de se rassurer au contact de celle qui, il n'y avait plus de doute, était devenue au fil des mois la personne qu'il aimerait chérir. Les pensées du jeune homme troublèrent Marie. Elle fit semblant de ne pas les entendre.

— Pourquoi vous ne demandez pas à la patronne ?

— La patronne, elle écrit déjà au capitaine.

Pierre se jeta à l'eau.

— Pour tout vous dire, je serais si heureux de savoir que vous pensez à moi.

Les yeux de Marie l'enveloppèrent affectueusement.

— Vous n'êtes pas obligée de me donner la réponse tout de suite. Ça me suffit de savoir que vous ne m'avez pas dit non.

Pierre remonta dans la voiture. Il s'en retourna assumer sa charge. Gros cul sentit le cocher rasséréné, il trottina vers le port.

12

Les semaines d'automne et d'hiver passèrent rapidement malgré les jours de froid humide et de nuages sombres, les nuits de tourmente et de pluie glaciale. En février, traditionnellement les vents s'installaient à l'est, le ciel s'éclaircissait. Comme chaque année, une grande fête eut lieu le premier dimanche du mois. En milieu d'après-midi Joseph et M. Louvet séjournèrent du côté de la buvette, ils attendaient leur client. Un jeune homme se présenta.

— Combien vous donnez d'avance ?

— Cinq cents francs.

— Ailleurs ils sont au moins aussi généreux.

— Peut-être, mais pas davantage.

Souliers vernis savait qu'il n'en était rien. Il avait ses informateurs et connaissait les tarifs pratiqués par ses collègues. A l'exception de Jézequel qui était encore plus rusé que lui et qui pouvait modifier les salaires à tout moment, l'armateur ne redoutait personne.

— Qu'est-ce que tu en dis ? reprit le capitaine.

— Je me tâte.

— Eh ben ! tâte-toi autant que tu veux. Je n'ai plus besoin de toi, tu es trop lambin. Es-tu marié ?

— Non, fit le garçon surpris.

— Je vais te donner un bon conseil. Si tu mets autant

de temps à choisir une femme, tu n'en trouveras pas, elles te passeront toutes sous le nez.

Joseph et Souliers vernis s'esclaffèrent quand le marin, vexé, leur eut tourné le dos. Ils n'eurent pas à attendre longtemps pour ferrer le poisson qu'ils attendaient. Un quart d'heure plus tard, Pierre se présenta, l'air gêné.

Le capitaine et l'armateur l'entraînèrent chez Adrienne. Ce qu'ils avaient à discuter ne pouvait se traiter qu'autour d'une table, à l'abri de regards curieux et d'oreilles indiscrètes.

A l'intérieur du café, les trois hommes prirent place dans la chambre des députés. Joseph commanda trois bistouilles, la plus raide qu'Adrienne avait en rayon.

— Alors dis-nous tout, Pierre. Tu n'es pas seulement venu à la fête pour voir les filles.

Le garçon tardait à répondre.

— Sois pas timide, pourquoi t'es là? Eh ben! dis-le nom de Dieu!

— J'aimerais naviguer.

— Voilà! Qu'est-ce que je vous avais dit, monsieur Louvet, il y a longtemps que je vois que ça le démange. Vous pensez qu'on peut l'enrôler?

— Ça dépend de ses prétentions.

Quand ils avaient décidé de rigoler ils étaient incorrigibles. Reste que la question posée était difficile, le capitaine ne pouvait prendre Pierre comme mousse, il était trop vieux. Novice? Il avait aussi passé l'âge. Pourtant il ne pouvait guère faire mieux, le garçon n'avait pas de métier. Souliers vernis écoutait son voisin réfléchir à voix haute. Il se frotta le menton, preuve qu'il cherchait lui aussi la bonne solution.

— Quelque chose me dit qu'il apprendra vite.

— Avant de doris, proposa Joseph.

— Pourquoi pas?

— Ça te va?

Oui, fit Pierre de la tête sans pouvoir prononcer un mot. Il était au comble de l'émotion. Joseph avança la main, paume ouverte. Il prononça la formule de l'engagement.

— Tope là!

Ils topèrent et trinquèrent à la naissance du nouveau pelletas.

Les marins de *La Charmeuse* et leurs coiffes, c'est ainsi qu'ils appelaient parfois leurs femmes, s'étaient regroupés autour du mât de cocagne. Un mât ciré ou savonné pour compliquer la tâche de ceux qui grimpaient dans l'espoir de décrocher un jambon, un chapelet de saucisses ou une bouteille, du cerceau maintenu tout là-haut avec une drisse. Ils étaient nombreux les candidats qui glissaient à mi-hauteur et se retrouvaient au sol, les mains rougies par le frottement sur le bois. Ils tentaient de nouveau leur chance, une fois ou deux et la plupart du temps capitulaient, essoufflés ou hors des délais. Francis en était à son dernier essai. Confiné dans sa cale, le saleur n'avait jamais l'occasion d'aller respirer l'air des cimes dans les flèches ou les huniers. Ses copains moqueurs l'encouragèrent :

— Hâle dessus, Francis!

— Tire sur tes bras vingt dieux!

— Croche!

— Serre les cuisses, Francis!

— Demande à Victoire de te montrer comment il faut faire, elle doit s'y connaître.

Pour la troisième fois Francis lâcha prise et se retrouva le cul à terre. Il accusa ses amis, c'était leur faute, ils le faisaient rigoler. Un nouveau postulant surgit et prit sa place. Pierre s'éleva d'abord lentement, puis il accéléra l'allure au fur et à mesure que le forain tirait sur la drisse pour élever le cerceau tout là-haut dans les nuages.

— Il a encore de la terre sous ses chaussures, c'est pour ça qu'il croche mieux que nous, assura Francis.

Les mouvements des jambes et des bras du paysan étaient sûrs et parfaitement synchronisés. Marie Leclerc trouva qu'il avait un joli coup de rein. Cul roussi se vexa, l'honneur des gabiers était en jeu.

— On ne va quand même pas se laisser faire la nique par un arrachou de patates.

Pierre avait atteint le sommet du mât.

— Je ne suis plus un arrachou de patates cria-t-il. Je suis un marin, comme vous.

— Depuis quand?

— Cinq minutes.

Il décrocha une bouteille et but au goulot à la santé de ses nouveaux collègues.

Cet après-midi-là Hortense avait pointé sa figure triste à l'entrée de la chambre des députés. La femme de Léon avait bien du souci, son bonhomme l'envoyait prévenir le capitaine et l'armateur qu'ils ne devraient pas compter sur lui cette année, il fallait le remplacer. Il s'entendait si bien avec René Pinto qu'il n'avait pas envie de s'accoupler avec un nouveau. Dans tout le pays, il ne voyait pas un marin qui méritait qu'il fasse une campagne de plus. Et puis il commençait à vieillir, il était temps de passer la main. Il embarquerait sur un maquereautier pour avoir quelques trimestres en attendant sa pension.

Voilà qui ne faisait pas l'affaire de Joseph, il perdait à la fois son second et son meilleur patron de doris.

— Il a eu trop peur ce coup-là? demanda-t-il à la femme.

— Oui, grand peur.

— Et toi, Hortense? Ça te plaît de le garder?

Sûrement non, qu'est-ce qu'elle en ferait de tout l'été? Elle l'aurait dans les pattes du matin au soir. Il parlait bien d'aller à la petite pêche, mais avec son maudit caractère, il ne trouverait jamais un patron avec qui s'entendre. Il n'irait pas plus travailler dans les fermes, il prendrait ça comme un déshonneur. C'est qu'il était fier par-dessus le marché.

— Menace-le de ne plus lui payer sa goutte et son tabac.

— Oui! s'exclama Souliers vernis qui trouva subtile l'idée de son capitaine.

— Ça ne suffira pas, affirma Hortense. Je pensais que, peut-être, vous pourriez m'aider à le désentêter.

Joseph promit qu'il passerait chez elle en fin d'après-midi en compagnie de M. Louvet. Ils ne seraient pas trop de deux pour essayer de le convaincre. Et il faudrait finasser, si Léon s'était mis dans la tête de rester à terre, il serait plus difficile de le déloger de sa maison qu'un homard de son trou.

A la voir sortir guillerette de son café, Adrienne comprit qu'Hortense avait gagné, elle serait tranquille une année de plus.

Pourtant le père Lebreton s'entêta :

— Ma décision est prise. Rien ni personne ne me fera revenir dessus.

— On ne va pas t'embarquer de force, fit Hortense, hypocrite.

— Oh! toi, tu serais bien capable de m'assommer pour me tirer sur la coupée.

— C'est agréable à entendre. Qu'est-ce qu'ils vont penser de moi Joseph et M. Louvet!

— Ce qu'ils voudront.

L'armateur et le capitaine s'étaient concertés dans l'auto, ils avaient leur plan : donner au nouveau la meilleure formation possible pendant les trois semaines qui les séparaient du départ. Demander à Léon de lui apprendre à préparer les lignes, à boëtter, à se tenir dans un doris et à nager correctement, ce qu'il fallait savoir quoi!

Dehors, Pierre faisait les cent pas autour de la De Dion-Bouton. Léon jeta un œil à la fenêtre.

— C'est qui ce gars-là ?

— Ne me dis pas que tu ne le connais pas, c'est le saisonnier que Jeanne a embauché au printemps et qu'on a gardé tellement c'est un bon fait-tout.

— S'il sait tout faire, il n'a pas besoin de moi.

— Quand je vous le disais, monsieur Louvet, il est plus têtu que l'âne à Marie-Renée.

C'était pour Souliers vernis le signe d'attaquer à son tour.

— Veux-tu qu'on le fasse entrer?

— Non.

— Tant pis pour nous, on ne va pas envahir ta maison plus longtemps.

Léon le fit rasseoir. Il commanda à sa femme de sortir la bouteille pour les invités de marque. Hortense s'empressa d'ouvrir son buffet. Elle essuya les verres avec un torchon propre, fraîchement repassé. L'espoir renaissait, un espoir fragile.

— Ne me prenez pas pour plus bête que je suis, grogna le père Lebreton. Vous vous dites, s'il s'entend avec, ça lui donnera l'envie de repartir un coup de plus.

Le capitaine fit l'étonné.

— Vous avez pensé ça, monsieur Louvet ? Moi jamais.

— Te fous pas de ma gueule.

Joseph avait manqué de finesse. Il était moins facile d'être bon comédien avec un vieux pelletas qu'avec un novice. Léon prit l'annuaire des marées sur la cheminée. Le lendemain le plein était à six heures.

— Dites-lui de me prendre à la demie. On va embarquer du jusant, il aura moins de mal pour commencer.

Soulier vernis et Joseph souriaient jusqu'aux oreilles. Ils avaient gagné. Mais Léon leur réservait une surprise :

— N'empêche, faudra lui trouver un patron, c'est pas avec moi qu'il naviguera.

En ce temps-là, on vivait à l'heure solaire, les horloges sonnaient midi quand le soleil était à son zénith. A la pointe du jour, le père Legrand sortit et contempla l'anse du Lupin qui s'étalait sous sa ferme. Il interrogea le ciel pour vérifier s'il tenait ses promesses de la veille au soir. Comme chaque matin, il décidait, face à la mer, du programme de sa journée. Les mouettes et les goélands chantèrent, le soleil ne tarderait plus à se lever. Le paysan entendit des bruits d'avirons qui plongeaient dans l'eau et grinçaient contre les tolets. Puis il reconnut la voix du père Lebreton.

— Ça ne sert à rien de noyer tes pelles, tu fais plus d'efforts qu'il n'en faut et t'avance pas plus vite. Au contraire quand tu vas être dans le courant, tu vas rester sur place. Regarde-moi !

Le fermier descendit sur la jetée du moulin qui barrait le bras de mer dans sa partie la plus étroite. Il attendit que le soleil apparût au-dessus du clos de l'étang, c'est ainsi qu'il avait baptisé un champ qui bordait l'aber. Pour lui, l'eau qui s'insinuait dans les terres se radoucissait, forcément. Il voulait découvrir celui à qui Léon prodiguait ses conseils. Sa curiosité fut vite satisfaite. Pierre, l'ouvrier de la ferme des Nielles, avait pris place à l'avant du doris. Sur le banc arrière, Léon l'instruisait.

— As-tu compris ?

— Oui.

— Allez ! tire dessus en même temps que moi.

Ils souquèrent sur le bois mort. Les pelles caressèrent l'eau sans s'y enfoncer.

Encore un de perdu pensa le père Legrand avant de remonter la côte. Bientôt la terre manquerait de bras si les morues continuaient à mordre autant que ces années dernières. Il n'était pourtant pas question d'augmenter le salaire des ouvriers agricoles ou ce serait la ruine.

Depuis la mort de son fils, Branle dans l'vent avait perdu le sommeil puis l'appétit. Lui aussi était debout de bonne heure, le premier de la Guimorais à pousser les volets de sa fenêtre. Ce matin-là il vit les silhouettes de Léon et du Finistérien sortir du village, une paire d'avirons sur l'épaule. Il prévint René :

— Ils n'ont pas mis longtemps à trouver ton remplaçant. J'espère qu'il aura plus de chance que toi, c'est tout le mal qu'on peut lui souhaiter.

Il se rappela le bon temps où il participait aux courses de doris. Tous les ans ils arrivaient premiers avec René. Léon lui en voulait de régater avec son fils, comme s'il avait un droit patron, même à terre. Il avait tout essayé pour les battre. Il s'était mis à couple tour à tour avec Cul roussi, Amand, Boîte d'horloge et Fil de fer, il n'était jamais arrivé que deuxième.

— Ça doit être pour ça qu'il m'en veut et qu'il ne vient pas me voir. Devant la mort tout de même... Hein? interrogea-t-il comme si la photo lui avait répondu.

La première leçon touchait à sa fin. Le patron de doris et son matelot tirèrent l'embarcation au sec et la virèrent pour éviter qu'elle se remplisse d'eau en cas de pluie. Le temps changeait si vite. Avant de remonter au hameau, le père Lebreton s'assit sur le cul de la barque pour regarder la mer.

— Il ne se passe rien et pourtant il y a toujours quelque chose à voir.

— C'est vrai, dit Pierre, je me suis souvent arrêté devant en descendant des clos après les patates. S'il n'y avait pas eu la soupe, j'y serais resté des heures.

Encore un que la mer avait ensorcelé. Et pourtant Pierre connaissait les risques qu'il encourait.

— As-tu toujours ta mère? questionna Léon.

— Non.

— Tant mieux, elle n'aurait pas vécu de te voir partir là où tu vas aller.

Branle dans l'vent était sur le pas de sa porte quand ils passèrent devant chez lui, Léon ne pouvait plus se défiler. Il demanda à Pierre de continuer sa route, jugeant inutile d'imposer à Léon la présence du remplaçant de son fils.

— Bonjour, Charles. Si je ne suis pas venu te voir plus vite c'est que j'avais trop de chagrin moi aussi.

Il était au bord des larmes. Charles le remercia.

— Rien ne pouvait me faire plus plaisir que d'entendre ce que tu viens de me dire.

Les deux hommes se regardèrent, luttant pour ne pas pleurer. Pourtant l'un et l'autre étaient durs au mal comme à la souffrance.

— Et le nouveau?

— Il va bien. Mais va falloir lui trouver un patron. Je ne sais pas si tu es au courant, mais je ne pars plus. Ah non!

C'est alors que L'Encornet traversa le village en courant pour annoncer la bonne nouvelle :

— C'est arrivé!

— C'est quoi?

— Un gars.

— Ah! tant mieux.

— Comment il va s'appeler?

— Jean-Marie, comme moi.

— Maudit bondiou! se dit Branle dans l'vent. Que les femmes sont malignes!

13

La semaine suivante, les pelletas des soixante et onze terre-neuviers malouins et cancalais se rendirent à tour de rôle au bureau des Affaires maritimes pour passer la revue d'armement : une formalité durant laquelle l'Administrateur faisait entendre les conditions des engagements de chaque équipage. Les marins écoutaient la lecture des articles du règlement d'une oreille distraite, ils venaient avant tout percevoir leurs avances. Ceci expliquant cela, les épouses défilaient aux côtés de leurs maris.

Ceux de *La Charmeuse* arrivèrent pour dix heures. Ils croisèrent ceux de *L'Anita* qui les avaient précédés d'une demi-heure.

— Vous v'là accompagnés de vos gendarmes vous aussi ?

— Pas de nos gendarmes, de nos coffres-forts, précisa Cul roussi.

— Ça sent le départ, fit immédiatement sa poissonnière de sa voix haut perchée. Ils deviennent désagréables avec leurs pauvres femmes, comme si ça ne nous faisait rien de les voir s'en aller.

L'Encornet portait le bébé dans ses bras pour défatiguer ceux de Colombe.

— Fais attention, Jean-Marie, tu le secoues comme un prunier, il va rendre tout ce qu'il a bu.

Félix se tenait fièrement à côté de son père, il ne perdait pas un centimètre de sa petite taille. Moins hardi, Louis restait collé aux jupons de sa mère. Enfin le père Lebreton était bien là, calé entre Hortense et Pierre.

— C'est ta faute, reprocha-t-il au garçon en souriant. Je m'étais pourtant juré...

— Il ne faut jamais dire fontaine, rappela Hortense.

— Toi ! je ne t'ai pas demandé l'heure.

— Comment tu me traites !

Elle ajouta, ne plaisantant qu'à moitié :

— De nous toutes, c'est moi qui ai le plus aimable. Vivement que tu sois parti, je vais-t-y être tranquille mon Dieu.

Pour la forme, l'Administrateur fit lecture des articles concernant le travail à bord. Pour les autres points du règlement, les nouveaux pourraient se renseigner auprès des anciens.

Article 10.

Pendant tout le voyage, les engagés sont tenus de faire, sans indemnités, tous les travaux commandés dans l'intérêt de l'expédition.

Article 11.

En route, le service est divisé en trois quarts et la durée du travail effectif fixée à huit heures par jour.

Le père Lebreton récita à mi-voix la clause développée par l'officier. Léon la connaissait par cœur, elle n'avait guère changé depuis qu'il était mousse.

Ceci n'est valable qu'en cas de beau temps bien entendu. Sur les Bancs, le service est organisé suivant les nécessités de la pêche, à la condition toutefois qu'un repos minimum ininterrompu de huit heures soit assuré journellement.

L'armateur piqua du nez sur ses souliers, il n'était pas fier de ce qui allait suivre.

En cas de relâche à Saint-Pierre-et-Miquelon ou dans un port du Canada, la durée du travail effectif, service de garde ou de veille compris est fixée à huit heures par jour. Toutefois pour le déchargement du poisson salé, cette durée pourra être portée jusqu'à douze heures.

L'Administrateur interrompit sa lecture.

— Vous me dites quand c'est bon.

— C'est bon! répliquèrent en chœur les matelots.

Ils savaient mieux que personne que les aléas de la pêche et les caprices du temps rendraient impossible l'application du règlement. On pouvait passer aux choses sérieuses, Souliers vernis sortit son registre et ses sous.

— Vous allez vous présenter un par un toucher la première partie de vos avances. La deuxième sera payée à vos femmes ou à vos ayants droit aussitôt après le départ du navire.

Une disposition qui garantissait l'armateur du respect par les marins des contrats qu'ils avaient signés, de leur obligation d'embarquer en date et en heure. Et aux épouses de garder une part pour les dépenses du ménage.

— Une fois n'est pas coutume, on va commencer par le nouveau. J'appelle Pierre Abgrall.

Pierre s'approcha du bureau. Il était tout rouge.

— Tu n'as pas de famille, tu n'as pas de femme.

— Non, monsieur Louvet.

— Il va falloir nous désigner un ayant droit.

Pierre se retourna vers le fond de la pièce où les femmes étaient rangées. Son regard croisa celui de Jeanne.

— Madame le Reculou.

Joseph en fut presque aussi ému que la patronne.

L'après-midi, la rue des commerces grouillait de passants. Les familles entraient et sortaient des magasins d'habillement. Des bottes neuves pendaient aux épaules des marins, des bottes faites de manchons de cuir cloués sur des sabots de bois. Le jeune Félix portait les siennes autour du cou. Un large béret couvrait son front.

Il fallut également équiper Pierre de pied en cap. Francine, la mercière, étala l'équipement type sur son comptoir, et vérifia qu'elle n'avait rien oublié.

— Je ne voudrais pas forcer la vente mais là-bas vous serez tout le temps mouillé, il vous faudra du rechange pour le dessous.

— Je vais vérifier ce qu'il a comme chemises, chaussettes et caleçons, promit Jeanne.

Elle veillait à ce que son protégé ne se laisse pas embarquer dans des dépenses inutiles.

— Si je m'aperçois qu'il lui manque quelque chose, on sera toujours à temps de revenir.

Jeanne posa la casquette de marin sur la tête de Pierre. Elle l'enfonça légèrement et la pencha sur le côté à la façon dont la portaient les vieux loups de mer. Puis elle passa le foulard rouge-brun autour de son cou et s'appliqua à confectionner un joli nœud fantaisie. C'étaient ses cadeaux de départ.

— Il n'est pas beau notre matelot?

— Superbe! fit la mercière. On ne pouvait pas mieux s'occuper de vous.

— Normal, c'est notre cousin.

— Notre cousin des monts d'Arrée clamèrent les filles qui avaient tenu à accompagner leur mère.

Pierre se regarda dans la glace. Il découvrit l'homme nouveau qu'il était devenu.

— Merci, patronne.

— Non, appelle-moi Jeanne, patronne c'est de la vieille histoire.

Colombe avait, elle aussi, renouvelé le coffre de son marin. Ils sortirent de chez la mercière à l'heure de la tétée. Une fois n'est pas coutume, Belle en cuisse proposa à Jean-Marie d'entrer chez Adrienne. Germaine faisait le pied de grue devant les Salines. Elle n'avait pas oublié son client d'un soir et les raisons qui avaient poussé l'homme à se rouler sur les sacs de sel.

— Ça ne dit plus bonjour quand c'est rabiboché, lança-t-elle sur leur passage. Pauvre gamin ! Encore un qui aura honte quand il saura ce que naître en janvier veut dire.

Belle en cuisse retint son homme, il était blanc comme linge, prêt à tuer la putain. Elle le tira vite à l'intérieur du café.

— Hep ! joli marin.

Germaine héla Boîte d'horloge, un vieux célibataire. Avec lui au moins, tout était clair.

— On ne lâcherait pas un peu de ses avances pour se payer du bon temps. Pour remplir ton coffre de souvenirs d'amour. Les nuits seront longues avant de débarquer à Saint-Pierre chez la belle Angèle.

Boîte d'horloge entendit le chant de la sirène et céda.

Adrienne permit à Colombe d'occuper la chambre des députés pour donner le sein à son petit. Jean-Marie resta auprès de sa femme, honteux.

— Tu ne bois rien ? s'étonna Colombe.

Elle lui donna le porte-monnaie.

— Prends ce que tu veux.

— Oh ! je n'ai pas l'intention de faire la fête. Je vois les jours passer trop vite.

— N'y pense pas.

Jamais il n'avait imaginé en débarquant qu'il resterait amoureux de sa femme, qu'il s'attacherait à son enfant. S'il avait su, il ne se serait pas conduit comme un sauvage. Il lui manquait une seule chose pour être heureux.

— Ça n'est pas l'endroit pour te dire ce que j'ai dans la tête, ma Colombe, mais j'en ai grande envie.

— Dis toujours.

— J'aurais tellement aimé repartir avec l'espoir d'être père moi aussi.

— C'est pas perdu, lui répondit sa Belle en cuisse. On a encore le temps.

Fou de joie, Jean-Marie étreignit sa femme et le bébé. Il les serra si fort que le têtard s'étouffa.

— Attention! cria la mère.

Le dernier dimanche avant l'appareillage, la grand-messe fut célébrée pour attirer la bienveillance divine sur la campagne de pêche. Les femmes occupaient les bancs de la nef, parsemés çà et là de paysans en costumes de velours. Pour une fois les marins étaient à l'honneur, massés dans l'avant-chœur.

Mes chers amis,

Pour la dernière fois avant votre départ, nous voici réunis pour prier Dieu.

L'abbé Cadiou leur dicta ses dernières recommandations de pasteur, une sorte de règlement dont la forme ressemblait à celle du discours de l'Administrateur des Affaires maritimes.

Quand vous serez là-bas, loin de votre église, faites que le dimanche ne soit pas pour vous un jour vulgaire. Bien que vous soyez astreints au travail de la pêche, donnez-lui un caractère religieux qui le distingue des autres jours de la semaine. Nous félicitons les capitaines qui récitent au milieu de leurs marins les prières de la messe, le chapelet. Qui font une lecture sainte, chantent le Credo *et l'*Ave maris Stella.

Joseph en prit pour son grade, il n'était pas de ces pieux capitaines, et pas un matelot ne le lui reprochait. Une bonne marée rapportait plus de sous qu'une prière, c'était aussi l'avis des bons chrétiens qui étaient à bord.

Reportez-vous en ce jour par le souvenir au pays, à votre paroisse. Ici on ne vous oubliera pas. Vos pères, mères, épouses, fiancées, frères et sœurs viendront se prosterner devant l'autel. Ils prieront pour vous, ils verseront parfois des larmes en pensant aux dangers que vous encourez.

Là encore les marins s'impatientaient. Ils connaissaient le sermon par cœur, autant que l'énoncé de leurs conditions d'enrôlement. Et puis cette manie qu'avait l'abbé Cadiou de parler toujours des périls, au bout du compte ça devenait lassant.

Ils respirèrent quand ils sortirent de l'église pour la procession qui les emmènerait au port. Les cloches sonnèrent la volée des grandes cérémonies. Quatre mousses ouvrirent le cortège. Ils transportaient une statue de la Vierge dressée dans un petit doris bleu posé sur un brancard. Cette année, c'est aux marins du *Gloire à Dieu* que revenait l'honneur de porter la croix, les bannières et d'embarquer l'abbé Cadiou dans une chaloupe pour la bénédiction des bateaux qu'on avait ornés de pavillons multicolores. Au milieu du bassin le patron de la baleinière mit à l'eau une couronne qui portait l'inscription : *A nos marins péris en mer*. Puis il commanda aux huit rameurs de longer le quai. Le canot stationna devant chaque navire pour la prière du prêtre : *Benedicat vos omnipotens Deus. Pater et Filius et Spiritus Sanctus. Amen.* Déployés sur le pont, les marins et leurs familles se signaient et jetaient un bouquet devant la chaloupe. Eux aussi pensaient à leurs disparus.

Plus terre à terre, Mme Louvet ne manqua pas de faire remarquer à M. Louvet que Jézequel avait repeint ses goélettes.

— Peinture sur merde égale propreté.

C'est tout ce que Souliers vernis trouva à répondre. Marie avait embarqué sur *La Cancalaise* de l'armement Jézequel, un bateau sur lequel René avait fait de bonnes campagnes. Pourquoi avait-il changé d'embarquement? Pierre était sur *La Charmeuse*. Ils se regardèrent d'un bord à l'autre, chacun dans ses pensées.

L'appareillage était fixé au jeudi 1er mars. Dès le lundi

les armateurs firent procéder à l'avitaillement de leurs navires. Des carrioles chargées de sel encombrèrent le quai. Raymond Labbé apporta ses doris neufs. Tous les fabricants livrèrent leurs marchandises sous la direction d'un avitailleur du nom de Gélin. Un brave homme qui, par sa compétence, raflait toutes les commandes et partageait ses bénéfices avec ses concurrents malchanceux.

— Autrement ils n'auraient rien pour nourrir leurs enfants, disait-il.

Il surveilla aussi l'embarquement de la nourriture, du pain, des biscuits, du lard, de la viande salée, des conserves, des pommes de terre, des fayots, de l'eau en tonneaux, le café, le cidre, le vin et l'alcool. Pierre donna la main au cuisinier de *La Charmeuse*. Ils rangèrent les fûts dans la cale et les petites victuailles dans la cambuse.

— Veux-tu savoir ce que tu mangeras quand on n'aura plus de réserves? lui proposa Chie en marmite.

— Oui.

— Le midi, des patates et de la morue, le soir du lard et des patates. Le lendemain le lard à midi et la morue le soir, toujours avec des patates. Le surlendemain tu recommences comme l'avant-veille. C'est ce qu'on appelle des menus variés.

Cela ne découragea pas le nouveau.

Deux hommes aux allures officielles montèrent sur la dunette pour parler au capitaine. L'un était officier en retraite promu Inspecteur de la Navigation maritime. L'autre le médecin agréé par la Marine. Il avait dressé une liste de médicaments qui manquaient dans la boîte à pharmacie. Quant aux hommes, du moins ceux qui étaient passés le voir, ils étaient tous bons pour le service. Joseph s'étonna :

— Ils ne sont pas tous venus?

— Certains ne viennent jamais, vous par exemple.

— Moi je n'ai pas le temps, docteur. Attendez, je vais vous trouver un client.

Il appela Cul roussi qui se défendit d'être en faute puisqu'il était en bonne santé.

— Arrive tout de suite pour te mettre en règle ou je casse ton contrat.

— Qu'as-tu à me cacher pour ne pas être venu me voir? demanda le toubib au gabier.

— Rien, docteur, répondit Cul Roussi.

— Relève ta chemise.

— Ma mère m'a fait costaud pour mon malheur.

Il raconta que lorsqu'il était mousse, dès qu'arrivait le mois de février, la pauvre femme regrettait de ne pas avoir fait cadeau à son fils d'une bosse ou d'un pied de travers. Ils ne l'auraient pas pris, il aurait eu moins de misère.

— Moi je lui répondais que je n'étais pas d'accord. Si j'avais ce que tu dis, maman, les filles ne me regarderaient pas.

— Elles t'ont beaucoup regardé?

— Je n'ai pas eu à me plaindre. Parfois je me dis même qu'elles m'ont gâté.

L'Inspecteur de la Navigation avait regardé le bateau sur toutes ses coutures. Il le déclara apte à prendre le large et souhaita bon vent au capitaine.

Le mercredi, un agent de M. Gélin veilla sur *La Charmeuse*. Joseph et Jeanne ramenèrent Pierre à la ferme pour passer leur dernière soirée en famille. Sur le chemin Jeanne eut un pincement au cœur, son capitaine avait déjà le regard vers le large.

— Les vents vont tourner durant la nuit et chasser la pluie, il fera beau demain quand on appareillera.

— Tant mieux, fit Jeanne.

La Guimorais était déserte. Les hommes étaient tous

chez eux, enfermés, au sec, profitant pour quelques heures encore de l'abri des toits et des murs de leurs maisons. Pierre demanda à descendre de voiture au village pour saluer son patron de doris. Il rejoindrait la ferme à pied, sa visite faite. Le petit doigt de Jeanne lui dit que le jeune homme avait trouvé un bon prétexte pour s'arrêter ailleurs.

— Je t'attendais. Installe-toi.

Pierre trouva le père Lebreton assis face à son mainate. La cage reposait sur le *Journal du marin* étalé pour protéger la toile cirée à carreaux bleus et blancs qui recouvrait la table.

— Prendrez-vous un verre de vin? offrit Hortense.

— Sûrement il va en prendre un. Et moi aussi.

— Oh! toi t'en boirais plutôt deux.

Biribi entonna l'air de *Nous irons à Valparaiso* en l'honneur du visiteur. Pierre s'étonna de la justesse de son chant.

— Il siffle comme un vrai mataf.

— C'en est un. Il a navigué dans la Royale lui aussi. C'est René qui me l'a ramené des îles quand il faisait son temps.

L'oiseau connaissait trois chansons : *Nous irons à Valparaiso, Le Temps des cerises et La Marseillaise*. Léon essaya de lui apprendre *Le Chant du départ*. Biribi refusa, c'était un air de biffin.

— Il en sait bien assez. Il me casse les pieds à longueur de journée, se plaignit Hortense.

— Ne l'écoute pas, Biribi! Fais comme moi, bouche tes oreilles.

Le père Lebreton emporta la cage à sa place, sous la fenêtre. Il la couvrit d'un dais noir pour couper le sifflet de l'oiseau qui s'égosillait et montrait au maître qu'il avait entendu son conseil. Puis il plia le journal avant de s'asseoir et trinquer avec son matelot.

— As-tu ton porte-monnaie?

— Oui.

— Donne-moi un sou troué si tu ne veux pas couper notre amitié.

Le vieux patron offrit son couteau à Pierre, son premier couteau de marin. Il portait chance. Léon avait gardé celui de René.

— Quand on sera sur le Grand Banc, il verra que tu as pris sa place mais que je ne l'ai pas oublié. Ça lui fera plaisir.

Le père Lebreton raccompagna le novice sur le pas de sa porte. Il lui conseilla de bien ronfler cette nuit-là, demain son lit serait moins douillet. Hortense laissa Pierre s'éloigner puis ressortit fermer la barrière du jardinet. Son homme trouva qu'elle s'éternisait.

— Qu'est-ce que tu guettes ?

— Voir s'il s'arrête en route.

— Il a bien le droit d'aller où il veut.

— Oui mais faut bien qu'on sache tout de même.

Depuis le matin Marie attendait Pierre. Il lui rendrait visite, elle en était certaine. Elle imaginait la scène. Il apparaîtrait le foulard noué autour du cou, son tricot de laine bleue boutonné sur l'épaule, son regard triste de marin sur le départ. Après l'avoir saluée, il se retournerait pour fermer la porte derrière lui, puis tous deux resteraient debout l'un face à l'autre, empruntés, mal à l'aise. Pour la première fois depuis qu'il lui rendait visite elle lui proposerait de s'asseoir. Il refuserait craignant d'avoir trop de mal à repartir. Il passait en coup de vent, les patrons l'attendaient. Il s'était dit malgré tout qu'il ne pouvait pas traverser le village sans entrer lui dire au revoir. Elle lui dirait qu'il avait bien fait. Alors il s'inquiéterait de savoir si elle avait réfléchi à propos du courrier. Elle réserverait encore sa réponse non pas par coquetterie mais pour éviter de lui porter malheur. De toute façon il écrirait et lui posterait une lettre à l'escale de Saint-Pierre. Peut-être répondrait-elle? Oui, peut-être.

Tout se déroula exactement comme Marie l'avait rêvé. Au moment du départ, Pierre rechaussa sa casquette neuve et reprit la route courbé dans le vent qui soufflait du suroît. Il s'arrêta à la pointe du Meinga, là où pour la première fois il avait vu Marie regarder la mer. Il espéra qu'elle y reviendrait attendre son retour.

Félix et Louis partageaient le même lit dans l'unique pièce de la maison des Guilbert. Félix avait eu du mal à s'endormir, impatient d'être à demain. A minuit Louis n'avait toujours pas fermé l'œil. Il était l'opposé de son frère, plus le temps s'écoulait, plus il redoutait de partir. Il se leva et s'avança pieds nus jusqu'à la fenêtre pour inspecter le ciel. Puis il se remit sous les draps et réveilla son cadet.

— Y'a du vent dans les arbres.

— Beaucoup?

— Ils bougent dans tous les sens.

— Si on est malade, tu crois qu'ils vont se moquer de nous?

— On sera pas malade.

La grosse voix du père résonna dans le noir.

— Qui est-ce qui parle?

Les gars se turent. Amand s'approcha de Marie-Louise. L'épouse laissa le mari mêler ses jambes aux siennes, ses mains lui prendre la taille, sa bouche lui mordre le cou. Elle ne pensait qu'au départ de ses fils.

Louis fit un second voyage sur la terre battue. Il secoua Félix qui s'était rendormi.

— Écoute! la pluie tombe.

— Je l'entends aussi bien que toi.

— Tu t'en fous?

— Oui. C'est juste une pissée de chat.

— T'as pas peur?

— Non.

De plus en plus anxieux, Louis déclara qu'il ne voulait plus embarquer et il lâcha son trop-plein de larmes. Marie-Louise envoya Félix dormir avec son père et resta près de son grand pour le consoler.

— Maman, implora Louis, je veux plus aller au Banc.

14

Les vents avaient obéi aux prévisions du capitaine. Ils étaient remontés au suète et avaient chassé les nuages porteurs d'eau. Comme tous les ans ou presque, il ferait beau le jour du départ.

— Pour nous faire croire qu'on va faire une balade en mer, plaisanta Joseph.

Il arriva à la Guimorais sur le coup de huit heures avec la plus grande des charrettes de la ferme. Celle qui servait à transporter les mannes de pommes de terre, ou munie de hautes ridelles, des montagnes de foin et de paille en plein été. Aujourd'hui elle déménagerait les coffres, les sacs et les paillasses de l'équipage. Les marins les avaient entassés autour de la croix près de la fontaine. Pierre fit reculer Gros cul pour faciliter le chargement, une manœuvre que le cheval n'appréciait qu'à demi. Les enfants s'écartèrent, Félix avait revêtu son costume de matelot, une vareuse et des braies renforcées aux genoux et aux fesses pour retarder l'usure de la toile aux endroits les plus exposés. Marie-Louise avait vu large, les mousses grandissaient et forcissaient durant leur première campagne, l'enfant flottait dans ses vêtements d'homme. Louis n'avait pas encore mis le nez dehors. Le père Lebreton sortit de sa maison de mauvais poil, il fut le dernier à apporter son coffre. Hortense voulut l'aider.

— Bon Dieu ! Faut toujours que tu sois dans mes pattes. Laisse-moi faire tout seul, ça ira plus vite.

— Tu n'as aucune patience avec moi. Jamais je ne t'aurais vu partir autrement qu'en colère. Jamais.

D'autres étaient pris de tristesse. L'Encornet préférait s'en aller seul. Il n'avait pas envie de voir le sourire de Colombe au moment où le bateau décollerait du quai.

Belle en cuisse insista :

— Je veux venir.

— N'aie pas peur, je vais embarquer.

— Je n'ai pas peur, j'ai besoin de te regarder me dire au revoir.

— L'année dernière aussi.

— Je croyais qu'on n'en parlerait plus jamais, Jean-Marie.

Colombe confia son bébé à Berthe.

— File ! fit la sage-femme et ne te fais pas de souci. Pas la peine de courir pour revenir, il est en bonnes mains.

Une demi-douzaine de marmots braillaient aux quatre coins de la maison, Berthe en assurait la garde jusqu'au retour des mamans.

— « *Adieu cher camarade, adieu,*
Faut se quitter.
Faut quitter la bamboche, à bord
Il faut aller.
Ah ! qu'elle est dure et triste
La vie du matelot,
On couche sur la dure,
On ne boit que de l'eau », chantait-elle pour les apaiser.

Le cortège des marins défila derrière la charrette.

— Adieu les gars ! fit Branle dans l'vent.

— Pas adieu, à la prochaine.

— Ah ça non !

Le vieux Charles ne souhaitait pas durer jusqu'au retour des bateaux, il n'avait plus le goût et quand on n'a plus le goût, on n'est pas loin du cimetière. S'il avait gardé son gars, s'il avait eu des petits-enfants, il aurait peut-être eu le courage de tenir quelques années de plus. Avec des si...

Pierre menait Gros cul par la bride. La charrette doubla les dernières demeures. Louis quitta les rangs discrètement. Il fit semblant de pisser contre un talus, puis il rebroussa chemin, entra dans sa maison restée ouverte. On ne craignait pas les voleurs, ça n'était pas encore la saison des romanichels. A l'abri des yeux moqueurs de Félix, il plongea la main sous l'édredon et sortit un vieux nounours délavé dont les poils étaient usés à force de caresses. Il l'enfouit dans une de ses bottes et courut reprendre sa place dans le défilé.

L'Encornet avait la mine sombre d'un jour d'enterrement. Il marchait derrière la charrette comme on suit un corbillard. Ayant entendu Berthe chanter pour calmer les nourrissons, il reprit sa chanson, ne pouvant chasser de sa tête l'idée fixe qui le taraudait :

— « *Et vous jeunes fillettes qui avez*
Des amants.
Bourlinguant sur la mer, à bord des
Bâtiments.
Ah ! soyez-leur fidèles,
Gardez bien votre cœur
A ces marins modèles
Qui ont tant de malheurs. »

Louis traînait les pieds au bras de sa mère. Il butait sur tous les cailloux du chemin. Léon, qui les suivait, enchaîna un couplet qui brisa le cœur de Marie-Louise et de son fils.

— « *Et toi ma pauvre mère*
Qu'as-tu fait de ton fils ?
Marin c'est la misère,
Marin c'est trop souffrir.
J'ai encore un p'tit frère
Qui dort dans son berceau,

Je t'en supplie ma mère
N'en fais pas un matelot. »

Fil de fer et Boîte d'horloge étaient restés vieux gars. Ils avaient bu la nuit entière pour se donner du courage. Ils marchaient en queue bras dessus, bras dessous et fredonnèrent le dernier couplet qu'ils avaient, comme tous les autres, chanté les soirs de fête aux Dépôts de Brest ou de Lorient.

— « *Et si je me marie*
Et que j'aie des enfants,
Je leur bris'rai les membres
Avant qu'ils ne soient trop grands.
Je ferai mon possible
Pour leur gagner du pain,
Le restant de ma vie
Pour qu'ils ne soient pas marins.
Pour qu'ils ne soient pas marins. »

La Charmeuse était comme neuve, elle n'avait jamais été aussi pimpante. Souliers vernis n'était pas peu fier quand Joseph et l'équipage arrivèrent pour prendre possession du navire. Le père Lebreton n'avait pas la langue dans sa poche, et à son âge il pouvait dire tout ce qu'il pensait.

— On fait votre fortune, monsieur l'armateur, c'est normal que vous nous donniez un bon bateau. Il y a assez de vos collègues qui font naviguer leurs marins sur des cercueils.

Hortense rougit de honte. Tout de même, Léon était trop effronté.

— N'écoutez pas ce qu'il dit, monsieur Louvet, il nous en veut de faire une campagne de plus.

— Pas une de plus, c'est la dernière !

Félix et Louis descendirent dans le poste d'équipage. Il avait beau dire Souliers vernis, son trois-mâts n'était pas neuf. L'hiver, les courants d'air n'avaient pas évacué l'eau saumâtre bue par le bois au cours des campagnes précédentes. Les mousses eurent l'impression de pénétrer dans une grotte souterraine dont les parois suintaient depuis des millénaires et qui sentait l'odeur des fauves qui s'y cachaient depuis la création du monde. Amand poussa ses fils à la proue. Il leur indiqua la place de leurs caissons. Félix fit la grimace, son logement lui parut si petit.

— Plus vous grandirez, plus vous vous rapprocherez de l'écoutille.

— Tu es où, papa ? s'inquiéta Louis.

— Pas loin.

— Tu vas nous montrer.

— Oui.

Il leur conseilla de poser les sacs dans leurs cabanes et de retourner sur le quai embrasser leur mère tant que c'était encore possible. Ils auraient tout le temps de ranger leurs affaires quand le bateau serait au large. Louis glissa sous sa paillasse son passager clandestin.

Les deux garçons coururent sur le pont pour gagner la coupée au bas de la dunette. Félix se prit les pieds dans une drisse lovée au bas du grand mât. Il s'affala devant le père Lebreton que l'imminence du départ rendait plus maussade encore.

— Si tu commences à foutre le bordel, tu vas prendre des coups de pied au cul.

Il releva le mousse par le col de sa vareuse.

— Où tu cours comme ça ?

— Dire au revoir à maman.

Marie-Louise avait tout vu, tout entendu. Tout compris aussi de ce qu'auraient à endurer ses petits.

— Si on vous fait de la misère, faudra vous plaindre à votre père.

— Ou au capitaine.

Félix savait déjà qu'il serait préférable de laisser le père à l'écart de ses peines et de ses soucis. Des reproches que ne manqueraient pas de lui faire les vieux marins et des coups de gueule qu'ils pousseraient quand, sans le faire exprès, il commettrait des fautes. Marie-Louise voulait lui faire encore d'autres recommandations ainsi qu'à son frère, mais aucun mot ne sortait de sa gorge nouée d'inquiétude.

Comme eux, ceux qui les entouraient redoutaient le moment des adieux, la tristesse des dernières effusions, le déchirement des derniers regards. Les amoureuses s'accrochaient à leurs amoureux. Parées de leur douleur, les filles devenaient de plus en plus jolies, de plus en plus goulues aussi. Victoire mangeait son Francis.

Soudain un équipage particulier provoqua des remous dans la foule des curieux qui se tenaient à l'écart au bout du quai. La marchande de poisson poussait sa brouette chargée de son homme et de son sac.

— V'là Cul roussi ! Attendez-moi ! Ne partez pas sans lui bon Dieu !

Des rires éclatèrent.

— Venez m'aider, les gars ! C'est moi qui lui ai donné le biberon, il ne voulait plus partir le maudit cochon.

Cul roussi ronflait. Il avait trop bu pour être encore conscient. Francis et Pierre le prirent l'un sous les bras, l'autre par les pieds comme s'ils transportaient un cadavre. Marie Leclerc leur conseilla de le déposer doucement au fond de la cale. Il valait mieux qu'il se réveille au large, il était capable de plonger s'il sentait la côte toute proche.

— Pauvre bonhomme, il ne peut plus quitter sa femme. Il va m'en vouloir quand il va reprendre connaissance. Dites-lui que je l'aime malgré tous ses défauts.

— Ce sera dit, assura Pierre.

N'ayant personne à embrasser au moment du départ, la poissonnière se remit dans les brancards de la brouette.

— Y'a pas de candidats pour le voyage retour ?

Cette fois personne n'eut envie de rigoler.

— Si l'on vous propose un boujaron, faudra refuser. Vous n'êtes pas encore des hommes, ça vous ferait du mal, recommanda Marie-Louise à ses fils.

Félix leva les yeux vers sa mère et vit ses larmes.

— Maman, si tu veux bien, j'aime autant partir tout de suite.

Il l'embrassa fort, encore plus fort. Et vite, encore plus vite, se sauva sans se retourner. Il dévala l'échelle du poste qui était désert et se terra dans son trou. Jusqu'alors si fier, si brave et si courageux, Félix sanglotait.

— Maman, murmurait-il faiblement. Il pleura un long moment.

La marée commandait, l'heure était venue de partir.

L'armateur descendit du bateau.

— Bon vent, capitaine.

— Merci, monsieur Louvet. Bon ou mauvais on fera avec, comme d'habitude.

Joseph abrégea les adieux à sa femme et à ses filles. Le capitaine et sa famille se devaient de garder la tête froide et de montrer l'exemple. Le capitaine rameuta l'équipage.

— A embarquer !

— A embarquer ! répéta le père Lebreton à l'avant du bateau.

Il détestait les lècheries, et n'embrassa pas sa femme. Il lui recommanda de bien s'occuper de Biribi. Hortense s'en offusqua.

— Je ne l'ai jamais laissé crever de faim ou de soif.

— Tu le soignes mieux que moi alors ?

— Fais attention à toi au lieu de dire des bêtises.

— Ne te fais pas de bile. Y'a rien de tel que d'être marié à une casseuse de roupettes pour être sûr de revenir.

Il avait malgré tout mis de la tendresse dans son regard et dans sa voix.

— A tantôt, dit Francis à sa femme comme s'il rentrait l'après-midi.

— A tantôt, répéta-t-elle pour se donner du courage.

— Allez, matelots, faut y aller ! pressa le capitaine.

Jean-Marie et Colombe se séparèrent sans rien dire. Ils avaient le cœur gros. S'il n'avait pas eu besoin de gagner sa vie, Belle en cuisse aurait gardé son Encornet. Amand dut arracher Louis des bras de sa mère. Pierre embrassa Adèle et Perrine.

— Au revoir, patronne, et merci.

Jeanne réclama une bise, elle y avait droit elle aussi. Elle en profita pour glisser à l'oreille du jeune homme :

— Je suis sûre que Marie mourait d'envie de venir. Elle n'a pas pu, c'est trop vite.

Hortense appela Léon une dernière fois.

— Qu'est-ce qu'il y a ?

— J'ai oublié de te mettre tes chaussettes neuves.

— Je m'en passerai, répondit, impatient, le père Lebreton.

Il se mit aux ordres du capitaine. Les commandements s'enchaînèrent, rapides :

— Larguez la flèche !

— Larguez la flèche !

Les amarres furent larguées les unes après les autres et dans le bon ordre. Le bateau décolla du quai et sépara ceux que la vie avait amarrés ensemble.

— Halez devant !

— Halez devant !

Une chaloupe à douze rameurs servait de remorqueur. Elle tira *La Charmeuse* au milieu du bassin jusqu'à ce qu'elle trouve du vent pour manœuvrer seule.

— Dérabantez la misaine !

— A dérabanter !

Des sourires s'échangeaient encore avec des yeux tristes. Des mains se tendaient mais ne pouvaient plus se toucher. C'était le moment le plus dur, le plus espéré aussi par ceux qui partaient et ceux qui restaient à terre. Ils étaient libérés de leur angoisse.

Les femmes et les enfants coururent pour voir le bateau doubler le Môle des Noires, ainsi nommé afin de rendre hommage à toutes celles que la mer obligeait à porter le deuil. Elles étaient si nombreuses dans le pays malouin. Sur le pont, dans les mâts, les marins agitèrent leurs bérets. A terre les femmes tirèrent leurs mouchoirs.

Sortie de la zone protégée des vents, *La Charmeuse* établit sa voilure. Les huniers s'arrondirent, les voiles gonflèrent, les vagues coururent sur le flanc du bateau. Ils étaient partis.

15

Les marins avaient les yeux tournés vers la terre. La ville entourée de ses remparts ressemblait à un gigantesque navire plein de fumée faisant route dans le Nord, vers l'Angleterre. On distinguait à peine son pavillon rouge et bleu marqué d'une croix blanche et d'une hermine qui flottait sur le château. Les marins de *La Charmeuse* avaient sillonné les mers du globe, débarqué sur plusieurs continents, quand ils coiffaient le béret au pompon rouge porte-bonheur que les jeunes filles du monde entier cherchaient à toucher. Tous affirmaient qu'ils n'avaient jamais rien vu d'aussi beau que la rade de Saint-Malo. Aujourd'hui ils n'avaient pas le cœur à l'admirer.

La Charmeuse laissa le phare du *Jardin* sur tribord et franchit la *Porte des couillons*. Le capitaine se porta sur l'avant et obligea l'équipage à lui faire face.

— Regardez-moi ! On a huit bons mois pour penser à ce qu'on laisse derrière nous...

Joseph rapporta les nouvelles du temps qu'ils rencontreraient. D'après le télégramme que Souliers vernis avait reçu de Saint-Pierre, là-bas le ciel était toujours bouché, la neige couvrait la terre. La banquise avait gelé le golfe du Saint-Laurent jusqu'aux îles de la Madeleine.

— Dans l'Atlantique, les vents sont ancrés à l'ouest. On va louvoyer cap au sud.

Le père Lebreton traduisit pour Pierre qui avait déjà l'estomac barbouillé et la figure pâle.

— Ça veut dire qu'on va mettre trente jours pour arriver et qu'on va se faire secouer les pelotes tout le long de la route. Pas vrai, Jean-Marie ?

— Si.

Pour le quart, Joseph ne changerait rien à ce qui était établi. L'équipage se partagerait en deux bordées, les tribordais sous les ordres du saleur, les bâbordais avec le père Lebreton. En tant que le plus ancien des patrons de doris, cette année encore il serait second capitaine.

— Et c'est la dernière fois.

— T'avance pas si vite Léon, dit Fil de fer, tu feras ce que décidera la belle Hortense.

— Fais pas le malin, Fil de zinc. T'as beau être célibataire c'est quand même une femme qui commande chez toi.

C'est vrai qu'il avait moins de gueule devant sa mère le vieux gars. Elle n'était pas commode La Picotée, elle faisait peur à toutes les filles, c'est pour ça qu'il n'avait jamais trouvé à se marier. Les matelots rirent du malheur de Fil de fer. L'attitude n'était pas chrétienne, mais souvent les célibataires aux tempes grises et les cocus de tout poil étaient les têtes de Turc des équipages. Une sale habitude que Joseph réprouvait.

— C'est fini ! Je peux y aller !

Dès le lendemain ceux qui n'étaient pas de quart et les disponibles de la bordée de service prépareraient les casiers à coucous et mettraient de l'ordre dans les lignes.

Les mousses serviraient le jus à six heures et donneraient un coup de propre dans le poste dès que les matelots seraient montés sur le pont. Comme Pierre, Félix et Louis commençaient à se défigurer.

— J'ai fini ou presque. Je sais bien que les uns et les autres on ne s'occupe pas beaucoup du bon Dieu quand on est à terre. Pour nous punir il va peut-être se boucher les oreilles quand il va nous entendre chanter le cantique à sa mère. Elle, elle est plus aimable, elle va nous écouter.

« *Au jour du départ, Marie,*
Le pauvre terre-neuvier
A vos pieds Mère chérie
Sent le besoin de prier. »

— Retirez vos bérets.

Les marins se découvrirent et chantèrent l'*Ave maris Stella*. Léon leur tourna le dos. Il conserva sa casquette vissée sur son crâne et garda la bouche fermée.

La Charmeuse plongeait et se redressait dans la houle qui s'allongeait. Le sifflement du vent dans les haubans, le clapotis des vagues qui se brisaient contre l'étrave accompagnaient le chant des marins.

Le bateau avait doublé le cap Fréhel, la baie de Saint-Brieuc et naviguait à hauteur de Paimpol. Il ne risquait pas de croiser de goélettes, l'autre port morutier breton étant, en général, vide au 1er mars. Les Paimpolais faisaient route vers l'Islande dès le mois de février. Ainsi au retour, ils devançaient les terre-neuviers malouins sur les marchés de Nantes et de Bordeaux où la première morue ramenée se vendait à meilleur prix.

Pierre, Félix et Louis nourrissaient les poissons depuis le passage du Cap. Ils dégueulaient la terre. Personne n'eut l'idée d'en rire, ils étaient tous passés par là. Le père Lebreton conseilla Pierre :

— Tourne-toi ! si tu te mets face au vent tu vas tout ravaler.

Cul roussi se réveilla au fond de la cale alors que la nuit était tombée. Il comprit vite que sa maudite poissonnière l'avait encore trahi. Il fit le serment des ivrognes et jura de ne plus boire.

— Ohé du pont ! Y'a du monde dans la cale.

Boîte d'horloge et L'Encornet dégagèrent l'écoutille.

— Halez-moi de là, les gars ! J'ai la pépie.

Les matelots lui envoyèrent un bout qu'ils raidirent et tirèrent d'un coup sec lorsque Cul roussi allait l'empoigner. Ils répétèrent la farce à plusieurs reprises, s'amusant à voir leur copain courir dans le sel.

— Vous allez me le payer, bande de vaches.

Le jeu épuisa vite le gabier.

— Ayez pitié de moi vingt dieux.

Hissé sur le pont, Auguste Leroux voulut savoir :

— Lequel de vous l'a aidée à m'embarquer?

— Moi, fit Boîte d'horloge. Même qu'elle m'a demandé de t'assommer pour que tu ne te réveilles pas avant qu'on soit dans le large.

— C'est pas vrai, elle n'a pas pu dire ça.

— Frotte-toi la tête, tu vas sentir la bosse.

— Menteur!

Cul roussi s'arma d'une garcette et fouetta le visage du railleur. L'affaire allait prendre une sale tournure, heureusement le capitaine s'interposa.

— Ça suffit, matelots! Ne gaspillez pas vos forces, dans quelques jours vous en aurez besoin.

La première nuit en mer, le poste d'équipage était rarement calme. Ceux qui n'avaient pas bu à terre se rattrapaient. Ils vidaient les bouteilles qu'ils avaient embarquées le plus souvent en cachette des épouses. Ils buvaient au goulot dans une demi-obscurité trouée par quelques flammes vacillantes. Les rires éclataient de plus en plus fort, de plus en plus gras au fur et à mesure que les flacons se vidaient.

Autour de la table, le père Lebreton entamait une partie de cartes avec L'Encornet, Amand et Boîte d'horloge. Ils jouaient à la *Vache*, un jeu de cartes espagnoles en vogue chez les marins bretons. Chaque joueur usait du droit de signaler la valeur de sa main au partenaire. Pour cela, il utilisait des signes particuliers en cachette de ses adversaires. On levait les yeux au ciel pour *Monsieur*, la carte maîtresse et on les abaissait pour *Madame*. Les lèvres s'arrondissaient en cul de poule pour la *Vache*, une seule paupière fermée signifiait qu'on possédait le *Borgne*. Les mains servaient aux cartes inférieures. Auguste Leroux s'approcha de la table, il interpella Léon.

— Je viens d'en trouver une nouvelle.

— Tu ne vas pas nous emmerder avec tes chansons, Cul roussi !

Le chanteur passa outre.

— « *Nous v'là partis sur le Grand Banc*
Pêcher d'là morue du flétan.
Verrons plus d'femmes durant longtemps.
Nos pauvres mains n'auront plus rien.
A caresser ni culs ni seins. »

Les autres reprirent en chœur :

— Ni culs ni seins.

— Finissez vos litres et fermez vos gueules bon Dieu !

Léon ne savait plus ce qu'il jouait. De toute façon il avait gagné, ce qui n'étonna personne, surtout pas Boîte d'horloge qui déclara qu'on ne pouvait pas perdre quand on avait comme partenaire un cocu.

— Pourquoi tu me cherches, fit L'Encornet. T'as pas eu ton compte avec Cul roussi ? Tu veux remettre ça ?

— Allez-y, les gars, ne perdez pas de temps.

Léon rangea les cartes et quitta la table, le pugilat pouvait commencer. Cette fois le capitaine ne fut pas là pour séparer les combattants. Félix prit peur, il ne comprenait pas pourquoi les vieux se battaient avec tant de rage. Son père le rassura :

— C'est rien, ils s'amusent.

Joseph fit un dernier tour du pont avant d'aller dormir. Il scruta le ciel et vérifia la position des huniers.

— Réveille-moi si ça fraîchit, commanda-t-il à l'homme de quart.

Il inscrivit sur le livre de bord : *1er mars 1921. Route. Forte bise. Nous nous préparons à affronter un coup de vent.*

A l'approche de l'équinoxe de printemps le vent fraîchissait régulièrement. Il s'installait dans l'ouest et obligeait les navires à tirer des bords, à allonger leur route. Il creusait la houle et le gros temps évoluait vite en tempête.

Félix et Louis roulèrent toute la nuit d'un bord à l'autre de leur couchette. Le mouvement finit par bercer les deux garçons dont le cœur était resté accroché au bord des lèvres. Vaincus de fatigue et d'émotion, ils roupillèrent quelques heures. Le réveil fut brutal.

— Debout les mousses ! Au jus ! Et que ça saute !

Plus rude encore fut la sortie du poste, le vent chassa la crête d'une vague qui leur fouetta le visage. Ils descendirent à reculons trois barreaux de l'échelle qu'ils regrimpèrent sous une bordée d'injures. La cambuse se trouvait à l'arrière du navire, la traversée fut périlleuse. Ils progressèrent lentement, arrosés par les embruns et les vagues qui attaquaient sur le travers. La mer grossissait à vue d'œil. Cul roussi barrait, il s'efforçait de maintenir le voilier bout à la lame. Son combat l'émoustillait.

— Chie en marmite ! Attache tes casseroles, elles font trop de boucan.

Félix et Louis s'agrippèrent aux cabillots, des chevilles de bois plantées tout au long de la lisse pour tourner les manœuvres courantes. Le capitaine était sur la dunette. Quand il vit les gars Guilbert, trempés comme des soupes, il s'emporta.

— Pourquoi vous n'avez pas capelé les suroîts ? On n'a pas besoin de malades à bord.

Eux qui attendaient des encouragements. A son tour Chie en marmite les accueillit durement.

— Vous v'là enfin ! Café bouillu, café foutu. Et ne dites pas que c'est moi qui l'ai mis à chauffer trop vite ou je vous botte le cul.

Ils allaient redescendre sur l'avant quand le bateau accula dans une lame déferlante. Elle emporta le seau de café et les mousses avec. Vite, Joseph remplaça Cul roussi à la barre.

— Branle-bas ! cria-t-il. Branle-bas !

Cul roussi se précipita à l'écoutille du poste pour transmettre l'ordre du capitaine.

— Branle-bas !

Aussitôt les marins surgirent, s'arc-boutant pour résister aux masses d'eau qui s'abattaient sur le pont.

— Mise à la cape courante ! La misaine aux bas ris !

Le père Lebreton se fit l'écho du capitaine.

— La misaine aux bas ris !

Il veilla à la bonne exécution de la manœuvre.

— Amand !

— Oui, capitaine.

— Mets tes mousses à l'abri. Qu'ils allument le poêle pour sécher les hardes.

Fil de fer assura l'amarrage des doris, Chie en marmite celui des fûts. A tour de rôle ils repoussèrent Pierre qui se trouva dans leurs pattes. Une vague l'emporta et le roula de la misaine à l'artimon.

— Pierre ! Arrive !

Le garçon eut bien du mal à monter sur la dunette. Il était livide.

— Tiens bon avec moi et fais ce que je te dis.

Pierre empoigna la barre.

— Je tiens.

— Tire à droite ! Encore !

La Charmeuse craqua de toutes ses membrures. Elle résista aux attaques des lames qui se succédaient sans cesse plus hautes. Dans la mâture le roulis était impressionnant. Ballottés dans les vergues, les gabiers serrèrent les voiles carrées, une main pour l'armateur, l'autre pour soi. Réconciliés dans l'effort, L'Encornet et Boîte d'horloge étranglèrent une toile qui giflait leurs visages. Le capitaine lança un nouveau commandement :

— Bordez grand foc et trinquette !

Le bateau était paré pour escalader les collines d'eau

dont l'écume blanchissait les têtes. Joseph put alors plaisanter avec Pierre.

— Y a rien de tel que le gros temps pour passer le mal de mer.

Dans le poste, Amand aida Félix et Louis à allumer le fourneau. Il détourna pudiquement les yeux quand ses gars se mirent à poil pour enfiler un caleçon sec. Il pendit leurs vêtements mouillés à la ligne tendue le long du tuyau de poêle. Une fumée sortait aux emboîtures et noyait le poste dans un épais brouillard.

— Entretenez le feu et ne mettez pas le nez dehors.

— Ça va durer longtemps ?

— Mais non ! Ne te fais pas de bile, Louis, c'est juste un grain pour nous rappeler qu'on n'est pas partis se promener.

La présence de son père rassurait le garçon. Malheureusement elle fut brève, Amand se perdit vite dans l'opacité du poste.

— Papa ? Où tu vas ?

— Voir là-haut s'ils ont besoin de moi.

Resté seul avec son frère, Louis se remit à trembler. Il se souvint de l'histoire que le capitaine racontait sur le quai à Souliers vernis. Ce fameux ouragan du 7 août où le bateau avait failli toucher le fond. Craignant l'arrivée d'une pareille catastrophe, Louis se leva du banc chaque fois que *La Charmeuse* plongeait et se rassit quand elle remontait. L'envie de vomir le reprit.

— Arrête de bouger tout le temps ! C'est pour ça que tu dégueules.

L'odeur du vomi eut raison de Félix, il rendit le peu de terre qu'il lui restait à dégueuler.

Les mousses perçurent un cri du capitaine.

— Qu'est-ce qu'il dit ? s'inquiéta Louis.

— Je ne sais pas.

Un coup de vent s'engouffra dans le tuyau du poêle. Il

gronda comme un troupeau de baleines, provoqua un retour de flamme et enveloppa les mousses d'une fumée noire et âcre qui les fit tousser.

— Qu'est-ce que c'est?

Les questions de Louis exaspéraient son frère. S'il continuait à pleurnicher, Félix allait prendre peur lui aussi. Il partit s'isoler au pied de l'échelle.

— Pourquoi tu t'en vas?

— Parce que tu m'emmerdes!

— Ne me laisse pas tout seul.

Louis courut rejoindre Félix. Il regarda au plafond la lampe s'agiter dans tous les sens, elle finit par se décrocher et se briser en tombant sur la table. L'enfant terrifié vit alors le pétrole se répandre et le plancher s'enflammer.

— Au feu! Au feu! hurla Louis qui s'affolait et voyait déjà l'incendie embraser le navire.

— Aide-moi au lieu de gueuler! Si tu crois qu'ils t'entendent.

Félix tira la couverture de sa couchette pour étouffer les flammes qui couraient déjà jusqu'au pied du mât de misaine. *La Charmeuse* dansait dans la tourmente. Le ciel s'était chargé de nuages sombres, il faisait noir en plein jour. Poussée par le vent, la pluie traversait le pont à l'horizontale. Elle fouettait le visage du capitaine et de Pierre qui se tenaient de part et d'autre de la roue du gouvernail.

— Tu vois, dit Joseph d'une voix forte pour être entendu de son matelot dans le vacarme de la tempête, c'est ça la différence avec ton ancien métier. Quand il fait mauvais les paysans se mettent à l'abri, nous on est dehors. Tu ne regrettes pas d'avoir changé?

— Non, fit Pierre.

Il n'en était pas sûr mais il essaya de s'en persuader. La nuit la tempête lui parut encore plus terrible. Epouvanté il resta près du capitaine à écouter le vent siffler, la mer hurler, les vagues assaillir les flancs du bateau. Les marins ne pouvaient plus voir le danger se former à portée de regard. Ils le subirent comme des aveugles et ne purent parer les attaques des déferlantes qui les abordaient de toutes parts.

Joseph descendit dans sa cabine le temps de consigner sur le livre de bord : *Le 2 mars 1921. La mer a encore grossi. Reprenons la cape à 8 heures du matin.*

Ce matin-là, le vent de la mer soufflait aussi sur les monts d'Arrée. Il s'était engouffré dans la baie des Trépassés et psalmodiait le chant plaintif des noyés. Léa l'entendit : *Qui se fie à la mer se fie à la mort.* Elle se précipita chez Mélanie, frappa aux carreaux de sa fenêtre et l'obligea à écouter les paroles qu'elle avait entendues dans la bourrasque.

— Qui se fie à la mer se fie à la mort, tu sais bien, Mélanie. Mais tu peux être tranquille, j'ai bien regardé, on n'a pas à se faire de bile. Je n'ai pas vu de lumières sur *La Charmeuse*, pas un seul cierge. J'ai bien écouté aussi, les noyés n'ont pas prononcé son nom.

Mélanie eut pitié de la malheureuse. Ça n'était pas la première fois que Léa dévalait la colline et s'asseyait sur le rebord de sa fenêtre pour lui raconter la vie du jeune homme. Elle le voyait toutes les nuits. Il y avait d'abord eu une fête où la musique ne l'avait pas empêchée d'entendre un homme habillé en noir lui proposer d'embarquer sur un bateau. Pierre avait dit oui, puis il était venu au pays l'embrasser avant de partir. Il avait revêtu un drôle d'habit, un costume de marin. Hier, Léa avait vu le bateau prendre la mer. Elle s'était jointe aux femmes qui pleuraient. Grâce à Dieu la laveuse n'était pas là. Cette nuit elle avait entendu le vent se lever, la mer mugir. Mélanie lui proposa d'entrer.

— Tu vas me raconter tout ça à l'intérieur, on sera mieux pour bavarder toutes les deux, sans se donner en spectacle aux curieuses qui nous regardent derrière leurs rideaux.

— Non ! laisse-moi ! Il va peut-être revenir ce soir. Il

faut que je me dépêche, je n'ai rien de prêt à souper. Il doit avoir faim, ils ne leur donnent pas à manger à bord. Si je ne le nourris pas, il va tomber malade.

Léa grimpa la colline en pleurant. Elle fit chauffer sa soupe puis elle ressortit s'asseoir sur un caillou, au bout du chemin. La pauvre folle sécha ses larmes du revers de sa main salie par la cendre du foyer. Elle attendit jusqu'au soir, comme hier, comme demain.

Le 8 mars 1921. Le vent passe au suroît avec pluie et grosse bise.

Le 12 mars. Le beau temps est revenu. Nous continuons notre route.

Chie en marmite distribua la bistouille aux matelots, ils l'avaient bien méritée. Cul roussi avala sa ration d'un trait, il fit le tour du pont pour se faire oublier et se replaça dans la file. Le cuisinier avait l'œil :

— Je t'ai vu, Cul roussi. N'y reviens pas, t'as eu ta part.

— Je n'en ai pas eu cette nuit, moi. Tu n'es pas venu m'en apporter quand j'étais là-haut. Il me semble que j'ai gagné la double.

— Moi, je suis les ordres du capitaine.

— Double accordée à tout le monde. Et à moi aussi, ajouta-t-il en soufflant pour expirer sa fatigue.

Louis et Félix assistaient à la distribution sans y prendre part. Chie en marmite les invita à s'approcher, ils avaient droit à un boujaron comme tout le monde.

— Va falloir commencer à vous zinguer le gosier si vous voulez devenir des hommes.

— On a promis à notre mère de ne pas boire de boissons grisantes, répliqua Félix.

— Elle n'est pas là pour vous surveiller, profitez-en. Regardez votre père, il trouve ça bon lui, il ne crache pas dessus. Dis-leur, Amand, la goutte est aussi nécessaire au marin que l'eau de mer l'est au poisson. Celui qui refuse un boujaron n'a pas sa place à bord d'un bateau.

Quand le père eut avalé ses six centilitres, Chie en marmite lui servit une troisième ration, mais cette fois ça n'était pas pour lui.

— Porte-leur ça. Quand ils y auront pris goût, ils se mettront dans la file sans qu'on les commande.

Les marins attendirent de voir ce qu'allait faire Amand. A chaque campagne, il n'était pas le dernier à proposer le biberon aux mousses, à leur donner le baptême de l'alcool, à les faire prendre leur première cuite. Il présenta le gobelet à Louis. C'est Félix qui le repoussa.

— On a promis à maman.

— Force-les ! cria Boîte d'horloge. Les mousses c'est fait pour obéir. Si tu n'y arrives pas, nous on va s'en occuper.

— On a promis, papa, répéta Félix.

Les marins admirèrent le cran du petit bonhomme. Inutile d'insister. Ils allaient descendre se reposer dans le poste d'équipage quand Boîte d'horloge battit le rappel.

— C'est comme ça qu'on nous a formés nous autres, y a pas de raison que ça change. On va vous le faire couler dans le bec de gré ou de force.

Il arracha le gobelet des mains du père. Ce dernier n'eut pas, probablement par faiblesse, le courage de réagir. Comme s'il avait honte de ses fils. Comme si au fond il n'approuvait pas leur refus d'avaler le breuvage qui ferait d'eux des hommes.

Cette trahison glaça Félix.

— Du monde avec moi pour les tenir !

— Jean Carillon !

— Oui, capitaine.

— Vérifie l'arrimage des doris, il a repris du mou durant la nuit.

La brute capitula non sans avoir menacé Félix une dernière fois.

— Tu ne perds rien pour attendre.

Le mousse serra les mâchoires et regarda le matelot droit dans les yeux pour lui montrer qu'il ne se laisserait pas faire.

— Chie en marmite ! Ferme ta boutique.

Ce dernier commandement du capitaine mit fin à l'incident. Les marins se dispersèrent. Pour la première fois ils venaient de voir un mousse imposer sa volonté. Certains frémirent encore au souvenir des mille misères et des mauvais traitements qu'ils avaient subis durant leurs premières campagnes sur les Bancs.

A l'heure du fricot, Cul roussi en poussa une pour ramener la bonne humeur.

— « *Sa misaine est en dentelle.*
Ses huniers en satin blanc.
Mon grand mât, c'est pour la belle. »

Le père Lebreton l'interrompit :

— T'inventes, Cul roussi, ces paroles-là ne sont pas dans la chanson.

— C'est comme ça que le père Gaga chantait quand j'étais novice : mon grand mât c'est pour la belle qui s'agrippe à mes haubans.

— Si ta poissonnière t'entendait.

— Te fais pas de souci pour ma poissonnière, Fil de fer, elle chanterait avec moi.

— Elle aime encore bien ça ta Marie ?

— Oui, et c'est pas moi qui m'en plaindrais.

Le père Lebreton provoqua un éclat de rire général quand il déclara qu'il arrivait aussi qu'Hortense frétille comme une sardine pourchassée par un marsouin.

— Enfin, pas souvent, précisa-t-il pour donner à ses paroles leur juste vérité.

Le silence se fit, grave. Les fantômes des femmes entrèrent dans le poste. Elles occupèrent les pensées de tous les matelots. Cul roussi attisa le feu dans les esprits.

— « *Tangue et roule, me dit-elle*
Je me plais mieux dans le gros temps,

Abrite-toi dans ma nacelle
Il y fait si bon dedans. »

Pour la première fois, Pierre assura la veille au bossoir. Il pensait à Marie devant la mer calmée quand le capitaine le tira de sa rêverie.

— Moi aussi je pense à la mienne. Ça nous manque déjà de ne plus les voir.

C'était toujours ainsi durant le voyage aller quand le temps était au beau et qu'ils n'avaient que le train-train quotidien pour se distraire. Sur les Bancs ils y songeaient moins souvent, ils étaient trop occupés pour se laisser gagner par la mélancolie. Si bizarre que cela puisse paraître, le vrai cafard les prenait au retour. Ils se méfiaient, se montaient le bourrichon. Les célibataires craignaient de ne pas trouver leurs promises sur le quai. Ils s'angoissaient à l'idée d'être trompés, abandonnés, oubliés par des fiancées lasses d'attendre ou de trembler. Pour ceux-là les jours étaient longs, la traversée interminable. Une fois à terre, ils n'osaient pas raconter leurs angoisses, ils avaient trop peur des railleries.

Joseph entraîna Pierre pour vérifier comme chaque soir que tout était en ordre, histoire aussi de penser à autre chose. L'inspection faite, il regarda sa montre.

— D'après le dernier point, on est par 38° Ouest. Il n'est pas loin de minuit chez nous, tout le monde dort, je vais en faire autant. Bonne nuit, matelot.

— Bonne nuit, capitaine.

— Veille bien à ce que le fanal éclaire. Là où on est, on peut croiser un vapeur durant la nuit.

Le 12 mars au soir. Inspection faite sur le navire. Une fois encore La Charmeuse *a bien résisté. Rien de cassé à bord. Les estomacs des mousses et de Pierre Abgrall sont amarinés.*

Ce 12 mars, rentrant ses vaches à l'étable, Jeanne surprit Marie face à la mer.

— Vivement que les journées rallongent, lui dit-elle, la soirée va encore être longue. Ça fait déjà dix jours qu'ils sont partis.

— Douze, rectifia la laveuse.

— Tu comptes toi aussi ?

Marie ne répondit pas. Elle rougit comme une jeune fille prise en faute, salua sa patronne et partit d'un bon pas vers le hameau. Elle regrettait d'avoir dévoilé des sentiments qu'elle voulait garder secrets jusqu'au retour des navires. Sa maladresse la poussa à écrire sans plus attendre.

Cher Pierre,

J'ai bien réfléchi depuis votre départ. A la question que je devine que vous vouliez me poser en me demandant de vous écrire, la réponse est oui.

Il allait falloir que des jours passent et des semaines aussi pour que le marin reçoive la bonne nouvelle par le bateau-hôpital ou à l'escale de Saint-Pierre.

Le dimanche 18 mars, le capitaine réunit les marins au bas de la dunette pour leur faire lecture du sermon numéro deux de l'abbé Cadiou. Le recteur en avait écrit un pour chacun des dimanches de la traversée, sur les Bancs les matelots n'auraient plus le temps de se recueillir le jour du Seigneur. Ils se signèrent et enlevèrent leurs bérets pour entendre la bonne parole.

Mes chers frères,

Nous ne pouvons pas dire que tous les jurons que vous proférez soient de véritables blasphèmes, et que vous ayez l'intention d'insulter Dieu. Vous direz pour vous excuser que le travail est dur, le temps mauvais, le vent debout, raison de plus pour implorer humblement le secours du Seigneur et ne pas profaner son saint nom en y ajoutant les expressions les plus grossières. Avouez-le, c'est parce que Dieu est patient que vous l'insultez.

Joseph accéléra, il voyait le doigt du pasteur pointé vers ses fidèles. Il sentait la menace toute proche.

Ah ! si l'enfer s'entrouvrait chaque fois sous les pas du blasphémateur. Souvenez-vous que vous n'êtes séparés de l'Océan que par quelques planches bien fragiles.

Il en voulait au prêtre de brandir le spectre du danger chaque fois qu'il rappelait l'obligation qu'avaient les marins, comme tous les autres chrétiens, de tenir la promesse faite par leurs parrains et marraines le jour de leur baptême.

Mon Dieu, je crois fermement toutes les vérités contenues dans le Symbole des Apôtres, et généralement tout ce que l'Église catholique, apostolique et romaine m'ordonne de croire, parce que c'est vous qui le lui avez révélé et que vous êtes la vérité même. Je m'engage à respecter vos commandements. Dieu en vain tu ne jureras ni autre chose pareillement.

L'abbé Cadiou connaissait les sentiments du patron de *La Charmeuse*, il ne manqua pas de lui rappeler son devoir de capitaine et de chrétien.

Nous savons que grand nombre de capitaines défendent de blasphémer à leur bord. Nous les en félicitons et nous souhaitons que leur exemple soit suivi sur tous les navires.

— Le premier qui rigole a mon poing sur la gueule ! menaça Joseph, voyant les figures hilares de ses matelots.

Il plia le papier et l'enfouit dans sa poche sans lire la suite du prêche. C'était bien fait, l'abbé Cadiou l'avait cherché.

A terre la vie continuait au rythme du calendrier. A la sortie de la grand-messe, le pasteur de la paroisse salua ses ouailles sur le parvis de l'église. Il s'attarda plus longuement avec M. et Mme Louvet. Trop longtemps au gré de Victoire et Marie Leclerc qui s'impatientaient.

— Maudit Souliers vernis, il ne va pas nous faire attendre cent sept ans.

— Il ne se presse pas pour nous donner nos sous.

Car c'était le grand jour, le versement de la deuxième partie des avances aux épouses ou aux ayants droit, les hommes étant partis depuis plus de deux semaines.

— L'épicière va être contente, fit remarquer Mme Louvet, les femmes vont pouvoir acheter à l'épicerie sans faire crédit.

— Ne te fais pas de souci pour Marie-Ange, elle ne se plaint pas, elle y trouve son compte. Bon dimanche, monsieur le recteur.

— Bon dimanche, monsieur Louvet.

Mme Louvet fit irruption dans son salon, visiblement joyeuse, pour elle aussi le jour de la distribution du complément des avances était une fête. Elle avait établi un roulement entre les trois bateaux de l'armement. Cette année elle accueillit d'abord les épouses de *La Charmeuse*, celles de *L'Anita* et du *Gloire à Dieu* attendirent dans le parc.

— Antoinette !

— Oui, madame.

— Nous sommes là.

— J'ai entendu, madame.

— Puisque tu nous as entendues, pourquoi tu ne sers pas le café, pauvre innocente.

— Tout de suite, madame.

La soubrette n'affichait pas le beau sourire de sa patronne. L'idée de servir le café dans les tasses en porcelaine de Chine à des invitées qui n'étaient pas des dames lui déplaisait. Par-dessus le marché ces roturières allaient empocher, sans avoir eu à lever le petit doigt, la valeur d'un trimestre de ses gages. Elle enrageait et disparut aussi vite qu'elle était apparue pour ne pas avoir à s'incliner devant la populace. Souliers vernis n'avait pas les mêmes griefs, il ne craignit pas de toucher la main de chacune des femmes de ses matelots.

— Prenez place, mesdames.

Amélie congédia son mari. M. Louvet se mêlait constamment de ce qui ne le regardait pas, il fallait toujours qu'il commande et cela la fatiguait. Parfois l'épouse de l'armateur enviait ses visiteuses, au moins elles n'avaient pas leurs hommes à tourner dans leur giron à longueur d'année.

— Oh non ! lui dit Hortense. Faut pas nous jalouser, madame Louvet, on se fait trop de souci pour eux.

— Et quand on voit comme c'est beau chez vous, enchaîna la poissonnière. Hein les filles ?

— Oui.

— C'est une maison toute simple vous savez, ça n'est pas un château. Il n'y a rien de changé depuis l'année dernière.

— Si ! fit remarquer Marie-Louise. La jolie bague que vous avez au doigt.

— Tu as raison. Tu es observatrice, Marie-Louise.

Amélie avait commis une bourde, elle avait oublié d'ôter son solitaire. M. Louvet le lui avait pourtant rappelé en revenant de la messe. Cela lui paraissait un rien indécent d'étaler ses bijoux et de porter des tailleurs chics les jours d'avances. Son père faisait déjà cette recommandation à sa mère. Les femmes de marins n'auront jamais les moyens de se payer des rivières de diamants, des pierres précieuses ou de belles toilettes, il faut se montrer charitable et ne pas les tenter. Comme ses invitées admiraient sa bague, Mme Louvet s'exclama.

— Oh ! ce n'est qu'une simple bague sans grande valeur, un bijou offert par mon mari. Avare comme il est, il n'a pas dû le payer bien cher.

Elle avait le don de faire diversion, et de provoquer la bonne humeur.

Elle se pencha sur la table et baissa le ton pour les rendre complices.

— Une babiole pour notre anniversaire de mariage. Maintenant qu'on ne le fête plus au lit, M. Louvet m'offre des cadeaux. Je crois bien que j'ai gagné au change.

Le succès fut assuré, les femmes rirent sottement pour honorer leur hôtesse.

Antoinette servit le jus, la gueule en biais. Les femmes savourèrent le café cent pour cent pur, qui provenait directement des comptoirs de Nantes. Elles l'apprécièrent tant que la maîtresse de maison pria sa bonne de rapporter un paquet par convive. Antoinette traîna pour descendre à la réserve, condamnant les largesses de sa patronne auprès du majordome et de la cuisinière.

Souliers vernis fit le tour de la table et distribua des enveloppes portant le nom de chaque marin. Jeanne était présente non pas pour percevoir la part de son mari, les capitaines avaient un statut particulier, mais celle de Pierre dont elle était la tutrice. Elle demanda des nouvelles du bateau. L'armateur n'en avait pas reçu, aucun vapeur ne l'avait croisé sur la route du sud que Joseph avait dû choisir pour éviter trop de vents contraires.

— Ils ne devraient pas tarder à arriver sur les Bancs.

— Ils s'en approchent en tout cas. Tout le monde est-il servi ?

— Oui, monsieur Louvet, tu peux partir.

Amélie pressa le mouvement, elle avait hâte de voir son mari sorti.

— Ce que nous avons à nous raconter ne te regarde pas.

— Puisqu'on me met dehors, au revoir, mesdames !

— Au revoir, monsieur Louvet !

Maintenant qu'elles étaient entre femmes, elles pouvaient parler de choses sérieuses.

— Avez-vous sauvé votre année ? questionna l'hôtesse. Toi, Victoire ?

— Oui et je le regrette. Je suis la seule à ne pas avoir d'enfant. Tous les ans j'espère et ça ne vient pas.

— Ne te décourage pas, ma fille. Regarde Désirée, elle a eu son gars au bout de neuf années de mariage. Et toi, Marie-Louise ?

— Oui je l'ai sauvée et c'est tant mieux, je ne me voyais pas grosse une fois de plus.

— Moi aussi je l'ai sauvée, rigola Hortense.

On ne lui posait plus la question vu son âge. Pas plus qu'à Marie Leclerc. C'était au tour de Belle en cuisse de s'exprimer.

— A moi vous ne demandez pas, madame Louvet?

— Je ne t'ai pas oubliée, Colombe. Laisse-moi retrouver mon souffle. Sacrée Hortense, c'est sa faute, elle nous fera toujours rire.

Un silence gêné succéda aux gloussements de l'assemblée. Seule Hortense ne put retenir le hoquet qui l'avait prise.

Antoinette entra, les bras chargés de paquets d'arabica. Elle en déposa un à la droite de Belle en cuisse. Avec dégoût, pour elle, c'était donner de la confiture à une cochonne, la communion à une pécheresse. Colombe prit le pochon, elle le mit sous ses narines.

— C'est vrai qu'il sent bon. Je vous remercie, madame Louvet, depuis hier j'ai des envies de bon café à ne plus pouvoir tenir.

Sur le chemin du hameau, Belle en cuisse eut la poitrine soulevée par des haut-le-cœur qui ne trompent pas.

— Elle est bien prise, dit Victoire qui la jalousait.

— Au moins celui-ci aura de la chance, releva Hortense, il naîtra dans les bonnes dates.

Marie Leclerc se laissa rattraper par la future maman. Elle lui fredonna une de ces rengaines que son homme inventait à chaque campagne.

— « *Les matelots ne font que des gars.*

Borde la trinquette ballon.

J'ai le ventre rond. »

— Je crois bien que oui, avoua fièrement Belle en cuisse.

16

Ils étaient partis depuis trois semaines quand, assurant son tour de quart, L'Encornet poussa un cri joyeux :

— Levez le nez, les gars ! Voyez ce qui nous vient !

Une escadrille d'oiseaux noircit un coin du ciel dans le noroît. C'étaient les *dadins*, le nom donné par les terre-neuvas aux puffins, des oiseaux de mer cousins des pétrels. Les dadins annonçaient l'approche des Bancs, les autres signes de l'arrivée sur les hauts-fonds étant la brume et la couleur de la mer qui prenait un ton blanchâtre.

Tous les matelots se réunirent sur le pont. Ils enlevèrent leurs bérets et les agitèrent pour saluer les oiseaux avec la joie de ceux qui se retrouvent après une longue absence. Pierre, Félix et Louis furent fascinés, l'apparition des dadins tenait du miracle. Les nouveaux s'attendaient à voir une terre se dessiner à l'horizon, ils venaient bien de quelque part. Nulle côte ne se distinguait qui leur servait de piste d'envol. Ils étaient là sans qu'on sache d'où ils provenaient.

— Mousses ! allez dire au capitaine que les oiseaux sont là !

— Tu y vas ? demanda Louis à son frère.

— Non, répondit Félix.

L'enfant ne voulait rien perdre du spectacle. Il était si heureux de voir la vie réapparaître après avoir traversé un océan désert à peine troublé par la présence d'un troupeau d'épaulards qui les avait suivis toute une journée la semaine précédente. Les oiseaux volèrent dans le sillage du bateau en poussant leurs cris de bienvenue. Joseph jeta un œil sur sa carte, il les attendait pour le lendemain.

— Ils ont vingt-quatre heures d'avance, on ne va pas s'en plaindre, hein Louis!

— Non, capitaine.

A son tour Joseph mit le nez dehors pour remercier les puffins d'être exacts au rendez-vous qu'il leur avait fixé en estimant sa route.

— Vous voyez, les gars, dit-il aux mousses, ces oiseaux-là sont plus courageux que nous, ils restent sur les Bancs tout l'hiver pour pêcher leur nourriture. Quand on les voit on est sûr qu'on ne s'est pas trompé de chemin.

L'échange des saluts avec les oiseaux ayant pris fin, les matelots se livrèrent à une pratique coutumière qui déchaîna la colère de Félix. Il vit d'abord le cuisinier remonter de la cale avec un seau rempli de viande de bœuf salée. Chie en marmite la découpa en dés gros comme le pouce et en fit la distribution aux matelots qui attendaient l'hameçon en main.

— Attrape, Cul roussi!

— T'as pas plus frais?

— Ils préfèrent que ça pue.

L'Encornet, Boîte d'horloge, Fil de fer et Amand boëttèrent des lignes longues d'une dizaine de brasses, à peine lestées pour que l'appât reste en surface. Félix commençait à comprendre. Il s'inquiéta.

— Pourquoi vous préparez des lignes papa?

— Pour pêcher les oiseaux?

— Les oiseaux!

— Ben oui! Chie en marmite va nous faire du ragoût de dadin, y a rien de meilleur.

L'idée de tuer et de manger les gros oiseaux qui bravaient l'hiver écœura le mousse.

— C'est dégueulasse! hurla Félix.

— Tu changeras d'avis quand t'en auras dans ta gamelle, affirma Cul roussi.

Les dadins piquèrent sur la ligne que le gabier venait à peine de mettre à l'eau. Félix était impuissant, il ne pouvait arrêter le massacre. Il courut se réfugier dans le poste et, tapi dans sa cabane, il se boucha les oreilles pour ne plus entendre les cris déchirants des oiseaux pris à l'hameçon.

Selon la coutume encore, le second et le saleur descendirent dans la cabine du capitaine pour le féliciter d'avoir su déjouer les embûches de la traversée, de les avoir amenés aussi sûrement à l'accore du Grand Banc, cet immense plateau de cent vingt mille mètres carrés qui s'élève tout à coup des profondeurs de l'abîme pour se dresser à quarante ou cinquante mètres du niveau de l'eau. Parfois moins de dix mètres aux Roches Virgin, une barrière invisible sur laquelle la mer se brise, un écueil dangereux pour les navires commandés par des officiers bravaches ou insuffisamment instruits. Le père Lebreton en avait connu des patrons de pêche et des capitaines porteurs. Joseph cumulait les deux fonctions, il conduisait le bateau et il décidait du mouillage. Il était le meilleur de tous ceux avec qui le vieux marin avait navigué. C'était la trente-huitième traversée de Léon, la dernière.

— Trente-huit, c'est pas un compte rond, lui fit remarquer le saleur.

— Tu pourrais aller jusqu'à quarante, ajouta le capitaine.

— Même si je le voulais, quelque chose me dit qu'il n'y en aura pas d'autres.

— Qu'est-ce que tu nous chantes?

— Depuis qu'on est parti, j'ai un mauvais goût dans la bouche.

— Bois! lui conseilla Joseph, ça va te le faire passer. A votre santé, les gars!

Le père Lebreton ne but à la santé de personne,

encore moins à la sienne. Il n'écouta pas le capitaine annoncer les ordres pour les jours à venir, de toute façon il les connaissait par cœur. Dès le lendemain, ils commenceraient à réduire la toile et à sonder. Ils monteraient le canon pierrier et la corne de brume sur le pont pour les essayer avant que la boucaille ne les surprenne.

Les matelots arrosèrent eux aussi l'arrivée sur les Bancs. Chie en marmite servit un premier boujaron pour se féliciter d'être tous là sains et saufs au terme du voyage.

— A l'équipage !

Un autre pour porter chance à la deuxième partie de la campagne. Boîte d'horloge attira les regards de Félix et de Louis. Il leva son gobelet.

— A la vôtre, les mousses !

Félix le toisa du haut de son mètre cinquante, fier de tenir sa promesse. Il ne boirait pas. Le troisième coup fut celui de l'armateur, pour bien amorcer la pêche.

— Comme il dit, la bistouille c'est la boëtte du matelot.

— A Souliers vernis !

Joseph rejoignit l'équipage sur le pont. Le quatrième verre fut celui du capitaine.

— Au capitaine !

Fil de fer passa les bretelles de son accordéon. Il joua une valse sur laquelle le poète Cul roussi avait imaginé des paroles tendres.

— « *A l'automne je serai dans tes bras.*
Dans l'étui la trinquette
On trinquera.
— *A la Toussaint on se confessera.*
Du mou à l'aiguillette
On mollira. »

Cette mélodie fit vibrer le cœur de Pierre et lui donna envie de danser. Il commença à battre la mesure avec ses gros sabots, puis il offrit ses bras à une cavalière imaginaire qu'il entraîna dans une valse dont les mouvements s'accordèrent avec le tangage et le roulis du bateau. Trois tours à droite et voilà Pierre parti à contresens pour mieux étourdir Marie à qui il pensait, yeux fermés. Les marins le regardaient, fredonnant, sifflant, d'autres muets la tête prise par des souvenirs.

— « *A Noël on se mariera.*
Les balancines en fête.
On balancera. »

Boîte d'horloge sortit du rang des spectateurs. Il saisit le bras et prit la taille du danseur, brisant le beau rêve de Pierre. Les deux hommes tournèrent d'un mouvement saccadé, disgracieux. Jean Carillon attira son partenaire, se frotta contre lui. Il traîna la main sur ses fesses, colla sa joue contre la sienne. Pierre le repoussa brutalement. Il serra les poings, ses yeux brillèrent d'éclats noirs et menaçants qui en étonnèrent plus d'un. Jamais jusqu'alors le novice ne s'était fait remarquer, il parlait peu et n'emmerdait personne. Ceux qui n'étaient pas de sa bordée en avaient même oublié son existence. D'autres ne connaissaient pas le son de sa voix. Ce jour-là ils attendirent pour l'entendre.

— Si on ne peut plus rigoler, fit Boîte d'horloge

Personne ne releva, c'était une affaire entre les deux danseurs. Pourtant les marins prirent le parti du novice : il était l'offensé. Tous connaissaient Jean Carillon de longue date, et s'en méfiaient. Il avait traité le nouveau aussi bas qu'une putain de Saint-Pierre, il l'avait publiquement humilié, joué avec son honneur d'homme. Il y avait un code des usages et des bornes à ne pas dépasser quand on s'amusait à bord. On pouvait prendre du bon temps, danser, rigoler sans se conduire de la sorte. Fil de zinc replia son accordéon. Sentant l'hostilité grandir autour de lui, Boîte d'horloge décida de se battre pour continuer la fête. Il provoqua Pierre naturellement.

— Toi aussi va falloir qu'on te dresse !

— Essaie ! répliqua le garçon.

La détermination de son adversaire, le silence de l'équipage et la présence du capitaine freinèrent les ardeurs belliqueuses du marin. Il ravala sa hargne et tourna le dos au bal des solitaires.

— En avant la musique ! commanda Cul roussi. Qui danse avec moi ?

L'Encornet se porta volontaire à une condition :

— C'est moi qui fais l'homme.

— Si tu veux.

Les deux marins valsèrent empêtrés dans leurs pantalons raides et leurs grosses bottes. Les oiseaux avaient déserté le sillage de *La Charmeuse.*

Jean Carillon était de ces hommes qui empoisonnent la vie d'un bateau. Il ne devait sa présence sur *La Charmeuse* qu'à ses qualités de pêcheur hors classe, il ne rapportait pas moins de cent quintaux de morues par campagne, et à son ancienneté dans l'armement Louvet. Souliers vernis faisait tourner le coq des patrons de doris sur ses trois bateaux. En mars, il le transbordait d'un navire à l'autre pour reposer ceux qui avaient eu à le supporter durant deux ou trois voyages. En général les capitaines devançaient les dispositions de l'armateur, ils en avaient assez de subir le caractère de chien de Boîte d'horloge, ses colères pour un oui, pour un rien, ses manies de bête sauvage. Assez de le surveiller, et d'inventer chaque fois de nouvelles punitions. Ce soir-là, en bout de table, sa gueule de vent debout tranchait avec les mines réjouies des autres matelots. La bistouille avait creusé les estomacs. Ils se régalèrent, ça n'était pas tous les jours qu'ils mangeaient de la volaille. Le rata de dadin leur rappela certains dimanches quand la femme faisait rôtir un poulet farci de mie de pain, de pruneaux et de raisins secs ou mijoter une poule au riz. On n'entendait que les lapements des bouches gourmandes, le bruit des fourchettes et le grincement des couteaux sur le fer de la gamelle. Félix regarda l'aile que lui avait servie le cuistot et les trois pommes de terre qui trempaient dans la sauce. Il revit les oiseaux se laisser porter dans le sillage des voiles, il entendit leurs piaulements joyeux. Il mangea deux patates et laissa l'aile figer dans le jus. Une main saisit son poignet quand il voulut reverser la viande dans la marmite.

— On ne veut pas de tes restes !

— Je n'y ai pas touché.

Boîte d'horloge s'adressa aux mangeurs :

— Et en plus ça répond !

Une fois encore personne ne dit mot, mais tous regardèrent Amand, le suppliant presque de défendre son gars.

— Tu veux que je te la fasse avaler de force pour te clouer le bec.

— Non.

Enfin Amand intervint.

— Laisse-le ! Ecoutez-moi bien tout le monde, et surtout toi Jean Carillon. Si mes gars font des conneries ou vous manquent de respect, je suis d'accord qu'on leur botte le cul, toi comme les autres. Mais si je te vois les maltraiter sans raison, y en aura un de nous deux qui ira à la baille.

Boîte d'horloge fit l'innocent.

— Qu'est-ce qui te prend, Amand ?

— Il me prend que tu ne vas pas en faire tes souffre-douleur, c'est assez pour eux qu'ils soient nos compagnons de misère.

Le père quitta la table et s'en alla s'asseoir sur le banc, entre ses deux fils. Il prit l'aile dans l'assiette de Félix et la mit dans celle de Louis.

— Tu as tort, dit l'aîné à son cadet, c'est bon.

— Veux-tu mes patates ? proposa Amand.

— Oui, papa, répondit Félix.

Il retrouva un peu d'appétit. On croyait le calme revenu, provisoirement. Léon prit plaisir à taquiner Boîte d'horloge. Il souleva le couvercle de la marmite et ostensiblement y versa le contenu de son assiette sous le nez de

Jean Carillon. Lui non plus n'avait pas touché à la viande. Il se leva et rappela à Cul roussi et Amand que c'était l'heure de prendre leur service.

— Félix?

— Oui, père Lebreton.

— Tu aimes bien les oiseaux toi aussi?

— Oui.

— Cet hiver j'achèterai une femelle à Biribi. Elle couvera au printemps, je te donnerai un petit.

— Oh! merci, père Lebreton.

Machinalement, le vieux marin se mit à chantonner *Valparaiso*. Il se garda de siffler, c'était interdit sur les bateaux.

Relevés du quart, L'Encornet et Fil de fer descendirent du pont avec l'espoir de trouver quelques bons morceaux de restes dans la casserole.

— Mousse! Réchauffe le fricot!

— Attends une seconde.

Boîte d'horloge plongea son couteau dans la sauce et en sortit une cuisse. Fil d'acier s'étonna :

— T'attends pas que c'est chaud.

— C'est meilleur tiède.

L'ours partit se réfugier dans sa tanière, emportant sa gamelle. Il la posa sur son étagère, tira une bouteille de sa réserve personnelle qu'il cachait sous sa paillasse et but la gnôle au goulot.

Félix eut envie de passer un moment sur le pont avant d'aller dormir. Avant qu'il sorte du poste, Cul roussi s'était entretenu avec Amand. Il pensait comme le père des mousses, mais à sa place il ne se serait pas contenté de menacer Boîte d'horloge, il lui aurait mis son poing dans la gueule. Il proposa même son aide pour anéantir celui qui, au fil des campagnes, était devenu l'ennemi de tout l'équipage.

— S'il recommence, je suis ton homme. Je te donnerai un coup de main pour le virer par-dessus bord.

— Je me débrouillerai tout seul.

— Comme tu veux.

Le gabier croisa Félix en retournant prendre la veille au bossoir.

— C'est bien, mon gars.

La colère de son père, la promesse de Léon et le soutien de Cul roussi rassurèrent l'enfant. Tout le monde était gentil avec lui ce soir, il ne se sentit plus seul. Il nettoya la marmite avec de l'eau de mer et la rangea dans la cambuse. Il resta sur la dunette pour admirer son père qui tournait la roue du gouvernail aussi vite et aussi bien que le capitaine. Amand lui fit signe d'approcher. Ils demeurèrent un moment silencieux, heureux d'être seuls ensemble pour la première fois depuis l'appareillage.

— T'aimerais barrer?

— Oh oui!

— Regarde, les vents sont dans le nord-noroît. Ils attaquent sur tribord. Quand tu vois qu'on dérive à bâbord tu rétablis comme ça, en gardant le bateau bout à la lame.

Amand conduisit la main de Félix pour lui indiquer la manœuvre.

— As-tu compris?

— Oui.

— Tu vois, nous v'là repartis. Redresse!

Cette fois le mousse assura seul la reprise du cap, son cœur battait à cent à l'heure. Le père contourna le rouf.

— Où tu vas?

— Pas loin.

— Tu ne restes pas longtemps.

— Applique-toi à faire ce que je t'ai dit.

Amand pissa à bâbord, sous le vent qui fraîchissait, gardant un œil sur l'avant du bateau. Une crête se forma après deux vagues courtes.

— Gare à la lame!

Félix ne put parer le paquet de mer qui frappa l'étrave sur tribord, noya le pont et lava l'homme de veille.

— Qu'est-ce que tu fous? cria Cul roussi.

— Je te réveille, répondit Amand.

Il avait vite repris la barre.

— Je ne dormais pas.

— La preuve, tu ne l'as pas venu venir.

— Faut tenir le cap, bon Dieu! Maudit marin de mes pelotes, le cap!

Ce coup-ci le mousse méritait une taloche et un coup de pied au cul. Félix s'attendit à les recevoir du gabier quand il passerait devant lui pour redescendre au poste.

— Te fais pas de bile, lui dit son père, il n'est pas méchant et ça va le décrasser. De toute façon, c'est ma faute, j'ai oublié de te mettre en garde. Quand tu vois une lame plus haute que les autres, tu la précèdes pour lui présenter l'étrave avant qu'elle ne tosse sur le côté.

Ils attendirent l'arrivée d'une grosse vague pour appliquer la leçon. Félix en avait assez appris d'un coup, son père l'envoya se coucher.

Le mousse traversa le poste désert, heureux d'avoir compris pourquoi et comment le bateau roulait et tanguait sur l'eau. Rassuré de savoir son père à la barre et persuadé que Cul roussi ne s'assoupirait plus dans ses vêtements trempés. Il s'allongea sur sa couette, et s'endormit bercé par le mouvement régulier du navire qui lui faisait remonter la vague en tirant sur tribord. Il fit un rêve qui mettait en scène un mousse devenu capitaine.

Non loin de lui, Boîte d'horloge veillait. Il écouta les ronflements sonores des buveurs de rikiki et s'assura de leur régularité. Sa main tâtonna au-dessus de l'étagère, rencontra la gamelle et prit la cuisse de dadin. Il but une dernière gorgée d'eau de vie de cidre avant de s'extraire de son trou. Il tituba dans l'obscurité du poste et arriva devant la cabane du mousse sans réveiller personne. Il entrouvrit le rideau, immobilisa la tête du gosse et lui enfonça le pilon de la volaille dans la bouche.

— Avale!

Félix essayait de crier mais il n'y arrivait pas. Un instant il put se dégager mais la brute lui colla sa grosse patte sur le cou et serra jusqu'à l'étouffer. Quand il vit que le garçon allait perdre connaissance, Jean Carillon lâcha son étreinte, il ne voulait pas le tuer. Les mousses s'arrangeaient pour mourir seuls quand ils n'avaient plus la force de résister à leurs tortionnaires. Comme tout le monde Boîte d'horloge avait entendu raconter des récits terribles, d'une époque pas si lointaine où des enfants battus, frappés à coup de bottes et de piquois, martyrisés par des capitaines et des matelots qui s'acharnaient contre eux, avaient réclamé la mort plutôt que de continuer à vivre leur calvaire. Aujourd'hui les mœurs avaient changé, on entendait rarement parler de choses aussi horribles. Non, Boîte d'horloge ne voulait pas prendre la vie du mousse, il essayait seulement de le punir d'avoir bravé un patron de doris.

— Mange !

Soudain il eut une meilleure idée.

— C'est pas par là que tu vas l'avaler. Déculotte-toi !

— Non.

— Déculotte-toi je te dis !

Effrayé, Félix céda.

— Retourne-toi !

Une grimace diabolique défigura l'ivrogne, sa main frémit au-dessus des cuisses du gamin. Il jeta son instrument de torture.

— C'est qu'il a la peau douce comme un poisson qui sort de l'eau. Je sens qu'on va avoir un secret tous les deux.

Pierre habitait l'étage du dessous, il entendit et reconnut la voix de l'immonde. Il bondit, arracha le salaud de la couchette de sa victime.

— De quoi tu te mêles ? Il m'empêche de dormir, j'ai le droit de lui claquer le cul.

— T'appelles ça lui claquer le cul.

Il plaqua le fumier contre une membrure, récupéra le pilon qui traînait sur le banc, s'en saisit comme d'un couteau pour lui percer la gorge.

— Arrête ! Fais pas le con !

— C'est tout ce que t'as à dire ?

La frousse commençait à dégriser le salopard.

— Je ne recommencerai plus.

— T'as intérêt, sinon c'est moi qui te foutrai à la baille, mais tu seras mort avant.

Les matelots crurent à une bagarre de fin de beuverie, des voix ensommeillées réclamèrent le silence. Dans sa cabane Félix pleurait, horrifié, honteux. Pierre lui sourit :

— Tu n'as plus à avoir peur, il ne viendra plus jamais.

Le jeune marin traversa le poste et secoua son patron, c'était leur tour de prendre le quart.

— Déjà ! fit le père Lebreton qui, pour une fois, s'était endormi comme une masse et roupillait à poings fermés.

Sur le pont, le vieux marin constata que les vents étaient remontés vers le nord. S'il y avait des glaces en dérive, ils ne tarderaient pas à voir arriver la brume. C'était aussi l'avis d'Amand qui sentait déjà la rosée perler sous sa chemise. Cul roussi transmit les consignes à Pierre : sonner le branle-bas et prévenir le capitaine dès que l'horizon blanchirait devant lui. Le veilleur n'eut pas à attendre le lever du jour, un brouillard opaque s'abattit en pleine nuit sur le bateau.

— On est dans la boucaille ?

— Dans la brume, capitaine.

— C'est pareil. L'équipage sur le pont !

Les marins se déployèrent de part et d'autre du bateau.

La vie semblait ralentie, les hommes se déplaçaient doucement, sans faire de bruit dans cette atmosphère ouatée. Ceux qui vinrent à l'arrière distinguaient à peine les silhouettes de ceux qui se postèrent à l'avant. Joseph lança ses ordres calmement, sans élever la voix.

— Léon, reste à la barre. Cul roussi, deux ris dans les basses voiles.

— Deux ris dans les basses voiles.

— Félix, à la corne !

Le mousse actionna le volant de la corne de brume, une sorte de meuble en bois dans lequel un soufflet envoyait de l'air à un pavillon qui émettait une plainte lugubre. Il indiquait leur présence, pour éviter les risques d'abordage.

— Un coup sur l'arrière.

Félix tourna le cornet. L'appareil mugit. Les matelots prêtèrent l'oreille et attendirent l'éventuel beuglement d'un autre navire. La brume était le danger qu'ils redoutaient le plus, en pêche dans les doris, mais aussi sur le bateau à la fin du voyage. La dérive des icebergs et le passage des steamers aveugles pouvaient en un instant couper le trois-mâts et les précipiter au fond de l'eau. En pleine tempête les hommes manœuvraient, ils luttaient contre la mer et le vent, ils défendaient leur peau. Dans la boucaille, ils étaient démunis, impuissants.

Ils restaient des heures aux aguets, sans rien dire pour mieux écouter. Les oreilles grandes ouvertes et les bouches cousues pour ne pas troubler le silence et fermer la porte à un air humide et froid qui gelait les poumons. A maintes reprises Léon fut pris de quintes de toux qui lui déchirèrent la poitrine.

— Un coup sur l'avant.

Une plainte lointaine répondit au son de la corne.

Aussitôt le capitaine et l'équipage redoublèrent d'attention.

— Jean-Marie, prends la barre. Au 240.

— 240.

— Léon avec moi.

Joseph et le second descendirent de la dunette et se portèrent sur tribord avant.

— Mousse ! continue.

Félix tourna le volant énergiquement pour être sûr qu'on l'entende. Le retour fut immédiat, fort et bref. Le capitaine et le second se posèrent les mêmes questions, eurent les mêmes craintes.

— C'est bizarre la façon dont il répond, tu ne trouves pas, Léon ?

— Oui.

— Il n'a pas pu arriver si vite.

— Si c'est un vapeur, on devrait entendre son moteur.

— Amand ! relève ton gars et remets-en un coup.

— Papa ! s'écria Félix.

— Tais-toi !

— T'as de la glace.

— Où ça ?

— Sur ta joue, à droite.

Le père passa la main sur sa figure, il arracha de minuscules glaçons de ses poils de barbe.

— Un *iceberge*, murmura-t-il effrayé. Joseph !

— Vas-y !

— C'est pas la peine c'est une glace.

— Où tu la vois ?

— Je ne la vois pas mais j'ai le côté de la barbe tout gelé.

— Fil de fer, envoie vite un coup de canon.

La réponse fut quasi instantanée. C'était l'écho qui revenait.

— Préparez à déborder !

Joseph se précipita sur la dunette, bouscula Jean-Marie et reprit la barre. Chaque homme s'arma d'un aviron et se porta sur tribord. Ils entendirent les craquements de la glace qui approchait.

— La v'là ! hurla Félix.

D'abord une lueur éclaira le bateau d'une lumière bleuâtre. Un mur brillant perça la brume. Le froid transperça les cirés, gela les voiles et raidit les haubans.

Une montagne verte et blanche s'avançait sur *La Charmeuse*. Les hommes pointèrent les gaffes et les avirons au-dessus de la lisse. Ils avaient foi dans leurs armes si fragiles et dans l'adresse du capitaine. Joseph mit tout à gauche. Le bout-dehors frôla l'iceberg. Puis il tourna tout à droite pour déborder de l'arrière. Ses qualités de fin manœuvrier sauvèrent son bateau et tout son équipage.

— Tu peux ouvrir les yeux, Louis, dit Félix, on passe à côté.

Ils regardèrent le massif dériver à l'arrière du navire. Une montagne si haute qu'ils n'en virent pas le sommet dans la brume. Les mousses apprirent que les *iceberges* étaient encore plus grands sous la mer, ils n'en revinrent pas.

Le passage de la glace raviva la toux du père Lebreton.

— Au fait, se rappela Joseph, j'ai trouvé des cachets au fond de la boîte à pharmacie. Ils sont de l'année dernière mais ils doivent encore être bons puisque le médecin ne les a pas remplacés. En veux-tu ?

— Pour quoi faire ?

— Pour ton estomac.

— J'ai pas d'estomac.

— C'est pas de ça que tu te plaignais l'autre jour ?

— Jamais de la vie.

— C'est peut-être les bronches ?

— J'ai pas de bronches non plus. L'air que je respire descend tout droit dans mon ventre, c'est pour ça que je pète si souvent.

Comme les autres, Léon avait eu si peur qu'il avait envie de rigoler, même avec sa santé qui pourtant lui causait du souci.

24 et 25 mars 1921. Navigation au ralenti. Brume épaisse coupée d'éclaircies. Glaces en dérive.

27 mars. Les iceberges se sont arrêtés à l'accore des hauts-fonds. Nous commençons à sonder.

Le système de sondage reposait sur un principe très simple : un plomb de trois à quatre kilos attaché au bout d'une ligne peinte d'une couleur différente tous les dix mètres, marquée avec un bout de cuir chaque cinq mètres.

Cul roussi balança le fil de l'arrière sur l'avant à l'extérieur de la lisse. Francis le récupéra à la volée et se rendit à hauteur du poste pour le plonger dans l'eau. Le bateau continua d'avancer, le plomb traîna au fond et se retrouva à la verticale de la dunette, la ligne tendue à hauteur du cuir entre quarante et cinquante.

— Quarante-cinq, annonça Cul roussi.

Le saleur prit la ligne.

— File devant!

— Tu n'as pas confiance?

— Ne crois pas ça, c'est juste pour le plaisir de sentir le fond moi aussi.

Averti de la hauteur de l'eau, Joseph vérifia sa position sur la carte, il était sur le Platier du Grand Banc. En remontant dans le nordé, il trouverait le Banc Bertel qui s'élevait à treize mètres. C'est là qu'il mouillerait pour pêcher le bulot, la boëtte dont les morues étaient friandes au début du printemps.

En route cap au 310, le capitaine réunit ses patrons et procéda à la répartition des doris. Il y en avait des bons, des moins bons, des neufs et des plus anciens. Pour éviter les jalousies et les rancunes, on les tirait au sort.

Chaque barque portait un numéro peint sur la coque et les pavillons des bouées de bouts de ligne. Par ordre d'ancienneté, les patrons de doris piochèrent un papier plié en quatre dans la casquette du capitaine. Le père Lebreton tira le huit.

— On n'est pas mal tombé, confia-t-il à Pierre, son matelot. C'est pas un nouveau mais c'est pas le plus mauvais.

L'année dernière il avait la quatorze, celui qui remplace le treize, numéro qu'on ne donne jamais. Une précaution qui ne lui avait pas porté chance.

La Charmeuse mouilla son ancre pour une première halte sur le banc de sable réputé infesté de bulots que les pêcheurs appelaient aussi des coucous. Ils sortirent les chaudrettes, des balancines en filet de coton enroulé autour d'un cerceau d'acier. Ils les garnirent de viande crue salée qui ne sentait pas la rose, le voyage avait été long. Pauvre Louis, il croyait avoir le cœur bien accroché depuis qu'il n'avait plus le mal de mer.

Les doris se déployèrent autour du bateau pour larguer les chaudrettes. Le père Lebreton laissa à Pierre l'honneur de souquer le premier sur les avirons, de donner son premier coup de pelle. Le capitaine les regarda s'éloigner du navire.

— Pierre ! quand tu es venu t'embaucher à la ferme l'année dernière, je parie que tu ne pensais pas te retrouver là cette année.

— Ah ! ça non.

— T'as de la chance, Léon, tu vas être bien secondé.

— Grâce à qui ?

La flottille des doris ne s'écarta guère du bateau, il n'était pas nécessaire d'aller au large pour trouver les coucous qui pullulaient. Les matelots mouillèrent leur première bouée et filèrent un chapelet de cinq chaudrettes. Les patrons continuèrent de nager dans le courant et à la bonne allure pour tendre la ligne.

Quand ses casiers furent positionnés, le père Lebreton profita du moment de répit dont il disposait avant la relève pour instruire son apprenti.

— La reine des boëttes c'est pas le bulot, c'est l'encornet. En as-tu déjà vu ?

— Non mais je vois, c'est une petite margate avec des cornes.

— Comme Jean-Marie, répliqua le bonhomme en rigolant. Lui et bien d'autres qui ne le savent pas, ou qui ne s'en vantent pas.

L'éloquence de son patron étonna Pierre, d'habitude il était avare de plaisanteries. Le père Lebreton semblait heureux de se retrouver dans son élément, seul à seul avec un avant de doris qu'il appréciait. Le plaisir de refaire les gestes du grand métier l'avait rendu disert. Il en oublia même sa toux et ses brûlures d'estomac qui, pourtant, ne le quittaient plus.

— J'aime bien pêcher l'encornet, poursuivit Léon. C'est beau à voir dans l'eau. Il arrive en banc comme la sardine ou le maquereau. Ça grouille partout autour du bateau, la mer devient toute rose. Elle bout comme de l'eau dans une casserole.

— C'est quand?

— A la belle saison.

Quand il disait la belle saison, le vieux marin pensait à ceux qui étaient au pays, eux ils n'allaient pas souvent voir le soleil. Depuis trente-huit ans qu'il naviguait sur les Bancs, Léon n'avait plus vu un pommier fleuri.

— C'est pour ça que je demande à Hortense de choisir un calendrier des postes avec des arbres au printemps. Je les regarde l'hiver avec Biribi. On dirait que ça l'intéresse lui aussi, quand il voit les fleurs il doit penser à ses pays chauds.

— On ne voit pas de pommiers quand on fait relâche à Saint-Pierre?

— Mon pauvre gars, des pommiers à Saint-Pierre, il y en a autant que de louis d'or dans la poche d'un matelot. Il fait trop de vent, ils seraient tout de suite déracinés, y a pas plus de dix centimètres de terre sur les cailloux.

— C'est comme chez moi.

Pierre resta un moment à rêver de son pays. Il vit la lande, les ajoncs, la bruyère, sa maison, la chapelle. Il ne fallait pas être clerc de notaire pour deviner ses pensées.

— As-tu le mal du pays?

— Non.

— Il y a combien de temps que tu n'y es pas allé dans tes montagnes?

— Depuis le mois de mai, ça va bientôt faire un an.

— T'as donc plus personne là-bas.

— Non.

Les bulots avaient eu le temps de sentir la bidoche, il ne fallait pas les laisser la dévorer pour économiser la boëtte. Pierre releva les chaudrettes.

Le soir les escargots de mer envahirent le pont du bateau. Avant la soupe, les hommes pilèrent les coquilles à coups de maillet en bois. Ils mirent de côté les corps des mollusques qu'ils salèrent pour les conserver dans des fûts jusqu'en juillet, mois durant lequel les morues changeaient de nourriture. La bave dégoulinait de leurs mains. Des éclats gluants volaient à chaque coup de marteau et ruisselaient sur les visages, les vestes et les pantalons. Les bottes glissaient sur le liquide visqueux qui inondait le pont.

Le travail des coucous n'était pas sans danger pour les marins, le père Lebreton alerta son novice. Souvent des fragments de coquille pénétraient dans les chairs de l'animal et irritaient la peau des doigts, provoquant de fines coupures qui, à la longue, s'infectaient. C'était, avec les piqûres d'hameçons et d'arêtes de poisson, la cause la plus fréquente des panaris, un des fléaux de la pêche. Léon montra son pouce gauche à Pierre. Une profonde cicatrice dont les bords rebondissaient comme une paire de fesses le creusait du haut en bas. Aujourd'hui il en plaisantait, mais à l'époque il n'en mena pas large. Il entendit dans son dos les vieux dire qu'un panaris mal soigné, c'était la porte ouverte à l'infection généralisée et à la gangrène. Il s'en souvenait comme d'hier :

— J'étais mousse. Heureusement le capitaine avait de la bonne goutte et un couteau bien aiguisé. Le pus a giclé comme s'il sortait des trous de nez d'une baleine.

— T'as encore montré ton cul, dit le cuisinier qui connaissait par cœur l'histoire du pouce de Léon.

Chie en marmite remplit sa casserole de coucous avec leurs coquilles pour éviter que ses clients n'avalent des morceaux d'écailles pointus. C'était le menu du soir.

— Tu t'emmerdes pas, plaisanta Cul roussi, t'as pas loin à aller faire ton marché.

— Plains-toi, tu vas manger du frais.

— La coque est fraîche mais pas le dedans. C'est des mange-chrétiens ces vaches-là, tu ne m'en feras pas avaler un.

Les marins n'aimaient pas beaucoup les bulots. Ils les accusaient de se nourrir de la chair des noyés. Pourtant la plupart se régalèrent, ça les changeait du lard.

Quand elle eut sa provision de boëtte, *La Charmeuse* leva son ancre et mit le cap plein ouest au 270. Il lui restait une quarantaine de miles à parcourir des fonds sablonneux du Platier jusqu'aux roches poissonneuses du Grand Banc. A bord on mit de l'ordre dans le matériel. Le père Lebreton apprit à Pierre à monter un hameçon sur le bas de ligne.

— Frappe l'hameçon sur l'empie, rectifia Léon. Vérifie qu'il ne risque pas de dépoucher, serre le plus que tu peux. Un hameçon qui lâche, c'est une morue de perdue et des sous en moins. T'as pas l'air malin quand ça t'arrive. Tu remontes ta ligne tranquillement, le poisson commence à se débattre dans l'eau, un coup de queue et il repart avec ton hameçon dans la gueule. C'est toujours une grosse morue, de quoi te donner des regrets et te faire traiter de tous les noms par ton patron.

L'Encornet écoutait son ancien, il aimait bien l'entendre raconter. Il fit remarquer qu'un poisson gros ou petit pour eux c'était pareil puisqu'on les payait à l'unité. Oui, mais Léon préférait pêcher les gros. Il se retourna vers Pierre et poursuivit sa leçon.

— Ne l'oublie jamais : la pêche dépend du soin que tu mets à préparer tes lignes et à les boëtter. Quand tu bâcles, il n'y a pas la récompense au bout.

— Par chez moi aussi on parle comme ça, dit le jeune homme.

Combien de fois il avait entendu ses patrons déclarer :

« Un champ mal labouré n'aura pas de récolte. Si tu sabotes ton boulot, t'empêches la terre de tourner rond et rien ne pousse. »

— Tu vois, répondit le vieux marin, les paysans ne disent pas que des âneries.

Et il ajouta pour ne leur trouver que des qualités :

— Ce qu'ils ne t'ont sûrement pas appris, c'est qu'avec les femmes c'est pareil. Quand tu les entreprends, si tu ne mets pas un peu de soin à les chauffer, elles ne frissonnent pas beaucoup. As-tu remarqué ?

Il fit un sourire et un clin d'œil à son matelot qui prouvaient qu'il n'avait rien perdu de sa verdeur.

La mise à l'eau des lignes se faisait selon un ordre établi et respecté par les pêcheurs depuis qu'ils fréquentaient les bancs de Terre-Neuve. Au mouillage le bateau était le centre d'un cercle divisé en autant de secteurs qu'il embarquait de doris. Chaque patron recevait son « aire de vent » et ne devait en aucun cas s'en écarter durant une semaine. Tous les dimanches il avançait de 30° et faisait à peu près deux fois le tour du cadran d'avril à octobre. Le doris numéro 1 commençait la campagne au nord, le numéro 2 au nord quart-nordé, le 3 au nordé, le 4 à l'est quart-nordé, etc.

Cette année-là le capitaine de *La Charmeuse* changea le système. Les six premiers doris étaient les plus vieux. En leur allouant les secteurs les plus exposés aux vents dominants pour rallier le navire, le midi, chargés de leur pêche, on les pénalisait doublement les premières semaines avant l'arrivée du beau temps. Il y avait longtemps que Joseph cherchait le moyen de rétablir un peu de justice, et le seul qu'il avait trouvé était de procéder à un deuxième tirage au sort. Il accrocha à l'échelle du poste une planchette sur laquelle il avait dessiné une boussole. Une latte de bois mobile autour d'un clou figurait l'aiguille aimantée. Louis reçut l'ordre de l'actionner et d'annoncer les directions indiquées. C'était une façon de vérifier que le mousse savait lire une boussole.

— Nord demi-Est.

Félix plongea la main dans la casquette du capitaine. Il tira un papier, le déplia et livra le nom de celui qui avait hérité de cette mauvaise aire de vent.

— Boîte d'horloge.

Même le sort était contre lui. La brute fit la gueule une fois de plus.

— Tu ne peux pas m'appeler par mon nom ? Tu ne le connais pas ?

— Si, fit la petite voix de Félix. Jean Carillon.

— C'est vrai ça. De mon temps, quand on était mousse, on avait un peu plus de respect pour les patrons de doris.

— Qu'est-ce que tu nous emmerdes, Jean les clochettes ? dit le capitaine. Tu ne vas pas nous chier une pendule. Continue, Louis.

— Ouest, quart Suroît.

— Auguste Leroux.

— Moi je préfère Cul roussi, affirma le gabier pour narguer son collègue. Des Auguste Leroux il y en a plusieurs, Cul roussi il n'y en a qu'un seul et c'est moi. Sais-tu seulement pourquoi on m'appelle comme ça ?

— Non.

— Parce qu'un jour j'ai voulu enflammer un pet avec une allumette. J'ai fini par me brûler les fesses.

Le tirage au sort reprit quand les rires se turent.

— Est.

— Amand Guilbert.

Félix savait qu'il n'avait pas favorisé son père. Il le regarda l'air triste.

— Ça prouve que tu n'as pas triché, mon gars, dit Amand pour diminuer la peine de son fiston.

Il ne restait plus qu'à trouver les fonds propices à la

pêche. Là où il y avait des « couilles de bretons », il y avait du poisson. Le cuisinier suiffa le plomb de sonde. Il embaucha les mousses pour fouiller la roche et trouver les précieux coquillages qui tapissaient les repaires de morues. Chie en marmite le décrivit comme des oursins sans épines. Ils étaient lisses, ronds, de couleur verte, et souvent accrochés par deux, dans le goémon d'où son nom. Félix et Louis sondèrent une journée entière sans en remonter une seule paire. Ils s'entêtèrent la nuit tombée.

Avant de se coucher, le père Lebreton était monté sur le pont avec Pierre. Ce qu'il avait à raconter à son matelot personne n'avait besoin de l'entendre. Il pouvait attendre un jour prochain d'être seul à seul avec lui dans le doris, mais il décida de lui parler tout de suite.

— Sais-tu que j'ai une fille ?

— Non.

— Joseph et Jeanne ne te l'ont pas dit ?

— Non.

— Ça m'étonne.

Il observa le jeune homme en secouant la tête.

— Quel dommage que tu ne sois pas venu plus tôt dans le pays. Je te l'aurais donnée, ça lui aurait évité de mal tourner.

Timide, Pierre se sentit mal à l'aise. La tristesse de son patron lui fit redouter les confidences que le bonhomme s'apprêtait à dévoiler. Le matelot ne dit rien, il n'osa pas poser la question que le père Lebreton attendait peut-être. Ce ne fut pas nécessaire, Léon y répondit. Sa fille unique s'appelait Yvonne. C'était une belle, gentille et bonne gamine. Elle avait tout pour faire le bonheur d'un mari. Désormais, elle était perdue pour les hommes par la faute de sa mère. Chaque fois que Léon avait une prise de bec avec sa femme, Hortense décourageait leur fille : « N'épouse jamais un marin, regarde si la vie est belle. » Yvonne finit par se laisser convaincre et comme elle ne voulait pas d'un ouvrier de ferme, elle épousa le bon Dieu.

— Elle est bonne sœur ?

— Oui, pour mon malheur et celui de sa mère.

Maintenant elle le regrette Hortense, mais il est trop tard.

Léon avait tout essayé pour la faire changer d'avis. Tant qu'Yvonne n'avait pas prononcé ses vœux, il espérait encore. Il y a deux ans, il avait cru réussir. Il lui avait présenté un jeune matelot qui avait fait campagne sur *La Charmeuse* et qui depuis naviguait sur le *Gloire à Dieu*, Charles Lecoq, un bon gars. Il les avait laissés un moment en tête à tête, se disant que le garçon saurait parler à sa fille. Il s'y était tellement bien pris qu'elle s'était enfuie au bout du monde. En Afrique, dans la brousse enseigner le catéchisme aux petits négrillons. Heureusement elle ne faisait pas que ça, elle les soignait aussi.

— Toi Pierre, t'aurais été plus malin. Je le vois bien.

La voix joyeuse de Félix interrompit le malheureux père.

— Capitaine! Capitaine! On en a! On a des couilles de bretons.

Joseph prit le plomb des mains du mousse et le félicita.

— C'est bien mais elles sont trop petites. Allez vous coucher, demain on en trouvera des belles. Elles vont grossir durant la nuit.

Instinctivement le capitaine et le second levèrent le nez pour renifler le temps.

— On a de la chance, il fera beau demain. Une bonne marée?

— C'est de l'argent de gagné.

Atteint par une nouvelle quinte de toux, Léon s'isola pour cracher par-dessus la lisse. Il s'essuya la bouche du revers de la main et vit que sa salive était marbrée de filets rouges.

17

Le premier départ en pêche était toujours empreint d'une certaine solennité. Les doris partirent en étoile autour de *La Charmeuse*. Chaque patron avait l'œil sur son compas et respectait sa direction sans s'écarter d'un degré. Ils s'éloignèrent du bateau en traçant dans l'eau les branches de la Rose des Vents.

Le capitaine ressentit l'immense poids de sa responsabilité. Tous les matins au lever du jour, il commanderait au départ des doris. Il déciderait de « crocher » selon les promesses du temps. Il enverrait ses matelots gagner leur vie en estimant leurs chances de revenir.

— Je sais ce qui te turlupine, lui dit Francis, la mer ne sera pas aussi maniable tous les jours.

— Oh non ! Comme dit Léon, c'est une chance de démarrer par beau temps, il paraît que c'est bon signe.

En une seconde Joseph revécut le drame qui avait endeuillé son bateau l'année précédente. Pour conjurer le sort il ajouta :

— J'espère que ce coup-ci, on ramènera tout notre monde.

Les mousses assistèrent eux aussi au départ des pêcheurs. Avec le capitaine, le saleur et le cuisinier, ils formaient le groupe des « piffards », autrement dit ceux qui restaient à bord. Contrairement à Louis, Félix mourait d'envie de brûler les étapes :

— Vivement qu'on y aille nous aussi.

— Tu rigoles, on n'a pas encore la force de souquer sur les avirons.

— Si !

Les premières marées, il n'était pas nécessaire de prendre le large. Par la suite, de jour en jour, les trajets des doris grandissaient pour éviter « d'élonger » sur des fonds pourris par la dérive des tripes de poissons et des ordures que l'on jetait par-dessus bord.

— On est bon en distance, décida le père Lebreton. Il reste à nous mettre dans le courant, dedans, au pire de travers, mais jamais contre.

Pierre mouilla une petite ancre à laquelle il avait amarré la première bouée de repérage au bout d'un orin d'une trentaine de mètres. Puis il sema les hameçons dans l'eau, dévidant la ligne au-dessus de la manne, la filant sous son bras pour éviter qu'elle s'emmêle.

— Ne te presse pas, matelot. J'avance en fonction de ta vitesse. Profite du beau temps pour t'appliquer. Tout ce que tu apprends aujourd'hui...

Léon ne put aller au bout de son conseil, une nouvelle et subite quinte de toux l'en empêcha. Pierre retint son geste qui commençait à devenir machinal. Il dut attendre que son patron se remît sur les rames pour continuer de tendre sa ligne.

— Maudite bronchite ! Elle me prend toujours dès qu'on arrive. Heureusement elle s'en va au bout de quinze jours.

— Je croyais que c'était à l'estomac que vous aviez mal.

Le père Lebreton répéta ce qu'il avait dit à Joseph :

— Je ne peux pas avoir mal l'estomac, j'en n'ai pas. Je

suis comme les goélands, je digérerais des cailloux. Allez, mouille!

Encore une fois il recommanda à Pierre de bien écarter le bras pour ne pas crocher les hameçons dans la lisse.

Tel un bon père, Joseph attendit sur le pont le retour de ses matelots. Ceux qui avaient tiré les secteurs Ouest furent les premiers à se présenter dans le soleil couchant. Profitant des vents portants, ils dressèrent un mât et hissèrent leur petite voile.

Le soir, seul dans sa cabane, Pierre voulut décrire à Marie son bonheur d'avoir pu montrer à Léon qu'il retenait son enseignement.

Ma chère Marie,

On est parti en pêche pour la première fois aujourd'hui. Le père Lebreton était satisfait de la façon dont je m'y suis pris. Tout le monde est content, on commençait à trouver le temps long. Ça ne risque plus de nous arriver. Demain on ira relever nos lignes à l'apparition des premiers rayons du soleil. J'aimerais tant ramener beaucoup de poissons pour faire plaisir au père Lebreton.

Je ne sais pas quand je pourrai faire partir les lettres que je vous écris. J'ai fermé toutes les enveloppes pour ne pas avoir la tentation de les relire. J'ai peur de me trouver bête, d'avoir honte et de ne plus vouloir vous les envoyer. Celle-ci est la sixième. Ça en fait une par semaine. Je ne me connaissais pas des dons d'écrivain avant de vous rencontrer.

La nuit fut courte. Joseph arriva sur le pont dès la fine pointe du jour.

— Qu'est-ce que tu fous, Fil de fer? Tu ne vois pas la tête des clous briller sur le pont?

— Non, capitaine.

— T'as quoi dans les yeux?

— Branle-bas!

Il était entre quatre et cinq heures. Les matelots se déhalèrent des cabanes où ils dormaient tout habillés. Fil de fer secoua les plus durs au sommeil. L'Encornet annonça qu'il avait dormi comme un crabe.

— Je t'ai déjà dit qu'il ne fallait pas me parler tant qu'on n'est pas sortis du poste, pesta Boîte d'horloge. Tu m'esquintes les oreilles.

— C'est vrai, j'avais oublié, monsieur a du mal à ouvrir ses écoutilles.

Cul roussi balança le fond d'un seau d'eau sur la tête du grincheux.

— Merde! et merde! hurla Jean Carillon.

On en resta là, ça n'était pas l'heure de se battre. La toilette? Quelle toilette? Déjà certains sortaient du poste, prenant au passage leurs cirés accrochés sous l'échelle. Félix avait fait un joli rêve, son père relevait une morue à chaque hameçon, et une grosse. Pierre s'assit sur le banc pour enfiler ses bottes, il repensa à Marie et aux mots qu'il n'avait pas osé lui écrire.

Sur certains navires, avant de commencer la journée on priait en commun, un *Notre Père* et un *Je vous salue Marie*. Ici les matelots étaient libres, mais respectueux des convictions de chacun Joseph réserva une minute à ceux qui souhaitaient prier. Une bonne moitié de l'équipage se découvrit et fit le signe de croix. Les autres restèrent immobiles et silencieux pour ne pas troubler ceux qui se recueillaient.

— Sainte Vierge, faites que ma Colombe soit prise, implora L'Encornet.

La prière dite, les hommes défilèrent à la porte de la cambuse. Chie en marmite leur distribua un boujaron d'eau de vie, histoire de se mettre d'aplomb avant de partir en pêche. C'était leur seul petit déjeuner. Cul roussi se gargarisa le fond de la gorge avant d'avaler la bistouille.

— Maudit couillon, si tu crois que ça te fait plus d'effet.

— C'est pas pour l'effet, c'est pour le goût. Je le garde plus longtemps.

Quand ils furent tous servis, le capitaine donna l'ordre du départ.

— Croche !

La mer étant calme, les doris avaient passé la nuit amarrés à la « sabaille » filée derrière le bateau. Chaque patron amena le sien le long du bord.

— A la bosse ! crièrent-ils les uns après les autres.

Félix et Louis saisirent les bosses, des cordages de cinq à six brasses fixés à l'avant des embarcations et qui servaient à leur amarrage. Ils maintinrent les barques sous la lisse pendant que les équipiers sautaient dedans. Cul roussi se mit sur les rames et chanta un refrain qui lui rappela sa jeunesse et celle de sa poissonnière.

— « *Les p'tites Cancalaises*
Quand elles ont vingt ans
Ne sont pas si niaises
Que croient leurs parents.
Le soir sur la plage
Elles s'en vont jaser.
Parler mariage,
Rêver de doux baisers. »

Le jour se fit plus clair, le père Lebreton n'eut pas à tâtonner pour trouver sa première bouée. Il en profita pour vérifier que Pierre retenait bien ses leçons.

— On va aller chercher celle du bout, redis-moi pourquoi.

— Parce qu'on relève à l'inverse de la pose, contre le courant pour ne pas brouiller les lignes.

— C'est bien, tu écoutes ce qu'on te dit et t'as de la mémoire.

Léon toussait fréquemment, il dut s'interrompre une fois encore. Pierre souqua plus fort pour donner au patron le temps de souffler. Son effort fut inutile, le courant les portait à la vitesse d'un trois-mâts, toutes voiles dehors.

— Tu devais bien apprendre à l'école.

— Pas trop mal.

— As-tu passé ton certificat?

— Oui.

— Tu l'as eu?

— Oui.

— T'aurais dû continuer.

— Je ne pouvais pas. Fallait que je gagne ma vie tout de suite.

— T'allais à l'école libre ou à l'école laïque?

— A l'école libre.

— Je ne comprends pas, je ne t'ai pas vu enlever ton béret au moment de la prière.

— Voulez-vous savoir pourquoi?

— Je ne te le demande pas.

— Je vais quand même vous le dire.

Quand ils se retrouvaient seuls dans les doris, les équipiers échangeaient leurs confidences. Ils avaient l'habitude de dire qu'ils étaient mariés ensemble, qu'ils faisaient couple. Comme des bœufs sous le même joug, ils partageaient les risques et les difficultés du métier, ça leur semblait naturel de se dévoiler leurs secrets et leurs pensées intimes. C'est ainsi que Pierre expliqua son refus de prier. Il croyait en Dieu mais il ne lui parlait plus depuis qu'il avait découvert qui était son père. Un gros propriétaire qui s'affichait à la messe tous les dimanches, avec les notables au premier rang de l'église de Saint-Rivoal. Un homme riche qui embaucha sa mère alors qu'elle était jeune fille. Il abusa d'elle et la débaucha dès qu'elle fut grosse. Pierre comprenait qu'un homme de son rang n'ait pu épouser une pauvre fille, mais il ne pardonnait pas au bon Dieu de ne pas lui avoir commandé de l'aider à élever son enfant. Elle avait dû se débrouiller seule, se passant de manger bien des fois pour donner à son fils le peu de nourriture qu'elle gagnait en journées de laveuse chez les fermiers. Elle s'était usée à laver leur crasse, à quarante ans on lui en donnait le double.

Pierre dit tout ce qu'il avait sur le cœur. Le père Lebreton l'écouta, pensant au bon Dieu et à ses maladresses. Léon n'était pas près de pardonner lui non plus.

— Est-ce que je t'ai dit son nom de bonne sœur?

— Non.

— Sœur Marie des Anges.

Ils atteignirent la deuxième bouée. Quand il l'eut embarquée, le patron laissa à son matelot l'honneur de relever la ligne et de remonter le premier poisson de leur association.

— J'en vois une!

— Attention qu'elle ne décroche pas. Hale doucement.

Pierre leva la morue à bout de bras, à l'intérieur du doris.

— Secoue, elle va tomber toute seule.

Le novice n'avait pas encore le coup de main du pêcheur, il s'y reprit à deux fois pour décrocher la bête.

— Ta première morue. Regarde comme elle est belle. Elle est presque aussi haute que toi.

— Elle mesure un bon mètre cinquante.

— Quand tu raconteras, tu diras un mètre soixante. Plus long tu passerais pour un vantard.

— « Aux innocents les mains pleines » comme on dit par chez nous.

— Pas sûr. Tu es peut-être né chanceux. Et les veinards, nous on aime bien naviguer avec. Ça vaut mieux qu'une assurance ou une prière à Notre-Dame-du-Verger.

Le père Lebreton laissa le temps à son matelot d'admirer sa première prise, c'est un souvenir qu'il n'oublierait jamais. Puis quand le garçon l'eut bien vue, bien photographiée, il récupéra la ligne et la remonta brasse par brasse. Il ne décrocha pas moins de douze morues sur la première pièce, des raies, des plies et des chats de mer, autant de mauvaises prises qu'il fallut rejeter à la mer.

Avant le retour des doris, les mousses donnèrent la main au capitaine pour disposer les bacs et préparer le matériel nécessaire au travail du poisson. Félix s'impatientait, il levait la tête toutes les deux minutes pour regarder vers le large.

— T'as hâte de les voir revenir?

— Oui, capitaine.

— Faut leur laisser le temps.

Dès qu'il en avait le loisir, Joseph se chargeait de la formation des gars Guilbert. Tout, sur un bateau, était prétexte à rabâcher les mêmes leçons jusqu'à ce qu'elles entrent dans les mémoires pour ne plus en sortir. Certains gestes en particulier, ceux qui pouvaient sauver des vies. Les nouveaux les répétaient sans relâche sous la conduite des anciens, jusqu'à les accomplir machinalement. Parfois les vieux distribuaient des coups de botte dans le cul pour s'assurer que leur enseignement pénétrait dans les caboches. Le capitaine, lui, avait fréquenté l'école, il éduquait comme un maître.

— Ils ont combien de lignes?

— Vingt-quatre pièces.

— De?

— Cent trente-trois mètres.

— Combien d'hameçons sur chaque pièce?

— Soixante-sept.

— As-tu fait le calcul?

— Non, capitaine.

— Tu es aussi bavard que mes filles, mais tu es moins curieux. Adèle l'a fait cet hiver. Chaque doris doit remonter trois kilomètres cent quatre-vingt-douze mètres de lignes et mille six cent huit hameçons. Ah ! ah ! Ce n'est pas rien, ça ne se relève pas en cinq minutes.

La première marée tint ses promesses. Les embarcations rentrèrent, du poisson au ras de la lisse. Le capitaine se mit en colère. Il rappela qu'il valait mieux faire deux voyages plutôt que de risquer de chavirer. Il n'avait pas envie de voir un doris dériver dans le courant cul par-dessus tête, des morues le ventre en l'air et pas de matelots.

— Fainéants ! Bande de fainéants !

Le cuisinier se pencha au-dessus de l'eau pour distribuer le second boujaron de la journée, le douzième centilitre. Celui qui réchauffe ou récompense une bonne marée.

— Il n'est jamais content, se plaignit Boîte d'horloge en parlant du capitaine.

— Il a raison de vous rappeler à l'ordre, dit Chie en marmite. Il ne se fâche pas pour autant, tu ne le connais pas encore ?

— Moins que toi, maudit planqué !

— Tu n'es qu'un salaud, Boîte d'horloge. Si je n'étais pas infirme je ne serais pas ici, mais en bas, à ta place. Viens pas à la prochaine distribution, t'auras pas à boire.

Chie en marmite avança vers la proue en boitant. Il avait un pied bot qui l'empêchait de chausser des bottes.

Un par un, les dorissiers embarquèrent le poisson. Ils utilisaient un « piquois », une tige de fer pointue montée sur un manche en bois avec laquelle ils piquaient la morue dans la tête pour éviter de blesser les corps. Ils les balancèrent dans les bacs sur le pont, en les comptant une à une.

— Une, deux, quatre.

— Trois, rectifia le capitaine.

— C'était pour rire, assura Cul roussi, on n'a pas l'habitude de tricher.

— Encore heureux.

— Quatre, autant que le chien a de pattes, cinq, six.

Le capitaine tenait à jour les carnets de pêche. Il y inscrivit le nombre exact des morues livrées par chaque doris. Ce fut Amand le coq de la journée, il en ramena deux cent cinquante-six. Félix remercia la Vierge d'avoir exaucé sa prière.

Aussitôt le poisson embarqué, les pêcheurs avalèrent une soupe dans laquelle ils trempèrent du biscuit. Le père Lebreton avait bu le rikiki, il refusa la soupe.

— Je n'ai pas besoin de me réchauffer, dit-il à Pierre qui, prévenant, lui avait rempli son écuelle. Je suis en nage. J'ai la graisse qui fond.

La maudite toux le reprit encore. Dans le poste, on commença à le regarder de travers. Il y eut des messes basses autour de la table et sur le banc des bâbordais. Les hommes se reposèrent un quart d'heure, puis remontèrent préparer le poisson pour le saleur sur le coup de neuf heures. Un chantier s'organisa d'un bout à l'autre du pont. Les matelots « ébrouaillèrent » la morue pour la vider de ses tripes qu'ils jetèrent par-dessus bord. Ils mirent de côté le foie, la rogue et la langue. Louis les répartit dans trois barils. Pierre était en bout de chaîne, auprès de son patron.

— Fais attention de ne pas te blesser surtout, on ne te demande pas de faire mille morues à l'heure. Soigne la façon dont tu t'y prends, la vitesse viendra avec l'habitude.

Il évacua le chat qui encombrait sa gorge et ajouta d'une voix enrouée :

— Ecoute bien ce que je te dis pour t'en souvenir quand je ne serai plus là pour te conseiller.

Pierre fronça le sourcil. Léon haussa les épaules et prit un air badin pour rassurer son avant de doris.

— Faudra que je m'arrête un jour, comme tout le monde.

Le poisson vidé passait dans les mains du « décolleur »,

en général un novice plongé dans la morue jusqu'au ventre. Il abattait les têtes sur le biseau d'une guillotine en bois et poussait les corps sur la table du trancheur qui les ouvrait en deux pour extraire l'arête dorsale. Avec un instrument en forme de cuiller, les mousses « énoctaient » le poisson aplati. L'opération consistait à gratter le sang autour du cou de la bête. Enfin ils l'agitaient dans une baille pleine d'eau de mer pour la laver. Le capitaine veilla à ce que Félix ait bien serré aux poignets les manches de son ciré.

— Il ne faut surtout pas que l'eau rentre, autrement tu vas avoir des choux.

— C'est quoi ?

— Des petits boutons blancs moussus comme les choux-fleurs. Cela fait mal.

Félix souffla dans ses mains, il frappa les bras contre ses côtes pour se réchauffer. Puis il balança la morue dans la cale où l'attendait Francis.

A midi et demi, Chie en marmite servit à dîner. A l'époque on dînait à midi et on soupait le soir. Dans le poste, l'ambiance était joyeuse.

— Huit semaines de marées comme celle-ci et la cale est pleine.

— On met le cap sur Saint-Pierre à la mi-juin.

— Et sur le bordel, caresser le ventre à la belle Angèle, et voir...

Cul roussi poursuivit en fredonnant :

— « *Les fesses rondes des belles*
Qui contre un écu
Nous montrent leurs culs. »

Félix descendit l'échelle avec un supplément de ragoût. Il siffla l'air pour accompagner le chant du poète. Une voix cria pour se faire entendre.

— Qui est-ce qui siffle ?

Au ton de la question et au silence de mort qui suivit, le mousse comprit la gravité de sa faute.

— Je ne l'ai pas fait exprès.

— Si le vent se lève on saura pourquoi, dit Boîte d'horloge. On ne t'a pas appris qu'il ne fallait jamais siffler à bord?

— Si.

— Tiens! pour bien te l'enfoncer dans la tête et que ça n'en sorte plus.

L'occasion était trop belle. La brute avait armé son bras et, d'un aller et retour de sa grosse main, avait fait tomber le mousse avec la marmite de rata.

— Si t'as réveillé le vent, attends-toi à être ligoté au mât et à recevoir dix coups de fouet. C'est le tarif minimum.

Personne n'intervint pour défendre Félix. Pas même son père que Jean-Marie força à dire ce qu'il avait en travers de la gorge.

— Ce coup-ci je n'ai rien à te reprocher, Boîte d'horloge, sauf une chose. T'as mis trop de cœur à le claquer.

Après manger les marins boëttèrent leurs mille six cent huit hameçons et repartirent tendre leurs trois mille cent quatre-vingt-douze mètres de lignes. Déjà le temps se gâtait.

— Je ne savais pas qu'il était interdit de siffler à bord, dit Pierre. Les filles du capitaine m'avaient prévenu de ne pas prononcer le nom du...

Il lâcha les avirons et agita les doigts au-dessus de sa tête.

— Ah si! confirma Léon.

Tous les marins connaissaient l'histoire du capitaine qui avait embarqué des lapins pour améliorer l'ordinaire. Parqués à fond de cale, les rongeurs s'attaquèrent aux bordés, percèrent la coque et firent couler le navire avec tout son équipage. Depuis ce naufrage mémorable, il était interdit de prononcer le mot « lapin » dans toutes les marines du monde.

— Il n'y a pas que de la bête aux grandes oreilles dont il faut se méfier. Ça porte malheur aussi de parler des...

Il étala ses mains sur son front et les descendit de part et d'autre de ses épaules pour figurer la coiffe des religieuses. Il leva la tête, ferma les yeux et fit semblant de prier en bougeant les lèvres.

— Comme Yvonne. Elles aussi elles attirent le vent avec leurs cornettes. Elles feraient mieux de faire tomber la pluie en Afrique, il paraît que ça manque d'eau là-bas.

Les mousses démontèrent les bacs et nettoyèrent le pont après le départ des doris. Les nuages assombrissaient le ciel dans l'ouest. Félix voyait le temps verdir, la trouille au ventre.

— Si tu continues à te tordre le cou dans tous les sens, tu vas attraper le torticolis, prévint le capitaine. Fais-toi moins de bile, les coups de fouet c'est moi qui décide et c'est moi qui les donne. Regarde mes bras, ils sont costauds mais ils ne sont pas bien longs. Autant dire que tu ne risques pas grand-chose.

— Je ne recommencerai plus, capitaine.

— Vaut mieux.

Joseph expliqua également aux mousses pourquoi on n'aimait pas les merles sur les bateaux. Autrefois dans le calme plat les gabiers s'alignaient sur le pont. Ils sifflaient pour appeler le vent, trois coups brefs et un coup long dans la direction d'où ils voulaient que ça souffle.

— « *Siffle gabier, siffle doucement.*
Pour appeler le vent.
Mais sitôt bonne brise venue.
Gabier ne siffle plus. »

— Et ça marchait ? demanda Louis.

— Trop bien sans doute.

La panne des nuages s'étala et se déchira dans le noroît. La mer grossit à vue d'œil. Le capitaine consulta le baromètre pour la forme. L'aiguille indiquait 980 hectopascals, il fallait agir au plus vite.

— Le pavillon à mi-hauteur.

— Pavillon à mi-hauteur.

Félix abaissa le drapeau pour commander aux doris de rallier le navire sans plus tarder. Puis il se tapit derrière l'embarcation de secours pour se faire oublier. Il n'était pas fier de lui.

— Pauvre Félix, dit Amand à son avant de doris, il va croire que le temps verdit par sa faute. Il n'a pas l'air mais il est presque aussi bileux que son frère, il doit se faire un sang d'encre à l'heure qu'il est.

Le père avait raison. Félix sauta dans la cale au risque de se casser une jambe quand il entendit la grosse voix de Boîte d'horloge commander : « A la bosse ! » La peur lui tiraillait le ventre. Il céda malgré les efforts qu'il fit pour résister : le pipi coula par les jambes de son pantalon, le sel jaunit autour de ses sabots. Des larmes coulèrent sur ses joues.

— A la bosse ! A la bosse !

Louis récupérait les amarres. Les doris s'approchaient du bateau avec la vague et s'écartaient dans les creux, le mousse peinait pour les maintenir le long du bord.

— Colle bon Dieu !

Un à un les matelots s'agrippèrent à la lisse pour faciliter l'embarquement du matériel et des doris qu'ils entassèrent à bord pour éviter qu'ils se brisent.

Amand s'inquiéta de ne pas voir Félix sur le pont. Il n'était pas dans le poste non plus. Restait la cale.

— Félix !

— Papa !

— Où tu es ?

— Je suis là.

Amand découvrit son fils, accroupi dans un trou qu'il avait creusé dans le sel.

— Pourquoi tu te caches ?

L'enfant ne répondit pas, il sanglotait encore. Il se

releva et se réfugia dans les bras de son père. Personne n'était là pour le voir et se moquer de lui.

Joseph compta ses doris, il manquait le 8. Dans l'Est, Suète demi-Sud, le père Lebreton n'avait plus la force de tirer sur le bois mort, il avait fait trop d'efforts pour aider Pierre à nager contre le courant. Le vent plaqua un filet rouge sur sa joue, il toussa sans discontinuer. Le ciel était tout noir, la mer commença à bouillonner.

A des milliers de kilomètres, la pointe de Bretagne subissait les assauts d'une tempête qui ravageait la côte. Poussée par un vent de l'océan lointain, l'ouragan s'abattit sur la montagne Saint-Michel, la pluie fouetta les carreaux de la maison de Pierre. Derrière la fenêtre, Léa fixait un point dans l'obscurité de la nuit. Elle vit son aimé se battre contre les lames de plus en plus hautes, de plus en plus féroces. Parfois elles le couvraient, prêtes à l'engloutir. Il n'avait que la force de ses bras pour lutter contre les éléments qui se déchaînaient et se liguaient contre lui. Sa force et sa volonté de sauver l'homme qui gisait au fond de la barque, celui qui avait pris dans son cœur la place vide du père qu'il n'avait jamais eu.

Elle se retourna pour ne plus voir l'image de Pierre en péril au milieu des flots. Elle regarda sa photo et poussa un cri d'horreur : De l'eau coulait à l'intérieur du cadre, elle inonda le dessus du meuble sur lequel il reposait. Machinalement, comme toutes les femmes de marin, Léa récita un *Je vous salue Marie.*

Pierre était encore trop loin du bateau pour qu'on puisse lui porter secours. Sur le pont de *La Charmeuse*, le capitaine et l'équipage assistaient au combat du novice. Ils avaient tous la même peur, la même pensée en tête : Pourvu qu'il réussisse à s'approcher sous le vent.

— Filez un doris ! commanda Joseph quand Pierre fut à bonne distance.

Les hommes mirent une embarcation à l'eau, ils l'assurèrent au bout d'un long cordage et la laissèrent dériver. Lorsqu'il l'aperçut, Pierre nagea en direction de cette bouée de sauvetage qui lui venait du bord. C'était sa dernière chance. La jonction établie, il amarra la bosse de son doris à l'embarcation vide et agita les bras vers le navire.

— Amenez ! ordonna le capitaine.

Il fallait agir vite, à tout moment la barque pouvait chavirer ou se fracasser contre la coque du bateau. Pierre fit un nœud de chaise autour des bras du père Lebreton. Cul roussi et L'Encornet le hissèrent sur le pont à l'aide d'un palan. Il était épuisé, rendu. Joseph décida de le porter dans sa cabine pour lui assurer plus de confort. Léon refusa, il voulait retrouver son trou, c'est là qu'il se sentait le mieux.

Fièvre. Poussée de fièvre. Fièvre de cheval. Fièvre jaune. Le capitaine consulta le *Médecin de papier*, un livret rédigé par un médecin agréé des Affaires maritimes.

Il décrivait les symptômes des maladies les plus fréquentes sur un bateau et conseillait une liste de médicaments à administrer selon les cas.

— Comment c'est venu ?

Pierre était affalé sur un banc. Il reprenait petit à petit son souffle et ses esprits. Ses yeux voyaient encore le danger qu'il avait surmonté. Il en mesurait toute la gravité maintenant qu'il était sauvé. Il raconta que son patron s'était senti mal subitement. Il avait tremblé et claqué des dents sans pouvoir se retenir. Au même moment une vague plus forte que les autres les avait projetés au fond du doris. Le père Lebreton crocha sur les avirons pour se rétablir. Il se remit à tousser et à cracher une giclée de sang.

— C'est pas la première fois ? s'enquit le capitaine.

— Non.

— Pourquoi tu ne me l'as pas dit? reprocha Joseph.

— Il me l'avait interdit.

— Fallait pas lui obéir. On aurait fait route sur Saint-Pierre pour l'emmener à l'hôpital.

— C'est justement ce qu'il ne voulait pas. Il disait que, si on déroutait, la campagne était foutue.

Le capitaine se mit en colère.

— La campagne! la campagne! Et s'il est poitrinaire, y'aura plus de campagne, le bateau tout entier va être contaminé.

On assit Léon en bout de table, près du poêle que Louis remplit de charbon pour réchauffer l'air humide du poste. Il but une gorgée du breuvage que lui présenta Joseph. Sa tête fumait comme le haut d'un *iceberge* chauffé par le soleil de juillet. Un semblant de sourire éclaira ses yeux aussi bleus que la mer. Il peina pour plaisanter :

— C'est quoi ton poison?

— Un remède qui tue la fièvre d'après le *Médecin de papier*. Il y en a deux sur la liste, celui-ci est le meilleur à ce qu'il paraît. On a de la chance, j'en ai trouvé un flacon dans le coffre à pharmacie.

— Tu ferais mieux de nous faire descendre un boujaron. On l'a bien mérité, hein Pierre!

Pierre était au bord des larmes, près de s'effondrer, il ne dit rien. Derrière lui, les mines sombres des marins observaient le malade. Léon les rabroua :

— C'est pas la peine de faire vos gueules tristes.

Il s'étouffa, voulant retenir la toux qui l'empêchait de finir ce qu'il avait à dire.

— Je sais bien que je n'en ai plus pour longtemps.

Joseph pénétra à mi-corps dans la cabane du vieux marin. Il poussa la petite Vierge sur l'étagère pour atteindre les mouchoirs. Il redressa Léon sur la chaise et lui colla le tissu contre la bouche. Louis détourna la tête, la vue du sang l'effrayait. Les hommes quittèrent la table, certains s'assirent sur les bat-flanc, d'autres remontèrent l'échelle.

— Il est foutu, affirma Cul roussi d'une voix triste.

— S'il est foutu, autant qu'il passe tout de suite.

Boîte d'horloge trouvait toujours le mot qui dérange.

— Qu'est-ce que tu veux? demanda L'Encornet. Qu'on l'assomme et qu'on le vire par-dessus bord.

Le capitaine perçut les murmures des matelots. Il renvoya tout le monde sur le pont.

— Pierre, reste avec moi, tu vas m'aider à changer Léon. Mousse!

— Oui, capitaine.

— Demande à Chie en marmite d'apporter sa bonbonne.

Quand tous les marins eurent déserté le poste, le capitaine avertit le père Lebreton de ce qu'il avait l'intention de faire.

— On va te déshabiller, Léon, et on va te frotter le corps avec du rikiki pour te réchauffer. Après on te passera du rechange pour te mettre au sec.

Le bonhomme esquissa un pauvre sourire.

— Vous allez rigoler, les gars, je ne me suis jamais mis à poil devant personne, même pas devant Hortense. On a toujours fait ça avec quelque chose sur le dos. Forcément, c'est l'hiver qu'on couche ensemble, les draps sont humides.

Le temps ne s'était guère calmé. Les hommes s'éparpillèrent sur le pont par groupes de quatre ou cinq. Par affinité aussi, pour causer librement du père Lebreton. Les avis seraient forcément contradictoires, il y aurait les partisans et les adversaires du déroutage vers Saint-Pierre. La tuberculose était la maladie la plus redoutée sur un navire. Quand un marin avait les poumons pris, il risquait de contaminer tout l'équipage.

— Il devait être malade avant de partir, fit remarquer L'Encornet. Il paraît que d'arriver sur les Bancs ça réveille le mauvais mal.

Amand sollicita l'avis du saleur, il tremblait pour ses fils.

— Qu'est-ce qu'il va décider, Joseph?

— Il va lever l'ancre dès que le vent aura molli.

— Moi je ne demande pas mieux, dit Cul roussi, j'ai déjà les rognons qui chauffent.

— Tes rognons, tu n'es pas près de les refroidir. Si on débarque à Saint-Pierre avec un malade, ils nous mettront en quarantaine, et on repartira sans avoir mis pied à terre.

Le capitaine grimpa sur la dunette. Il demanda à Chie en marmite de servir la soupe.

— Moi, je ne rentre pas dans le poste tant qu'il est dedans, déclara Boîte d'horloge.

— Où veux-tu que je le mette?

— Dans ta cabine.

— Il ne veut pas y aller.

— Alors mets-le dans la cale.

Les membres de l'équipage désapprouvaient l'attitude de leur collègue. Et pour bien lui montrer qu'ils n'étaient pas d'accord, ils lui tournèrent le dos et descendirent l'échelle.

— J'ai l'impression que tu n'embarqueras plus jamais avec moi, Jean Carillon. J'attendais la fin de la campagne pour prendre ma décision, je te le dis tout de suite, elle est prise, lâcha le capitaine.

— Tant mieux, rétorqua l'autre impassible. René l'année dernière, le père Lebreton cette année, ton bateau commence à porter malheur.

Le capitaine ne lui répondit pas. Il appela le saleur pour lui donner ses consignes.

— Demain, branle-bas comme d'habitude. Quand les lignes seront relevées, on fera route sur Saint-Pierre. On n'a pas à avoir peur, le père Lebreton est un bon gars, il ne nous aura pas contaminés.

Dans sa cabine, Joseph se découvrit devant la statue de sa petite Vierge. Un geste très rare chez lui.

— Je ne vous ai jamais demandé grand-chose, en tout cas rien pour moi. Ce serait bien si vous pouviez donner un coup de main au père Lebreton. Faut qu'il tienne jusqu'à ce qu'on arrive à Saint-Pierre. Si vous faites ça pour lui, j'irai vous remercier à la chapelle du Verger. *Je vous salue Marie pleine de grâce, le Seigneur est avec vous, vous êtes bénie entre toutes les femmes, et Jésus, le fruit de vos entrailles est béni.*

Les matelots se réchauffèrent en avalant la soupe qu'ils apprécièrent plus qu'un jour ordinaire, ils avaient eu si peur de ne pas rallier le bateau et de ne pas se retrouver là autour de la marmite. Tous avaient oublié le sifflotement de Félix, seul les préoccupait l'état du père Lebreton. Ils avaient reçu l'ordre de ne pas s'approcher de la cabane de Léon, de ne pas lui parler pour se garder de respirer l'air qui sortirait de sa bouche et se sentaient tous un peu coupables.

Seul Pierre osa braver la contagion. Il proposa à son patron de l'alimenter, touilla la gamelle et lui tendit une cuillerée de soupe après avoir soufflé dessus. Le père Lebreton refusa d'y goûter.

— Faut vous nourrir pour combattre le mal. Quand on n'a pas de force, on ne peut pas guérir. Il y a combien de temps que vous n'avez rien pris?

— Pas longtemps.

Léon mentait. Les jours derniers il faisait semblant de manger à tous les repas mais n'avalait rien, ou si peu. La veille, il avait renversé sa gamelle en s'excusant, auprès du mousse qui le servait, d'avoir tapé dedans sans le faire exprès.

— C'est comme ça que c'est arrivé.

— Non, ça n'est pas vrai, vous avez écarté le coude pour la faire tomber.

— Tais-toi! tu me fatigues à gueuler de la sorte.

Il fit un signe de la main pour demander à Pierre d'aller reverser le contenu de son écuelle dans le chaudron. L'odeur et la vapeur de la soupe l'incommodaient. Pierre arriva près de la table, il souleva le couvercle de la marmite. Boîte d'horloge arrêta son geste.

— Donne ça aux poissons. Ils s'en foutent eux, ils n'ont pas de poumons.

— Il n'y a pas touché.

— Fais ce que je te dis ou tu vas grimper l'échelle plus vite que tu l'as descendue.

Personne ne broncha autour de la table. Pour une fois, ils partageaient l'avis de Jean Carillon.

Arrivé sur le pont, Pierre ne versa pas la soupe par-dessus bord. Il prit l'assiette à deux mains et, d'un geste qu'il voulut solennel, il la porta jusqu'à sa bouche et ne l'abaissa que lorsqu'il eut tout bu et tout mangé. Alors, de toutes ses forces et de toute sa rage, il lança la gamelle vide dans l'eau. Il savait que le père Lebreton ne s'en servirait plus. Ses yeux s'emplirent de larmes. Il regarda la mer s'apaiser. Elle pouvait se calmer maintenant qu'elle tenait sa victime. C'est Léon qui lui avait appris cela.

Le poste endormi se réveilla à intervalles réguliers aux changements de quart. Les montants et les descendants trouvèrent Pierre au chevet de son patron, il le veilla toute la nuit. De temps en temps ils se parlèrent.

— Je le pressentais, avoua le bonhomme, les yeux brillants. Mais je ne savais pas que j'étais venu sur le Grand Banc pour faire une seule marée avec toi. Juste une.

Pierre lui sourit sans le contredire. Il n'encourageait plus le malade. Pourquoi lui mentir, il savait que l'heure était arrivée. Il se contentait d'être là pour lui tenir compagnie.

— C'est si loin l'Afrique, quel dommage ! Je t'aurais demandé d'aller voir Yvonne pour lui raconter. Si elle revient au pays, donne-lui ma petite Vierge. Pas à Hortense, elle la mettrait sous son globe de mariée et elle n'en sortirait plus. Prends-la avant que Joseph ne la porte sur l'inventaire.

Les doigts tremblants du père Lebreton ne purent atteindre l'étagère, Pierre dut tendre le bras pour s'emparer de la statuette.

— Tu lui diras, j'ai pardonné depuis belle lurette. Si elle se plaît en la compagnie du bon Dieu, c'est qu'il y a une raison.

Il reprit son souffle et ajouta en souriant :

— Je vais aller vérifier tout ça.

Il continuait pourtant à parler de sa fille. Rien ne l'avait fait plus souffrir que de savoir qu'il n'aurait jamais de petit-fils à qui transmettre l'amour des bateaux. Il s'en plaignit jusqu'au dernier moment.

— C'est bête tout de même que je ne t'aie pas connu avant qu'elle se mette sous voile, mon Yvonne.

Il avança la main vers le jeune homme pour le saluer comme un ami qu'on quitte.

— A tantôt, Pierre. Laisse-moi tout seul maintenant, et ferme ma maison, je ne vais pas être intéressant à regarder.

Pierre tira le rideau de fortune que Léon s'était fabriqué pour être tranquille dans son trou.

— Attends !

Avant la fermeture complète, le père Lebreton retint son avant de doris pour une ultime requête.

— Promets-moi de vérifier qu'ils chargent bien le sac. Je n'ai pas envie de faire la traversée dans l'autre sens en roulant sur les cailloux.

Ils échangèrent un dernier regard complice. Le matelot s'était promis de ne pas pleurer devant le patron. Il remisa la petite Vierge dans sa cabane et grimpa vite l'échelle du poste.

La mer était plate comme l'eau d'un lac. Pierre

regarda vers l'est, le soleil n'allait pas tarder à faire briller la tête des clous sur le pont. Il sollicita l'aide de l'homme de veille pour mettre son doris à l'eau. Et à l'heure du branlebas, il profita de ce que Fil de fer descendit réveiller l'équipage pour s'en aller seul relever les lignes qu'ils avaient eu tant de mal à poser la veille. Les vents de noroît portèrent les bruits du bateau dans le suète, Pierre les entendit aussi distinctement que s'il était à bord. Les matelots grimpèrent sur le pont en maugréant comme chaque matin. Ils bâillèrent et s'étirèrent pour dérouiller leurs carcasses humides. Il y eut un silence, celui de la prière, puis les hommes traînèrent leurs bottes jusqu'à la cambuse. Chie en marmite déboucha sa bonbonne, Cul roussi se gargarisa le fond de la gorge avec une première lampée. Puis soudain la petite voix de Félix cria de toutes ses forces :

— Capitaine ! capitaine ! Le père Lebreton ne bouge plus. Il a la bouche grande ouverte.

Joseph remonta du poste et confirma la triste nouvelle à l'équipage.

— Léon est mort.

Les matelos se découvrirent et se signèrent. Cul roussi paraissait le plus affecté, il avait fait toutes ses campagnes en compagnie du père Lebreton.

— Léon est mort là où il a voulu, déclara-t-il. Il préférait être mangé par les coucous que par les asticots.

N'ayant plus le cœur à boire, il versa le reste de son boujaron dans la touque du cuistot.

— Croche ! commanda Joseph. On fera le nécessaire quand vous serez revenus.

Ceux qui avaient sifflé leur bistouille désemboîtèrent les doris, les autres burent leur coup pour se donner du courage, ils risquaient d'en manquer ce matin. Joseph s'inquiéta de l'absence de Pierre. Fil de fer le renseigna : L'avant du père Lebreton était présent sur le pont avant le branle-bas, il avait demandé un coup de main pour mettre son doris à l'eau et était parti relever ses lignes sans avoir reçu l'ordre d'appareiller.

— On ne lui comptera pas sa marée.

— Vous n'allez pas faire ça?

— Si!

Le capitaine descendit dans sa cabine pour mentionner le décès de son second sur le livre de bord. Il dessina une croix et inscrivit : *Léon Lebreton est mort de maladie dans la nuit du 17 au 18 avril 1921.*

Au bout d'une demi-heure de route Pierre trouva sa deuxième bouée. Il commença à remonter la pêche avec l'application que son patron exigeait de lui, comme si le bonhomme était encore là pour le critiquer et corriger ses fautes. Il lui fallut à la fois décrocher le poisson et lover la ligne dans la manne. Il sortit des boules de cordages brouillés par la tempête. Parfois il ne savait plus par quel bout prendre les empêques pour les démêler. Il se piqua aux hameçons hérissés comme des épines sur un paquet de ronces. Seul au milieu de l'eau, sans témoins, il laissa libre cours à sa peine.

— C'est pas juste! C'est pas juste! répétait-il.

Debout, courbé dans le doris, il sanglotait comme un enfant malheureux, débitant ses plaintes par bribes, au rythme de son ouvrage.

— Je vais avoir du mal à me remettre de votre mort, père Lebreton. Je penserai toujours à vous, dès que je serai en pêche. Ça va me faire drôle aussi quand je vais voir votre cabane sans personne dedans.

Il se prit à un hameçon tordu d'avoir croché dans les cailloux. Il grimaça puis poursuivit sa conversation avec le disparu quand il eut dégagé l'ardillon qui lui déchira le pouce.

— On se connaissait pas depuis longtemps et pourtant je tenais à vous comme à quelqu'un de ma famille.

Il resta un long temps silencieux avant d'émettre une

pensée qu'il aurait sans doute gardée secrète en dehors du malheur :

— Vous étiez un peu devenu mon père. Vous m'avez appris votre métier comme si j'étais votre gars.

La veille au soir à terre, Biribi avait eu un comportement étrange. Il s'affola soudainement, se jetant contre les barreaux de sa prison d'osier en poussant des cris bizarres.

— Eh ben! qu'est-ce qui te prend, Biribi? demanda Hortense. Tu vas t'assommer. Regarde, tu perds tes plus belles plumes.

Elle recouvrit la cage d'un fourreau d'étoffe sombre. Dans le noir, l'oiseau s'agita de plus belle. Hortense s'inquiéta, elle fut prise d'un frisson brutal. Au printemps on n'entretenait pas le feu dans la journée, on l'allumait le soir pour chauffer la soupe, éclairer la maison sans brûler de chandelle, le bois mort ramassé le long des chemins ne coûtait pas un sou. Hortense offrit son dos à la cheminée sans parvenir à se réchauffer. Ce n'était pas le froid qui la faisait grelotter. Un coup de vent pénétra dans le conduit de cheminée, il raviva les flammes en grondant. Biribi secoua sa cage en hurlant comme un forcené.

Hortense passa une mauvaise nuit. Elle resta éveillée de longues heures à écouter la mer battre la grève du montant. Elle s'assoupit au jusant, puis se réveilla en se souvenant du chambard qu'avait fait l'oiseau.

— Bonjour, Biribi.

La cage resta muette. La femme prit la grosse voix de son mari :

— Branle-bas! Tout le monde sur le pont.

N'ayant pas d'écho, elle souleva le capuchon de tissu noir et poussa un cri d'horreur. L'oiseau gisait au fond de la cage. Vite Hortense sortit sur le pas de sa porte, elle ameuta le village.

— Marie-Louise! Colombe! Berthe! Marie! Venez vite! Victoire! Vite!

Les femmes se précipitèrent chez leur voisine. Elles se signèrent devant le cadavre de Biribi comme si elles se trouvaient en présence d'un mort. Hortense dit tout haut ce que toutes pensaient tout bas : *Quand les oiseaux noirs s'abattent sur le pont des terre-neuvas, c'est signe qu'un matelot mourra.* Berthe s'insurgea :

— Pauvre innocente ! Ton oiseau n'est pas un cormoran. Il est mort dans sa cage, de sa belle fin.

Le silence qui suivit prouva qu'elle n'avait convaincu personne. Marie trembla du frisson qui faisait peur. Elle garda les yeux fixés sur l'oiseau, terrorisée par le signe qu'il leur envoyait. Belle en cuisse sentit son petit bouger dans son ventre qu'elle caressa pour le tranquilliser.

— Les nouvelles tristes arriveront si elles doivent venir, dit-elle. Cela ne sert à rien de se faire du mauvais sang avant le temps.

Victoire partagea son avis. Elle refusa de penser au malheur, chassa les vieilles croyances de son esprit et n'exprima de peine que pour la pauvre petite bête emportée par la vieillesse.

— Pauvre Biribi, je ne t'entendrai plus siffler *Nous irons à Valparaiso*. Léon va être triste, il l'aimait tant son merle.

— Si Biribi a passé c'est qu'il savait qu'il ne le reverrait plus jamais. Les bêtes ont plus de pouvoir que nous, elles sentent la mort de loin.

Hortense voulut en avoir le cœur net, elle décida d'aller sur-le-champ interroger Notre-Dame-du-Verger. Marie se proposa de l'accompagner : elle attendait le retour de Pierre Abgrall, il s'était déclaré avant d'embarquer. Elle avait peur elle aussi, il faisait équipage avec Léon. Toutes prirent le parti de se rendre à l'oratoire.

Animées par leurs croyances ancestrales et leur foi profonde, elles récitèrent le chapelet tout au long de la route. *Priez pour nous pauvres pécheurs, maintenant et à l'heure de notre mort.* Sur la mer, une bisquine traînait ses lignes au ras des cailloux, insouciante de l'angoisse qui poussait les femmes sur le chemin côtier.

A la chapelle, Hortense et Marie allumèrent chacune un cierge aux pieds de la statue de Notre-Dame. La jeune fille retrouva vite l'espoir et le sourire, sa bougie brûla joyeusement, signe que Pierre était vivant.

— Merci sainte Vierge, merci.

A côté d'elle Hortense implorait en vain la Madone. Sa flamme vacilla et s'éteignit. Une fumée noirâtre s'éleva du cierge en grésillant. La pauvre femme sentit tout à coup ses yeux s'emplir de larmes, c'était la preuve qu'elle aurait bientôt à pleurer son homme. Elle toisa la statue et lui lança un regard si noir et si méchant que le ciel tout entier dut s'en effrayer.

La veuve emprunta un chemin de traverse pour vite rentrer dans sa maison. Elle repoussa l'aide de Berthe et Victoire qui voulurent la soutenir quand elle trébucha sur les cailloux de la sente. Dans les champs les paysans buttaient les pommes de terre. La Belle de Mai serait bientôt bonne à arracher.

Vêtu de ses vêtements les plus propres, son foulard noué autour du cou, le père Lebreton gisait sur un vieux carré de toile à voile qui recouvrait la table du poste d'équipage. Quand Francis eut posé une gueuse de fonte aux pieds de la dépouille pour lester le sac, Joseph rabattit les bords de la voile sur le corps du défunt.

— Il devait savoir qu'il était malade, dit le capitaine. C'est pour ça qu'il ne voulait pas embarquer pour une campagne de plus.

— Ou une de trop, précisa le saleur.

— On ne va pas le blâmer poursuivit Joseph, malade ou pas il était venu donner sa chance à Pierre Abgrall. C'était dans son tempérament d'aider les jeunes. Il aimait bien leur montrer ce qu'il savait faire, et à ma connaissance il n'a formé que de bons marins.

— Tu ne pouvais pas lui faire un plus bel éloge funèbre. S'il t'entend il doit être fier.

Joseph prit du fil et une grosse aiguille de voilier. Il allait commencer à coudre le sac quand il aperçut Félix en suspens sur les derniers degrés de l'échelle du poste.

— Tu n'as jamais vu un mort?

— Si, ma grand-mère.

— Tu n'as pas eu peur?

— Non.

— Eh ben approche! Viens voir comment on coud la toile, si un jour t'es capitaine, tu sauras comment t'y prendre.

Il fallait faire des points serrés, solides, pour empêcher le mort de sortir du sac et de revenir dans le poste la nuit pour hanter l'équipage. On laissait un trou à hauteur de la bouche du cadavre pour lui permettre de respirer. S'il étouffait, il devenait furieux et remontait à bord pour étrangler celui qui avait cousu le linceul.

— Ça m'étonnerait du père Lebreton, il n'était pas rancunier. C'était un trop bon bonhomme, pas vrai?

— Oh si! affirma le mousse.

— Regarde, il sourit. Il devait penser à sa fille quand la mort l'a pris.

— Ou à Biribi.

— Oui, Biribi.

Le capitaine envoya Félix affaler le pavillon à mi-hauteur en signe de deuil. Si un bateau les croisait, il saurait que la mort avait passé sur *La Charmeuse*.

Quand les dorissiers revinrent au bateau, le sac du mort reposait à l'avant sur une planche mise en travers d'un fût. Le poisson embarqué, il fallut le travailler sans plus attendre. Les matelots ébrouaillèrent, décollèrent, tranchèrent et lavèrent la morue machinalement, gardant les yeux fixés sur leur camarade qui avait partagé leur métier de misère et qui venait de les abandonner. Chacun se remémora dans sa tête les bons moments qu'ils avaient passés avec le défunt, les parties de cartes dans le poste enfumé, ses colères feintes de mauvais perdant. Ses yeux malicieux quand il parlait des femmes. Son grand cœur et son courage.

Joseph souffrait avec son équipage. Il enrageait contre le destin qui lui avait enlevé d'un coup, un second sur lequel il pouvait se reposer et auquel, sans crainte, il pouvait demander conseil. On lui avait arraché un ami dévoué et fidèle. Il trouva le moyen de penser à autre chose et éleva la voix pour que tous l'entendent.

— Pierre Abgrall !

— Oui, capitaine.

— A compter d'aujourd'hui et jusqu'à nouvel ordre, n'ayant plus de patron de doris tu n'iras pas en pêche. Tu resteras sur le pont pour travailler dans l'intérêt général. Aujourd'hui tu partageras ta marée avec tout l'équipage. On ne quitte pas le navire sans en avoir reçu le commandement. Quelle qu'en soit la raison.

A midi, Chie en marmite servit un repas de fête. Des gros morceaux de poitrine de cochon nageaient dans la sauce. Seul, Pierre dédaigna le lard et les patates. Recroquevillé dans sa cabane il écrivit à sa belle :

C'est une journée bien triste pour moi, en nous quittant le père Lebreton m'a joué un vilain tour. Je me sens tout seul à bord, même le capitaine m'a parlé durement. J'ai mis ça sur le compte de sa peine, il a l'air d'avoir beaucoup de chagrin lui aussi. Il nous a fait servir de la viande comme le dimanche, il doit penser qu'on est moins malheureux quand on a l'estomac plein.

L'Encornet fut le dernier à se lever de table. Son petit doigt lui disait que Colombe était grosse. Il désirait si fort cette naissance qu'il restait préoccupé par les risques de contagion que la mort de Léon n'avait pas totalement supprimés.

— Tu crois qu'on va brûler ses affaires?

— En principe on devrait, répondit le cuisinier. C'est ce qu'on a fait après la mort de ma belle-mère.

— Elle était tubarde?

— Tubarde et assommante par-dessus le marché. C'est pas moi qui l'ai pleurée. J'ai plus de peine pour Léon que je n'en ai eu pour elle.

Les doris partis semer leurs lignes, les mousses se retrouvèrent sur le pont, seuls avec le père Lebreton. C'était l'heure de la renverse du courant, le bateau tourna autour de son ancre. La barrique qui portait le défunt se mit à trembler. Le bruit du tonneau qui balançait sur sa base et le mouvement du sac impressionnèrent Louis. Il tira de l'eau pour emplir la baille dans laquelle son frère nettoyait les gamelles. Il chuchota comme s'il craignait que le mort ne l'entende :

— Quand est-ce qu'on va l'enterrer?

— On ne va pas l'enterrer, répondit clairement le cadet.

— On ne va pas le garder jusqu'à l'escale de Saint-Pierre?

— Non, on va confier son corps aux profondeurs.

Félix avait pris le ton du capitaine à qui il avait entendu prononcer la phrase.

— Quand? s'inquiéta Louis qui ne supportait plus de voir le vent agiter la toile du linceul.

— Ce soir quand tous les doris seront rentrés.

— Pourquoi on attend?

— Pour ne pas perdre la marée!

Félix haussa les épaules. Il savait son frère peureux, il découvrait que la frousse le rendait idiot.

Joseph procéda à l'inventaire du bien de Léon. Il désigna Pierre pour en être le témoin et le cosignataire comme l'exige le règlement.

Six paquets de bougies. Un jeu de Vache. Un briquet amadou. Une pipe. Douze paquets de tabac. Huit carottes de chique. Une boîte en bois des îles.

— Ouvre-la !

Pierre tourna la clé. Dans le coffre aux trésors il y avait un chapelet blanc de communiante et deux photos. Une de Biribi perché sur l'épaule de Léon et une des parents avec...

— Avec Yvonne. Il t'avait parlé de sa fille ?

— Oui.

— Ah ! il ne les aimait pas les bonnes sœurs. « Voleuses ! Maudites voleuses ! Mariée avec le bon Dieu ou morte c'est du pareil au même », qu'il disait. Il a pris la plus belle cuite de sa vie le jour où Yvonne a prononcé ses vœux.

Le soleil était bas sur l'horizon. L'équipage, tête nue, s'assembla autour du sac. Joseph et Francis l'avaient allongé sur la coupée et posé sur la lisse à l'avant des haubans du grand mât. Le capitaine sortit un calepin de sa poche : *Le petit nécessaire du marin chrétien.* Il l'ouvrit page 39 au chapitre intitulé, *Pour la sépulture.* Joseph était trop chaviré, il ne put dire le moindre mot et fit réciter la prière au mousse. Félix buta sur certains mots qu'il n'avait jamais eu à prononcer.

Mon Dieu, nous vous prions de bénir la dépouille mortelle de notre frère. N'exercez pas un jugement sévère contre ce chrétien qui meurt loin de son pays et de sa chère famille. Loin du clocher paroissial et dépourvu du secours de notre sainte mère l'Église. Donnez-lui le repos éternel. Au nom du Père et du Fils et du Saint-Esprit. Amen.

On n'entendit plus qu'un vent léger caresser les drisses de basses vergues. Joseph retarda encore le terrible instant de l'immersion. Tous le redoutaient, tous voulaient en finir, comme les jours d'appareillage.

— Cul roussi !

— Oui, capitaine.

— Si tu veux chanter ta chanson, c'est le moment.

D'une voix tremblante le gabier dit un dernier au revoir à son copain.

— « *Adieu cher camarade*
Adieu faut nous quitter.
Pour prendre le grand large
Au ciel il faut aller.
Au pays du grand calme
Paradis des noyés
Nous réserver une place
Quand on va se r'trouver.
Quand on va se r'trouver. »

Cul roussi ne fut pas le seul à pleurer. Joseph fit un signe. Amand et l'Encornet inclinèrent la planche.

— Mouille !

Les deux matelots levèrent la coupée. Le corps du père Lebreton glissa lentement dans la mer. La tradition fut respectée, le marin entra dans l'eau, debout face au soleil couchant.

Après le souper, Pierre et Cul roussi brûlèrent la paillasse et les hardes du défunt. Ils se placèrent sur la dunette à tribord. Sous la brise d'ouest qui emporta la fumée vers l'orient, en direction du pays. La paille et le tissu humides eurent du mal à se consumer. En bas, sur le pont, le capitaine invita l'équipage à lever son verre pour souhaiter bon vent au disparu, c'était la tradition.

— A Léon !

— A Léon !

Le moment était aussi venu de désigner un nouveau second. Joseph hésitait. Il ne fallait pas seulement nommer un marin pour remplir la fonction, mais trouver le bonhomme capable de succéder à Léon. Il y avait des avantages sur les parts pour celui qui allait hériter du grade. L'usage voulait que la charge revînt au plus ancien des patrons de doris. Joseph avait consulté le rôle d'équipage, c'était bien Jean Carillon. Le règlement l'autorisait aussi à désigner quelqu'un qui lui paraissait plus apte à servir les intérêts de l'armateur et ceux de l'équipage.

— C'est ce que tu as fait? demanda Boîte d'horloge.

— Oui. A compter d'aujourd'hui, le poste de second sera tenu par Amand Guilbert.

L'équipage approuva le capitaine, et félicita le nouveau promu. Chie en marmite remplit les gobelets pour trinquer à la santé d'Amand.

Boîte d'horloge jeta sa bistouille par-dessus bord. Il bouscula tout le monde et suivit Joseph dans sa cabine pour lui demander de se justifier.

— Je n'ai pas à le faire, répondit le capitaine, mais si tu veux savoir je vais te le dire. Je ne mets pas en cause ni tes qualités de pêcheur, ni tes qualités de marin.

— Alors quoi d'autre?

— Ton maudit caractère. Je sais que ça n'est pas facile de se retrouver des mois et des mois sur un bateau en face des mêmes figures.

— C'est vrai, il y a des gueules de tangon à ton bord qui ne me reviennent pas.

— T'as le cœur sec comme des vents de nordé, Boîte d'horloge. Je veux bien finir la campagne avec toi comme patron de doris, mais pas second. J'ai trop peur que tu fasses des misères à l'équipage si, par malheur, tu devais commander à ma place.

— J'irai me plaindre au bureau des Affaires maritimes.

— C'est ton droit.

— Et j'espère bien le faire respecter. On verra lequel d'Amand ou moi touchera la prime à retour.

— C'est tout vu.

Jean Carillon remonta sur le pont plus furieux que

jamais. Il vint provoquer Pierre que Cul roussi avait abandonné pour fêter Amand avec les autres.

— Tu m'as dénoncé ?

Pierre ne prit pas la peine de lui répondre. La masse de graisse et la gueule en biais de Boîte d'horloge ne l'impressionnaient plus. Il lui lança un regard si méprisant que l'agresseur battit en retraite. Jusqu'alors tout le monde avait peur de lui sur les bateaux, il venait de trouver son maître. Il lança, bravache :

— Si tu l'as fait, tu me le paieras, et cher.

Puis il s'empressa de descendre dans le poste avec l'intention d'y foutre le bordel.

Les marins de *La Charmeuse* chantaient en toute occasion, Joseph les y encourageait, un matelot qui chante ne grogne pas et oublie sa peine. Cul roussi avait arrangé un refrain traditionnel pour le mettre au goût du soir.

— « *Avant d'être "s'cond" capitaine*

Il faut être matlot. »

Le poste d'équipage était un endroit étroit et confiné où l'on se marchait vite sur les pieds. Les caractères étaient violents, les injures faciles et grossières et les occasions de se monter les uns contre les autres quasi quotidiennes. En général cela provoquait un coup de gueule, une bourrade et on oubliait. Ce soir-là, les gars ne purent cacher la haine qu'ils ressentaient à l'arrivée de Jean Carillon. Le marin dégagea une bouteille d'eau de vie de sa cachette et but au goulot. Il lui fallait s'enivrer au plus vite pour oublier sa désillusion et affronter les gueules de tangon qui se réjouissaient devant lui. Les regards qu'il jeta à Amand en dirent long sur la vigueur de son inimitié et sur les sentiments revanchards qu'il nourrissait en secret.

Là-haut, Pierre entendait le père Lebreton le conseiller de sa bonne voix tranquille : « C'est facile, on est au calme et la ligne est en bon état. Avec le mauvais temps les hameçons grattent le fond, ils sont tout tordus. Tes empêques ont du brouillé, elles s'emmêlent tellement que tu ne sais plus par quel bout les prendre. T'as les doigts gelés, t'as beau souffler dedans, tu ne les sens plus. » Dans le poste, Boîte d'horloge s'en était pris au nouveau second. Les bruits des coups et les cris des matelots qui s'interposèrent entre les deux hommes couvrirent les paroles de Léon.

18

Le 1er mai 1921 vit le retour des saisonniers. Cette année-là, Jeanne se rendit sur le « marché aux hommes » avant l'arrivée du train, elle put choisir son tâcheron dans le tas des nouveaux qui s'arrêtèrent en gare de La Gouesnière-Saint Méloir-Cancale. Elle hésita devant chaque candidat et n'en vit pas un susceptible de remplacer Pierre. Faute de mieux, elle finit par aborder un gaillard qui avait une bonne tête et de gros bras.

— C'est la première fois que vous venez ?

— Oh non ! D'habitude j'allais à Saint-Méloir, cette année j'aimerais me rapprocher de la côte.

— La mer vous attire vous aussi ?

— Seulement pour la regarder. Jamais je n'irai dessus, j'ai trop peur.

C'est celui-là qu'elle prendrait. Très vite, Jeanne tutoya son ouvrier.

— Comment t'appelles-tu ?

— Roland Guermeur.

— Moi, c'est Jeanne Le Reculou.

Ils se donnèrent la poignée de main qui avait valeur de contrat. Adèle le trouva moche, Perrine, trop vieux. Marie les apaisa en leur faisant remarquer qu'il était costaud. N'était-ce pas le principal ?

Plus tard dans la saison, le maire et le curé vinrent une fois de plus apporter le malheur dans les champs de patates, un matin de grand soleil. Cette année ils n'eurent pas à chercher leur cliente parmi les ramasseuses, Hortense s'avança vers eux.

— C'est pour moi, leur dit-elle.

— Comment le savez-vous, ma fille? demanda l'abbé Cadiou.

— Quand ils périssent là-bas de leur belle mort, nos hommes s'arrangent toujours pour nous prévenir. On le sait bien avant que la nouvelle arrive.

Comme d'habitude, le bureau des Affaires maritimes avait annoncé le décès de Léon au maire par la voie administrative. Le bateau-hôpital avait croisé *La Charmeuse* le 6 mai alors qu'elle changeait de mouillage. Jean Colin rapporta à la veuve ce qu'il avait appris en marge du pli officiel.

— Joseph a déclaré au médecin du bord que ton homme avait les poumons troués de partout et que la maladie avait encore empiré à l'arrivée sur le Grand Banc.

— A-t-il souffert? s'inquiéta Hortense.

— Ça n'est pas mentionné.

— Merci, monsieur le maire, et vous aussi monsieur le recteur.

Et d'un regard, elle leur signifia qu'ils devaient s'en aller. Avant de se remettre au travail la petite bonne femme eut le courage d'annoncer à celles de *La Charmeuse* que le *Sainte Jehanne d'Arc* avait distribué leur courrier et, qu'en retour, les lettres de leurs hommes devaient les attendre chez Souliers vernis. Les yeux d'Hortense restaient secs. Seul son cœur pleurait.

— Jeanne, Désirée, Marie, Marie, Colombe, Victoire, Marie, encore Marie. Eh bien! Il t'aime celui-là!

Mme Louvet fit préparer le café par Antoinette et, en

attendant qu'il passe, elle jouait les factrices au salon de jardin.

— Marie-Louise, Joséphine, Marie encore. Et encore une autre. J'ai idée que tu ne vas pas tarder à te marier ma petite Marie. Préviens M. Louvet, il te fera un beau cadeau.

Comprenant l'impatience de ses visiteuses, Mme Louvet les incita à décacheter leurs lettres, sans se gêner pour elle. Victoire fut la plus rapide et la première à tirer une épingle de son chignon pour ouvrir son enveloppe. Après les bruits de papier, on n'entendit plus que le chant des oiseaux qui nichaient dans les grands arbres du parc et le crissement des pas de la châtelaine sur le gravier. Elle passa de chaise en chaise et, par-dessus les épaules des lectrices, elle vola un mot par-ci, une phrase par-là. Marie garda ses enveloppes dans la main sans les ouvrir, le cœur battant elle attendait d'être seule pour lire les lettres de Pierre. Il avait dû penser à elle bien souvent pour lui écrire autant. Il aurait, elle en était sûre, trouvé des mots intimes, des paroles audacieuses qui la feraient rougir. Mme Louvet devina les pensées secrètes de la jeune fille et lui permit de s'éclipser avant qu'Antoinette ait servi le café.

Marie courut d'une traite jusqu'à la Guimorais. Hortense la guetta derrière sa porte et tenta en vain de l'arrêter quand elle traversa le hameau.

— S'il te parle de Léon, tu viendras me le dire.

— Oui.

La jeune fille se précipita chez elle et ferma sa porte à clé pour décourager toute visite. Elle ne prit pas le temps de se mettre à l'aise avant de déchirer maladroitement la première lettre du paquet. Les extrémités de ses doigts la faisaient souffrir les jours de grande lessive. Elle avait les mains violacées, les phalanges gonflées d'avoir baigné des heures et des heures dans l'eau fraîche du lavoir et la vapeur bouillante de la lessiveuse. Mais peu importait. Frénétique, elle déplia les deux feuilles que contenait l'enveloppe et consulta l'en-tête :

8 avril 1921

Chère Marie

Elle les posa au milieu de la table, en ouvrit une seconde et prit connaissance de la date :

7 mars 1921

Mademoiselle Marie

Elle la mit à gauche, tout au bout. Ce devait être la première, il n'y avait qu'une page.

13 mars 1921

Chère mademoiselle Marie

Pierre l'avait écrite six jours après la précédente. La suivante avait quatre pages.

1er mai 1921

Mon amour

La jeune fille sentit son cœur s'emballer, sa tête tourner, ses jambes flageoler. Elle vint s'asseoir près de la fenêtre qu'elle ouvrit pour respirer l'air frais du soir et ne pas défaillir. Quand elle fut remise de sa trop grande émotion, elle reprit son classement et eut la sagesse de lire ses lettres en respectant l'ordre du calendrier. De cette façon, la lecture des premières lui parut moins fade.

Mademoiselle Marie,

Voici une semaine que nous avons appareillé. Les deux premiers jours je n'ai pas cessé d'être malade. C'est habituel quand on embarque pour la première fois, il me fallait dégueuler la terre. Plus on vient de l'intérieur du pays et plus on en a l'estomac rempli. Moi qui arrivais de si loin, ce sont des montagnes entières que j'ai dû évacuer...

Chère mademoiselle Marie,

Que c'est beau la mer au milieu de l'océan, elle devient bleu presque nuit. La grande houle ne cesse de se creuser, de plus en plus profonde. La Charmeuse *paraît de plus en plus légère et danse sur le flot...*

Marie chérie,
Le père Lebreton est mort. Mort et immergé.

Biribi, empaillé, trônait sur la table d'Hortense. Il se tenait fièrement sur son socle en bois des îles, la tête levée, le bec en l'air, sifflant pour l'éternité les chansons que Léon lui avait apprises et que désormais lui seul pouvait entendre au paradis des hommes et des oiseaux. Hortense écouta Marie lire le récit que Pierre avait fait de la mort de son homme.

Depuis quelques jours son état empirait. Il avait de plus en plus de mal à souquer sur les avirons.

— Il appelait ça « tirer sur le bois mort », précisa la veuve.

Il ne mangeait plus, il dépérissait à vue d'œil. « Un coup de vent et je vais m'envoler, qu'il disait pour me faire rire. Comme Biribi. Il n'a pas l'air malheureux dans sa cage. Je me demande pourtant s'il n'a jamais eu envie de retourner au pays de ses mers chaudes. » Ce sont les dernières paroles qu'il a prononcées avant d'avoir la quinte de toux qui lui a déchiré la poitrine.

Marie ne poursuivit pas sa lecture. Elle attendit la nuit pour s'endormir et rêver de la voix de Pierre qui lui murmura : *Je me sens si seul à bord que mon esprit vagabonde et revient sans cesse à la porte de votre maison. Je n'ai plus que vous, mon amour.*

Le lendemain, Mme Louvet rendit visite à Hortense. Elle ne trouvait pas les mots pour exprimer sa compassion et demeura, muette d'émotion face à la veuve, aucune des paroles de réconfort qu'elle s'était répétées avant de quitter le château ne lui revint en mémoire. Hortense vint à son secours.

— Vous savez, madame Louvet, je suis touchée de votre visite. Je sais que c'est dur pour une femme d'armateur de venir voir les yeux tristes d'une veuve de marin.

Mme Louvet s'assit en face d'elle et lui prit les mains.

— Je ne peux même pas vous offrir le café, déplora Hortense. C'est pas que j'ai peur qu'il soit moins bon que le vôtre, mais je n'en passe plus depuis la mort de Léon. J'ai tellement de chagrin que je ne dors plus. Si vous saviez ce que c'est long la nuit. J'écoute le vent comme s'il était encore vivant. De le savoir...

Elle fit un geste pour dire qu'elle le voyait sans cesse ballotté au fond de la mer. Elle essuya une larme et ne dit plus rien.

19

La première partie de la campagne fut exceptionnelle. A vue de nez, le capitaine et le saleur estimèrent le tonnage embarqué à 2 000 quintaux, la cale étant quasiment pleine. *La Charmeuse* débanqua le 28 juin et fit route sur Saint-Pierre pour livrer sa première pêche, reposer l'équipage, se ravitailler en nourriture, s'avitailler en boëtte et en hameçons pour l'été et le début de l'automne. Le dimanche 1er juillet, le capitaine fit lecture du message n° 18 de l'abbé Cadiou, à communiquer avant l'escale.

Mes chers amis,

Vous voici arrivés à la veille de débarquer à Saint-Pierre-et-Miquelon. Le moment est venu pour chacun de faire un sérieux examen de conscience et de se préparer à aller demander pardon. J'en vois certains qui rechignent déjà à l'idée de devoir avouer leurs fautes à l'aumônier de l'île.

— Il a de bons yeux, fit remarquer Cul roussi.

Auriez-vous peur de la confession, vieux loups de mer qui affrontez chaque jour les périls de l'océan ? Vous ne vous êtes pas confessés depuis longtemps dites-vous, vos péchés sont graves et nombreux. Quand vous prenez une grosse morue, n'êtes-vous pas plus contents que de pêcher un hareng ?

Cul roussi fit un clin d'œil en direction de L'Encornet. Quand ils parlaient entre eux de grosse morue, c'était rarement d'un poisson dont il s'agissait. Les deux complices ne purent s'empêcher de dévoyer les propos du prêtre. Ils s'échangèrent à l'oreille des paroles du gabier-poète :

— « *Une grosse morue*
Avec un gros cul.
Et mon p'tit hareng
Qui frétille dedans.

Le prêtre lui aussi aime bien faire de bonnes pêches. C'est une joie immense pour lui de sortir de grands coupables des pièges du démon. »

A la fin du prêche, Cul roussi grimpa sur l'écoutille de cale pour diriger le chœur de l'équipage qui entonna un autre chant de sa composition :

— « *A Saint-Pierre, à Saint-Pierre*
Elles ont des gros derrières.
A Saint-Pierre et Miquelon
Elles ont des gros nichons. »

Le lendemain, *La Charmeuse* entra dans la boucaille. Durant l'été, la rencontre d'un courant froid du Labrador et des eaux tièdes du Gulf Stream provoquait la formation de brumes épaisses et persistantes à l'approche de l'archipel. Joseph réduisit la toile, doubla la veille, fit sonner la corne et tonner le pierrier jusqu'à ce que la sirène du phare de Galantry lui répondît. Jusqu'à ce qu'il pût aligner le feu blanc de la Pointe-aux-canons et le feu rouge situé au nord de la ville. Il avança prudemment pour éviter de se retrouver au pied du Grand Colombier, de s'éventrer sur les cailloux et d'allonger la liste des péris autour de l'île. Durant les cinquante dernières années, les Affaires maritimes avaient recensé pas moins de trois cents naufrages dans les passes d'entrée à Saint-Pierre. A ceux-là il fallait ajouter la centaine de bateaux perdus sur l'isthme de Langlade et pas loin de cent autres au nord-ouest de Miquelon. Autour de ces îles, la mer était un immense cimetière. Avertis du danger, les matelots de *La Charmeuse* calmèrent leur impatience en rêvant aux doux plaisirs de l'escale. Aux belles qui : « contre un écu, vous montrent leur cul » chantait Auguste Leroux.

Sur l'île aux chiens, la *Croupe au vent* était parée à les accueillir. Angèle, la tenancière, avait embauché une « moruette » pour abaisser la moyenne d'âge de ses pensionnaires qui jouaient tour à tour les rôles de serveuses, d'entraîneuses, de femmes de chambre et de filles de joie. Micheline arrivait du Canada, Angèle lui donna son nom de « fille », désormais elle s'appellerait Mimi. Les anciennes se nommaient Cocotte, Momone et Lulu, Nana, Zézette et Lili, Juju, Pépette et Rosa. Dix princesses de la nuit qui, avec leurs consœurs des maisons de la grande île, donneraient de l'amour aux matelots de la centaine de bateaux qui allaient jeter l'ancre durant ce mois de juillet.

Quand Angèle entendit la corne de *La Charmeuse* dialoguer avec la sirène du phare de Galantry, elle ouvrit toute grande la fenêtre du bar qui donnait sur la mer. Elle posa un disque sur le phonographe, orienta le pavillon vers le large et tourna la manivelle. Le chant joyeux des sirènes arriva jusqu'au navire.

— La maudite ! elle ne perd pas de temps, dit Joseph, la mine réjouie.

Angèle reconnut sa voix quand elle l'entendit donner l'ordre d'abattre les voiles et de mouiller l'ancre.

— Joseph, murmura-t-elle tendrement.

Elle rameuta sa troupe.

— C'est *La Charmeuse* ! Un capitaine vigoureux et un solide équipage. Tout le monde sur le pont ! Lulu à la cuisine, Zézette au bar. Juju, Cocotte et Mimi, préparez-vous à embarquer.

L'île aux chiens, aux chiens de mer, ferme la rade et protège Saint-Pierre de la houle du large. Recouverte de « graves », des champs de galets aménagés pour le séchage de la morue, elle était habitée par une population de pêcheurs qui vivaient dans des maisons de bois autour de leur grande église. Tout, à l'intérieur de l'édifice, rappelait la mer, le sol était ponté, les murs couverts d'ex-voto, la voûte cintrée ressemblait à une coque de navire renversée.

Dès qu'il sut qu'un voilier arrivait dans le Barachois l'abbé Lecossois, le curé de la paroisse, se précipita vers la maison du bon Dieu. Il fit une génuflexion rapide devant le maître-autel et descendit la nef en courant. Il se pendit à la corde de la cloche qu'il sonna à toute volée pour couvrir la musique du diable et rappeler aux matelots qu'ils étaient, pour la plupart, des pères de famille, des époux tenus au serment de fidélité par le sacrement du mariage.

La venue d'un navire était toujours un événement pour les îliens. Ils connaissaient tous les terre-neuviers malouins, les goélettes cancalaises et granvillaises, les capitaines et les équipages, leurs habitudes et leur façon de se comporter durant l'escale. Ils sortirent nombreux des maisons pour découvrir, dans la brume qui s'allongeait, à quels chrétiens ils avaient affaire.

— On dirait *L'Angélus* dit François, le boucher.

— Non, répondit Angèle, c'est *La Charmeuse*, armement Louvet, capitaine Le Reculou. Prépare-toi à sacrifier une vache, François, ils aiment la viande fraîche ces gars-là.

Elle avança vivement vers le rivage. Juju, Cocotte et Mimi peinaient pour la suivre, elles avaient les bras chargés de paniers remplis de bonnes bouteilles. Sur la grève, Angèle conseilla aussi le boulanger avant d'embarquer dans le doris qui portait le même nom que son établissement : *Croupe au vent.*

— Ils ne supportent plus de se casser les dents sur le biscuit. Ils veulent de la mie tendre comme les fesses de mes filles. Mets ton four en chauffe, Paupaul, t'auras pas assez d'une fournée pour les rassasier.

— As-tu allumé le tien ?

— Pas la peine, il est chaud toute l'année. En route, les filles !

Juju releva sa robe, poussa la *Croupe au vent* dans l'eau et godilla comme un vrai dorissier en direction du trois-mâts.

A bord de *La Charmeuse* les marins procédaient au grand nettoyage d'été. Cul roussi coupait les cheveux L'Encornet rasait les barbes, les mousses coupaient les ongles de pieds des vieux pelletas. Bravant la fraîcheur du temps, Pierre s'aspergeait d'eau froide quand il vit ce qu'il prit d'abord pour une apparition : une barque fantôme avançait dans la brume, ses quatre passagères portaient des couleurs vives. Il alerta ses copains quand l'image se précisa.

— Eh matelots ! Regardez ce qui nous arrive !

Les gars s'étalèrent le long de la lisse pour admirer de plus près les jolies figures peintes et les beaux nichons des pensionnaires de la *Croupe au vent*.

— A la bosse ! commanda Angèle à la façon des dorissiers et maniant l'art du double sens pour amuser les pêcheurs.

Félix se précipita, saisit l'amarre, puis lança l'échelle pour faciliter l'embarquement des belles.

— Bonjour, messieurs !

Angèle obtint quelques saluts discrets. La présence des filles, fussent-elles de joie, intimida les hommes. Jamais dans le passé la mère maquerelle n'était venue au mouillage leur souhaiter la bienvenue. Ils redoutèrent le pire. Le bateau-hôpital les avait précédés sur l'île pour déclarer le décès de Léon et dévoiler la nature de sa maladie. Selon la procédure habituelle, les autorités avaient télégraphié la nouvelle au pays et, par prudence, peut-être mis *La Charmeuse* en quarantaine. Angèle au grand cœur se serait débrouillée pour déjouer la surveillance des gendarmes et aurait appareillé dans la brume pour amener le plaisir à bord. Ils la regardaient inquiets, craignant la mauvaise nouvelle.

— C'est tout ce que vous trouvez à nous dire. Bonjour, Cul roussi.

— Salut, la mère à tout le monde.

— A la bonne heure, j'ai cru que tu avais perdu ta langue. Ça va, Jean-Marie?

— Ça va quand on a l'espoir d'aller te rendre visite, c'est le soir pour revenir que c'est le plus dur.

— Tu n'as qu'à rester toute la nuit.

Angèle remarqua la présence de Pierre.

— Tiens! Il y a un nouveau membre dans l'équipage.

Même ses sous-entendus malicieux ne détendirent pas l'atmosphère.

— Comment t'appelles-tu, mon joli?

— Pierre Abgrall, répondit Pierre en rougissant.

— Remets-toi, Pierrot, on ne va pas te manger. Pas tout de suite.

Cul roussi retint son souffle quand elle leva les yeux vers le pavillon en berne.

— Il vous est arrivé malheur.

— Le père Lebreton nous a lâchés dès qu'on est arrivé sur le Grand Banc.

— Pauvre Léon. Il n'y a pas si longtemps, il n'était pas le dernier à vouloir qu'on grimpe à son mât. Il a bien fait d'en profiter.

Elle retrouva vite son sourire et sa bonne humeur pour présenter Juju et Cocotte à Pierrot, Mimi sa nouvelle sirène à l'ensemble de l'équipage.

— Elles sont venues vous offrir le coup de la patronne. Attention, les gars, vous avez le droit de les frôler mais pas de les toucher. Ce soir dans ma maison, autant que vous le voudrez, mais pas avant.

Sauvés, ils étaient sauvés. Un cri libéra les poitrines. Les matelots se ruèrent sur les paniers, débouchèrent les bouteilles et trinquèrent à la santé des *Croupettes*. Angèle n'oublia pas le capitaine.

— Où es-tu, Joseph? Je ne vois pas tes petits yeux de poisson-lune. Tu te caches?

Elle descendit frapper à la porte de sa cabine.

— Je ne suis pas sourd !

Angèle entra et découvrit un homme élégant dans sa tenue de sortie. Joseph ajustait sa cravate face à un morceau de miroir brisé au cours d'une tempête. Il l'avait accroché sous l'étagère des cartes entre quatre clous recourbés pour le préserver d'un nouveau malheur.

— C'est toi qui fais tout ce boucan ?

— Oui, capitaine. Tu n'es pas surpris de me voir ?

— Surpris ! Je t'entends piailler depuis un quart d'heure. Tu n'es pas venue transformer mon bateau en lupanar ?

— Non. Je leur ai bien dit : on boit un coup, on regarde mais on ne tripote pas.

Angèle expliqua qu'il lui avait fallu trouver un prétexte pour embarquer. Elle avait eu l'idée de venir présenter sa nouvelle mouette au capitaine et à son équipage. Mimi était fraîche comme une moruette qui sort de l'eau.

— Oh moi ! les moruettes !

— Menteur.

— Eh bien entre puisque tu es là ! Ferme la porte derrière toi, qu'on ne me surprenne pas à te regarder avec des yeux de merluchon.

— Je préfère de poisson-lune.

Il n'était pas long le chemin qui les séparait. Ils se retrouvèrent vite dans les bras l'un de l'autre et se donnèrent de petits baisers du bout des lèvres.

— C'est la première fois que tu viens à mon bord.

— Oui. Je ne sais pas pourquoi, cette année j'étais pressée de te voir. Je n'ai pas eu la patience d'attendre que tu débarques.

L'aveu était flatteur, il inquiéta pourtant le capitaine.

— Qu'est-ce qui t'arrive ?

— N'aie pas peur, je ne te chanterai pas la romance, j'aurais l'air trop bête. A mon âge, il n'y a déjà plus que les souvenirs qui comptent.

— Ça ne doit pas te manquer, blagua Joseph maladroitement.

— Oh non! Je n'ai gardé que ceux qui m'ont fait vibrer le cœur.

Le capitaine se rapprocha d'Angèle. Ils se regardèrent longuement, les yeux dans les yeux. Lui se repentit d'avoir été aussi bête et vulgaire. Elle pardonna comme savent le faire les amoureuses et l'embrassa tendrement, puis les amants sortirent de la chambre et montèrent sur le pont pour éviter trop d'émoi.

Joseph lança un tonitruant « Salut, les Saint-Pierrais! » quand il débarqua sur l'île aux chiens en compagnie de ces dames, de Pierre et de Cul roussi. Les deux matelots avaient mission de rapporter à bord le pain et le courrier.

A l'échouage des doris, le capitaine se conduisit en officier de marine distingué. Il porta Angèle dans ses bras pour lui éviter de se mouiller les pieds et lui offrit sa main pour remonter la grève.

— Dès que j'en ai fini de mes affaires, je monte à la *Croupe* boire un coup d'eau bénite.

Des paroles qui n'offusquèrent pas l'abbé Lecossois, l'eau bénite étant ici l'appellation courante du rhum et de la bistouille. Le prêtre se tenait auprès du maire et d'un médecin agréé par les Affaires maritimes, devant deux gendarmes, un gabelou, des commerçants, des curieuses et quelques gamins. Les mains se tendirent, Joseph et son équipage avaient bonne réputation dans l'île.

— Bienvenue, capitaine, dit monsieur le maire. A voir votre ligne de flottaison, la pêche a été bonne.

— Il y a eu du bon, et du moins bon.

— Nous sommes au courant, confirma le docteur. Nous avons décidé de vous autoriser à débarquer à la condition que vous n'ayez pas décelé d'autres cas de tuberculose à bord.

Joseph engagea sa parole de capitaine.

— Si vous le souhaitez, proposa l'abbé Lecossois, nous pourrions célébrer une messe à la mémoire du défunt.

— Merci, monsieur le curé, j'y assisterai avec l'équipage.

Le prêtre se réjouit à l'idée que le service funèbre emplirait son église. Depuis trente-huit ans que Léon faisait escale, il était connu et apprécié de tout le monde. Le pasteur osa même imaginer la présence de marins dans son confessionnal et à la sainte table. Joseph en doutait, il modéra son enthousiasme.

— Ce dont je suis persuadé, c'est qu'il faut vous attendre à voir les dames de la *Croupe au vent* aux premiers bancs de votre église. Il avait un grand cœur Léon, sa mort les a rendues tristes elles aussi.

Quelques rires discrets traversèrent les rangs du comité d'accueil.

Les doris tirés au sec, Pierre et Cul roussi traversèrent les champs de graves pour monter au bourg. De jeunes garçons s'approvisionnaient aux tas de morues qu'ils avaient empilées en meules la veille au soir, et recouvertes de bâches pour éviter l'humidité de la nuit et de les exposer aux rayons de la lune. Ils étalaient la morue sur les galets dès les premières lueurs de l'aube et la retournaient régulièrement tout au long de la journée sous la surveillance de gardes-chiourme appointés par les sécheries. Les entreprises de conservation du poisson étaient généralement dirigées par des familles originaires du pays basque, les premières implantées dans l'archipel au XVIIe siècle.

— C'est qui ces gosses ? s'informa Pierre. Ils ne sont pas tous d'ici ?

— Non, dit Cul roussi. Ils sont de par chez nous. Ce sont des orphelins ou des pauvres gamins enrôlés par les sécheries.

Les « graviers » traversaient l'Atlantique sur le pont ou dans la cale de bateaux acceptant ce supplément de fret contre un droit de passage fixé par les commanditaires. Comme ils ne payaient pas cher, le traitement à bord était des plus misérables, la nourriture pauvre et peu abondante. Amaigris, parfois malades, ils débarquaient par centaines au début du printemps et repartaient au mois de novembre avec en poche quelques billets durement gagnés. Ils travaillaient du lever du jour au coucher du soleil, transportant, tournant et retournant des tonnes de poisson sur des galets instables qui roulaient sous leurs sabots.

— Ils viennent loin gagner leur pain.

— Oui, et prendre des taloches et des coups de pied au cul. J'y suis venu à treize ans quand ma mère est morte. C'est un métier de misère. Quand j'ai trouvé à m'embarquer comme mousse, je me suis cru au paradis. Pourtant à l'époque les vieux marins distribuaient plus de gifles que de compliments.

Cul roussi ressentait encore les brûlures des coups et des mauvais traitements dont il aurait été l'objet durant sa malheureuse enfance.

— V'là les « mannioux » ! cria Bribri, quand il aperçut les matelots chargés de leurs mannes.

Aussitôt, des dizaines de têtes d'enfants se retournèrent sur Pierre et Cul roussi. L'un d'eux reconnut le gabier et courut à sa rencontre.

— Cul roussi ! C'est moi Bribri !

Auguste Leroux chercha dans sa mémoire.

— Tu ne me remets pas ? Je suis le gars à Marie Cabalo.

— La Nigouse ?

— Oui.

Le garçon ne put s'attarder à parler du pays.

— Qui t'a permis de quitter ton boulot ?

C'était la voix d'Errecalde, le maître gravier.

— Fainéant !

Bribri eut droit au coup de pied au cul, doublé d'une paire de gifles pour que la punition fût complète. La réaction du gabier fut immédiate. Il vit rouge et fondit sur le

Basque. Il le projeta à terre et, lui saisissant la tignasse à deux mains, il cogna sa tête contre les galets.

— Vous n'allez pas continuer à les martyriser toute votre vie, maudits joueurs de pelote. Tu vas le laisser, grosse vache! Tu vas lui foutre la paix!

Pierre prit peur. Aveuglé par sa haine, Cul roussi allait commettre un meurtre. Il l'attrapa aux épaules et lui fit lâcher prise. Bribri avait repris son travail, son « pays » entra dans le champ de graves.

— Si je vois ta mère avant toi, je lui dirai bonjour.

— Et que ça va bien, ajouta le gosse avec un grand sourire pour remercier son défenseur.

Quand il entra dans les bureaux de *La Morue française*, Joseph surprit le subrécargue un verre à la main.

— Puis-je vous offrir à boire, capitaine?

— Pour vous accompagner, monsieur Raquidel.

Le whisky canadien était bien meilleur que la bistouille du bord. Le subrécargue, représentant les intérêts de Souliers vernis à Saint-Pierre, en promit un flacon à Joseph. Avec ce cadeau, il espérait amadouer le capitaine réputé difficile en affaires.

— Quand commencez-vous à décharger ma morue? demanda Joseph.

— Je peux envoyer un chaland dès cet après-midi.

— Ils en donnent combien?

— Cinquante-six centimes.

On était loin du tarif de la métropole. L'an dernier, au retour, la cargaison avait été livrée à soixante et onze tous frais déduits, soixante et onze passés. Le capitaine marchanda, son salaire et celui de son équipage dépendraient du montant qu'il obtiendrait.

— A ce prix-là, je me demande si ça vaut le coup de débarquer.

— C'est la consigne de M. Louvet. Il me l'a télégraphiée il y a une huitaine quand il supposait que vous n'alliez pas tarder à venir vous avitailler.

Joseph s'emporta. Il en avait de bonnes, Souliers vernis, à tout décider depuis son château sans savoir si *La Charmeuse* pourrait de nouveau remplir sa cale avant de débanquer.

— Il vous fait confiance.

— La confiance, la confiance, c'est pas ça qui fait mordre le poisson.

Joseph quitta son siège. Il réserva sa réponse et prit le temps de la réflexion, debout devant la fenêtre. De là, il apercevait les graviers qui trimaient comme des esclaves sous l'œil de leurs gardiens irascibles, plantés aux quatre coins des champs de pierres grises. Les bras chargés de morues, les gamins se déplaçaient sur les cailloux ronds qui leur tordaient les chevilles, les roches pointues qui leur blessaient les pieds. Pauvres gosses, pensa Joseph, ils pouvaient bien s'enrichir les Basques. Depuis qu'ils avaient mis la main sur les sécheries, la main-d'œuvre ne leur coûtait pas cher. Il y trouva une raison supplémentaire de ne pas brader sa marchandise.

— J'ai bien réfléchi, monsieur Raquidel. Je ne leur donnerai pas ma pêche à moins de soixante centimes. Pas le peine d'envoyer votre chaland avant de les avoir obtenus.

— Ne partez pas sans votre courrier, capitaine.

— Oh bon Dieu ! J'allais oublier le plus important.

Joseph confia le paquet de lettres à Pierre et Cul roussi avant de monter la côte de la *Croupe au vent*. Un colis urgent et précieux qui nécessitait un soin particulier.

— Emportez-le vite à bord et attention à ne pas le laisser tomber à l'eau. Vous avez tout ce qu'il vous faut? demanda-t-il, faisant allusion aux vivres.

— Oui, cap'taine.

Le patron fit un clin d'œil à Cul roussi. Il le savait tourmenté par ses souvenirs d'orphelin dès qu'il posait le pied sur l'île. Le gabier-poète traduisait tout en chansons, ses joies, ses peines, les avatars de la journée. Au cours d'une relâche à Saint-Pierre, un soir de cafard il écrivit la complainte des graviers.

— « *J'ai fait escale à l'île aux chiens*
Aux chiens de mer.
Et j'y ai vu des pauvres chiens,
Chiens de misère.
Petits graviers venus si loin,
Loin de leurs mères.
User leur vie, gagner leur pain,
Pain de misère.
Quand vient le dimanche, ils se donnent du plaisir
Chez la belle Angèle ils rêvent de partir.
A la Croupe au vent *ils boivent du tafia*
Et comme les grands ils se soûlent déjà. »

Les taloches d'un père lui avaient manqué autant que les caresses d'une mère. Jamais ce fils de rien ne pardonnerait aux maîtres graviers de l'avoir corrigé à la place de ses parents. Auguste Leroux, enfant de misère, matelot à bord de *La Charmeuse* s'en souviendrait jusqu'à sa mort. A chaque escale il buvait jusqu'à plus soif pour sécher ses larmes de gosse.

— As-tu pris le temps de boire un coup, Auguste ?

— Oui.

— Deux ?

— Bien sûr, on ne marche pas sur une seule jambe.

— C'est bon. Embarque le pain tant qu'il est chaud, ils doivent l'entendre croustiller depuis le bateau. Et dis au second de ne garder que deux hommes à bord. Quartier libre, on ne décharge pas tantôt.

— Pourquoi ?

— Comme d'habitude, les Basques ont voulu jouer aux plus fins avec nous. Ça n'est pas encore cette année qu'ils gagneront.

Cul roussi cligna de l'œil à son tour. Les Bretons les auraient ces maudits joueurs de pelote. Secrètement,

Auguste leur en voulait aussi d'avoir été les premiers à découvrir les bancs de morue alors qu'ils chassaient la baleine et surtout d'être les meilleurs chanteurs du monde.

Avant d'entamer le premier pain de six livres, Chie en marmite dessina, au-dessus, la croix de Jésus avec la pointe de son couteau. Puis il coupa des tranches épaisses et les distribua à l'équipage sous l'œil du second qui veillait à ce que les parts soient égales. Dans un silence quasi religieux, les marins retrouvèrent le goût de la croûte dorée et de la mie tendre, une saveur perdue depuis quatre mois.

— Faut en avoir été privé depuis longtemps, pour le trouver si bon, dit Amand à son fils.

— On dirait du gâteau, répondit Félix, la bouche pleine.

Le second profita du fait que tous les hommes étaient rassemblés pour transmettre les ordres du capitaine. Il y avait deux nouvelles, une bonne et une mauvaise. Il commença par la bonne : les matelots auraient quartier libre dès le début de l'après-midi. Cris de joie. Ils déchantèrent quand Amand leur annonça le cours de la morue. Cul roussi les rassura : Joseph n'allait pas céder aux exigences des acheteurs. *La Charmeuse* était arrivée la première sur le marché, le poisson était beau, les sécheries finiraient par capituler.

Pierre se réfugia dans sa cabane, emportant une tartine aussi large que ses deux mains. Il relut pour la dixième fois la lettre qu'il avait reçue.

Hortense est comme folle. Elle parle de Léon toute la journée avec Biribi que Branle dans l'vent a empaillé. On ne se doutait pas qu'elle aimait tant son homme, ils se chamaillaient si souvent durant l'hiver. Ne m'en voulez pas de ce que je vais vous dire. Je me demande certains soirs si j'ai raison de vous encourager. J'ai si peur de devenir comme elle si un malheur devait vous arriver.

L'hésitation de Marie inquiéta Pierre, il crut comprendre qu'elle reculait. Pauvres bougres, ils ne voulaient recevoir que de bonnes nouvelles, ne lire que des mots tendres qui rendaient moins durs l'éloignement et la durée de l'absence.

Félix soigna sa tenue pour impressionner les jeunes Saint-Pierraises. Il s'en donna du mal pour aplatir un épi rebelle et plaquer ses cheveux raides de part et d'autre d'une raie droite comme une piste d'atterrissage au milieu d'une forêt.

— Tu crois que papa va nous emmener au café? demanda-t-il à son frère.

— Moi, j'ai pas envie.

— A ton avis, il connaît les femmes qui sont venues ce matin?

— Sûrement pas, affirma Louis qui voulait s'en persuader.

Malheureux Félix, il ne put cacher sa déception quand son père déclara que deux mousses valaient un matelot et décida de rester seul à bord avec ses fils.

La *Croupe au vent* était située à l'écart du bourg, au sommet de l'île. Cul roussi prit la tête de ceux qui avaient décidé de ne pas perdre de temps avant d'aller rendre visite aux filles. Ils grimpèrent la côte au pas et en chantant :

— « *A Saint-Pierre, à Saint-Pierre*
Elles ont des gros derrières. »

— Tout le monde à son poste! hurla Angèle quand elle les entendit. Juju au bar! Pépette et Momone sur le canapé! Cocotte au phono! Mimi dans l'escalier, qu'on te voie bien.

Juju aligna vite les verres sur le comptoir. Elle prit une bouteille munie d'un bec verseur et les remplit de tafia, un rhum des Antilles. Sur l'étiquette, une négresse riait. Un vent de tempête força la porte à deux battants.

— A l'abordage! cria Cul roussi.

Les marins s'engouffrèrent dans la salle. Ils pourchassèrent les filles, les bras tendus comme des épées.

— A l'abordage!

Angèle s'interposa pour apaiser l'ardeur des assaillants.

Chaque chose en son temps, il y avait un rituel dans son établissement. Sous sa conduite, les hommes se rangèrent devant le bar et burent cul sec le rhum de la négresse au grand sourire.

— On a le droit de toucher maintenant? réclama Auguste Leroux, le plus pressé d'entre tous.

— Pas tout de suite. En vous comportant comme des sauvages, vous allez effaroucher mes belles. Avant de les courtiser, il faut boire encore pour vous charger de tendresse.

— Vous avez compris, matelots? dit Cul roussi. On ne pourra pas soulager nos bourses avant d'avoir vidé nos porte-monnaie.

Ils tendirent leurs verres, et d'une seule voix, ils commandèrent à Juju :

— A remplir! Pour la redresse!

Le rite étant respecté, Angèle s'absenta pour retrouver Joseph à la cuisine. Il était installé à la table devant un plat de bœuf rôti, un plateau de fromages de chèvre et une assiette de pâtisseries.

— As-tu ton content? s'inquiéta Angèle.

— Et même plus, je cale.

— Tes matelots sont enragés cette année.

— Ni plus ni moins que d'habitude.

— Oh si! ils sont pires. Si je n'avais pas mis le holà, ils les dévoraient toutes crues mes moruettes.

C'est vrai qu'ils étaient affamés. La bordée de l'escale était le seul moment de plaisir qu'ils pouvaient prendre en huit mois. Les plus voraces voulaient en jouir à peine débarqués.

Le capitaine était plus sage, son bien-être commençait à table. Il se prolongeait sur un bon matelas recouvert de draps qui sentaient le propre. Angèle borda le lit et tira le rideau de la fenêtre pour assombrir la chambre. Puis elle sortit sur la pointe des pieds, Joseph dormait déjà.

Ceux qui n'avaient pas le goût pour la noce et qui n'étaient pas dépensiers se dispersèrent dans différents endroits de l'île. Pierre et L'Encornet se retrouvèrent au lavoir au milieu de lavandières qui, ici comme ailleurs, n'avaient pas la langue dans leur poche. Augusta, la plus âgée, eut pitié du jeune homme. A la façon dont il s'y prenait, son linge ne serait jamais propre.

— Mon pauvre garçon, tu n'as pas de brosse?

— Non.

— Donne! regarde comment on fait!

Elle trempa le pantalon dans l'eau, l'étala sur la planche et brossa énergiquement après avoir savonné la toile.

— Faut frotter si tu veux tirer la crasse. Elle ne t'a jamais appris à laver, ta mère?

L'Encornet répondit à sa place. Pierre saurait bientôt, il fréquentait une lavandière.

— C'est pas fait.

— C'est peut-être pas fait mais c'est bien emmanché.

Les laveuses félicitèrent le futur marié, il avait bien choisi. Il serait toujours propre comme un sou neuf et il aurait une femme bien soignée. A Saint-Pierre-et-Miquelon, comme à Saint-Coulomb, tout finissait en chansons.

— « *Le derrière des lavandières.*
Sent si bon,
Si bon l'savon
Qu'on peut sans faire de manières
Leur embrasser l'croupion
Leur embrasser l'croupion. »

L'audace des femmes fit rougir les deux garçons. Leur

lessive faite, ils eurent le souci de sécher leur linge. Ça n'était pas chose facile dans ce pays où l'année compte cent vingt jours de pluie, soixante-dix de neige et cent quinze de temps humide. L'Encornet eut l'idée d'entrer à la Maison de famille des Œuvres de Mer. A la porte, l'affiche ne précisait pas qu'on pouvait y étendre son linge mais c'était tout comme : *Bon accueil sera fait à tout marin qui se présentera. Il sera secouru, aidé, consolé comme un frère.*

— Vous connaissez la maison, faites comme chez vous, dit frère Eugène en accueillant L'Encornet. Vous savez où sont les cartes, le papier à lettres et la cafetière. Ne cherchez pas de bistouille, il n'y en a pas. Par contre il doit rester du tabac dans le pot, sur l'étagère.

Les matelots accrochèrent leurs vareuses et leurs pantalons au fil tendu près du poêle. Malgré l'absence d'alcool, la maison des Œuvres de Mer faisait concurrence aux aubergistes. Quand les bateaux se retrouvaient à Saint-Pierre, les marins des mêmes paroisses s'y rencontraient pour parler du pays, lire les journaux, écrire leurs lettres. C'était aussi le refuge des graviers qui, au moins le dimanche, venaient s'y reposer et en juillet bretonner avec les marins qui faisaient escale dans l'île. Bribri n'avait pas attendu le jour du repos, il s'était échappé pour solliciter l'aide de frère Eugène. Le religieux reprit le cours de la lettre que le gravier lui avait demandé d'écrire.

— Qu'est-ce qu'on lui dit encore à ta mère?

— Si elle peut faire tout son possible pour trouver à m'embarquer comme mousse l'année prochaine, je lui en serais bien reconnaissant. Ici on flanque trop de claques dans la gueule sans raison.

— Tu as encore reçu une gifle?

— Oui, et un coup de pied dans le cul qui me fait mal. Il a tapé trop haut.

— Tu ne le méritais pas?

— Non!

De son côté, Pierre commença une lettre pour Marie. Il ne trouvait pas les mots pour décrire son tourment, avouer ses craintes. Elle était peut-être revenue à de meilleurs sentiments. Il déchira la feuille sans avoir pris le risque de lui confier sa peine, puis ne se fit pas prier pour accompagner L'Encornet à la *Croupe*.

Dans la grande salle enfumée les matelots avaient fait le plein d'alcool et de caresses. Cul roussi roupillait à une table, les coudes écartés, la tête posée sur les mains. Fil de fer et Chie en marmite étaient vautrés sur une banquette, d'autres ronflaient à même le sol. Zézette et Juju tentaient de réveiller leurs appétits trop vite satisfaits. Sans succès. Elles se rabattirent sur les nouveaux clients. L'Encornet repoussa leurs avances, il n'était pas venu pour la bagatelle. Il voulait juste trinquer avec Pierre qui avala le rhum de la négresse pour chasser son cafard.

— T'avais raison, Jean-Marie.

— De quoi ?

— Quand tu m'as dit un jour qu'il ne fallait pas donner toute sa confiance aux femmes.

— Tu as eu de mauvaises nouvelles, toi.

— J'en ai bien peur.

Chez les marins, la mélancolie s'attrapait comme la tuberculose. L'Encornet craignit la contagion, il abandonna son copain. Il était si heureux, Jean-Marie, Colombe lui avait écrit qu'elle était grosse.

— Pierre !

— Oui.

— J'ai oublié de te prévenir. Il y a un code dans la marine, on ne parle jamais de ce qui se passe à l'escale.

Avant de sortir le futur papa aborda Mimi près du piano mécanique.

— Comment trouves-tu mon matelot ?

— Il est beau.

— Profites-en, il est triste.

La poulie coupée, c'était le nom donné aux filles de joie, commença son approche. Elle tourna autour du jeune homme avant de l'accoster. Leurs regards se croisèrent. Pierre répondit à son sourire.

— Alors, joli marin? On a le cœur gros?

— Pourquoi dites-vous ça?

— Je le devine.

Dehors, L'Encornet demeura un instant derrière les carreaux pour connaître la fin de l'histoire.

— Ah! si je ne t'en avais pas fait la promesse, ma Colombe, ça n'est pas lui qui monterait au paradis à l'heure qu'il est.

Il disparut dans la nuit, fredonnant la suite du poème écrit pour Pépette par Cul roussi, un soir de peine et de beuverie.

— *« J'ai fait escale à l'île aux chiens,*
Près de Saint-Pierre.
Et j'y ai vu trois jeune putains
Filles légères,
Mouettes rieuses, venues de loin
Fuir la misère
Gâcher leur vie, gagner leur pain,
Un pain amer
Quand vient le dimanche elles donnent du plaisir
A des marin ivres bouffis de désirs.
Les jours de la semaine, elles boivent du tafia
Chez la belle Angèle pour oublier ça. »

Pierre suivit Mimi dans le grand escalier. A la porte de la chambre, il lâcha la main de la belle.

— Qu'est-ce qu'il y a? T'as changé d'avis?

— Oui.

— Je ne te plais pas?

— Oh si!

— Alors, viens!

— Non, je ne peux pas.

— Si, viens!

Le jeune homme s'excusa avec un sourire qui disait : Ça ne me porterait pas chance.

Quand il redescendit l'escalier quelques secondes plus tard il croisa Boîte d'horloge.

— C'est-y que t'aurais pas de couilles ? fit la brute qui ne manquait pas une occasion d'humilier Pierre. Eh les gars, on a une couille molle à bord !

Et il se mit à affubler Pierre des sobriquets les plus dégradants : Couille molle, Pierrot les poupettes, Sans gland ni roupettes. Le poing de l'offensé lui cloua le bec.

— Fumier !

Jean Carillon s'affala sur Cul roussi qui se vengea aussi sec. Le signal était donné, un à un les matelots retrouvèrent leurs esprits pour se battre. Certains, à peine réveillés, n'en connaissaient même pas la raison. Angèle sortit Joseph du lit.

— Mon pantalon ! mon pantalon ! cria le capitaine.

Joseph entra dans la mêlée. Il distribua des marrons en veux-tu en voilà, n'ayant pas d'autre solution pour séparer les combattants qui n'entendaient pas ses appels au calme.

Le lendemain quand ils pénétrèrent dans l'église pour une messe à la mémoire du père Lebreton, les matelots ne purent s'empêcher d'imaginer le sourire qu'aurait fait ce narquois découvrant les visages tuméfiés et les nez cassés. L'abbé Lecossois fit semblant de ne pas les voir. Il rappela avec quelle ferveur Léon chantait les cantiques de marin. Il se garda d'ajouter que c'était au temps où le bon Dieu n'avait pas encore de vues sur sa fille. Il invita l'assemblée des fidèles à se lever, l'harmonium joua les premières mesures d'*Astre béni du marin*. Les demoiselles de la *Croupe* occupaient les premiers bancs à droite de la nef, ceux de gauche étant réservés à l'équipage. Jamais voix aussi pures, jamais âmes plus dévotes n'avaient entonné le cantique à la Vierge.

Dès l'après-midi Joseph livra sa pêche à soixante centimes comme il l'avait exigé. Il obtint même un sou de mieux prétextant que la morue avait pris du goût en séjournant deux jours de plus dans le sel, une plaisanterie que les acheteurs durent prendre au sérieux. Une fois de plus le Breton s'était montré plus entêté, plus rusé que les Basques, et il n'en était pas peu fier.

— Faut bien que ça serve à quelque chose de vieillir, répondit-il à Angèle qui le félicitait.

La Charmeuse, avitaillée, remit le cap sur le Grand Banc. Mimi pleura quand elle vit s'éloigner le beau jeune homme qu'elle aurait tant aimé connaître. Elle regarda le bateau disparaître derrière la Pointe aux canons, sachant déjà qu'elle attendrait son retour. Angèle la mit en garde :

— Va pas t'amouracher, ces hommes-là ne sont pas pour nous. A peine ont-ils posé le pied sur l'île qu'ils repartent en pensant aux femmes qu'ils ont au pays. J'ai payé si cher d'avoir rêvé du contraire.

De son côté, Joseph avait toujours un pincement au cœur quand il quittait l'escale. Sûr qu'il l'aimait bien Angèle, mais il y avait Jeanne. Depuis leur mariage, il lui était fidèle.

— C'est pas rapport au péché, comme les culs bénits, confia-t-il à Pierre, ça je m'en fous. C'est de penser qu'on trouve normal qu'un marin a besoin d'amour partout où il passe et qu'à terre, quand une femme se lasse d'attendre son matelot, on la traite de putain. Je me suis dit que c'était pas juste.

Ils restèrent un long moment à regarder s'éloigner l'île.

20

Malgré la brièveté de l'escale, il leur fallut reprendre les habitudes, sonder, retrouver un mouillage, réamariner les cœurs et les estomacs malmenés dans les cafés de l'île. Pour arranger le tout, le mauvais temps les prit dès qu'ils ancrèrent sur le Grand Banc. Cul roussi fit son enquête :

— Lequel d'entre nous a fait de la misère à une pauvre fille de Saint-Pierre pour qu'on soit baratté de la sorte ?

Les regards moqueurs se retournèrent vers Pierre. L'Encornet prit la défense de son matelot.

— Il lui a pas fait de misère, il lui a fait rien du tout.

Tout le monde s'accorda pour déclarer que c'était bien pire. Si les tempêtes sont fréquentes au printemps, elles sont plus rares en été, mais tout aussi redoutables. La mer était énorme. A l'avant le capitaine fila des maillons à la chaîne pour parer à la casse et se garder de chasser. Il s'accrocha au guindeau pour ne pas être emporté chaque fois que le bateau embarquait un paquet de mer.

Soudain *La Charmeuse* se cambra sous l'effet d'une vague aussi haute qu'un *iceberge*. Elle rompit sa chaîne et s'agita dangereusement. La lame était arrivée sur bâbord avant, elle projeta le capitaine à l'arrière jusqu'au bas de la dunette. Une chance qu'elle n'eût pas attaqué le navire par le travers.

— Branle-bas ! hurla Joseph. Branle-bas !

Personne ne l'entendit dans le poste mais tous avaient compris.

— La chaîne a cassé ! gueula le second.

Le bateau était devenu fou, l'équipage envahit le pont pour le dompter.

— P'tite toile !

Les gabiers grimpèrent dans les mâts. En bas on hissa en catastrophe. Ils risquaient, les uns de tomber des vergues, les autres de passer par-dessus la lisse. Amand releva la chaîne ballante, ils avaient de la chance dans leur malheur, elle avait cédé à deux mètres de l'ancre. Le capitaine prit la barre et commença à tirer des bords. Il louvoya dans la tempête de façon à ne pas trop s'éloigner de la zone de pêche qu'il avait choisie. Jamais encore Pierre n'avait entendu *La Charmeuse* souffrir autant. Elle gémissait de toutes ses membrures quand elle remontait la lame puis s'abattait dans un gouffre noir en attendant de rester suspendue et tremblante au sommet de la suivante.

Obstinée dans sa mélancolie, Léa voyait Pierre en péril. Elle était couchée dans le lit du jeune homme, rongée par la maladie qu'elle avait acceptée sans résister.

— Prépare une bouillotte, Mélanie. Faut réchauffer les draps, il va avoir si froid quand il va venir se coucher.

La vieille femme s'approcha du fourneau. Elle remua un seau et une casserole, fit semblant de mettre de l'eau sur le feu, puis revint près du lit.

— C'est fait.

— Ils sont encore dans le mauvais temps, tu n'entends pas la tempête ?

Léa fut prise d'une angoisse soudaine. Elle suffoqua. Un flot de larmes jaillit de ses yeux.

— Écoute, Mélanie ! Y a des femmes qui chantent dans le vent. Ce sont les fées qui se plaignent, elles veulent un noyé. Oh non ! je vous en supplie, pas lui, pas Pierre.

Elle se redressa, s'accrocha au bras de la tante qu'elle secoua de toutes ses pauvres forces.

— Faut chanter ! Faut chanter plus fort qu'elles ! Si elles nous entendent, elles vont s'arrêter de le réclamer pour nous écouter.

Mélanie chanta pour apaiser la malade qu'elle ne quittait plus depuis que son état avait empiré au point de ne plus rien voir des choses réelles. Léa entendit le capitaine encourager l'équipage.

— Tenez bon, les gars ! Le vent mollit, on tosse moins dur.

Rassurée, elle reposa sa tête sur l'oreiller.

— Tu peux t'arrêter, elles se sont tues.

Mélanie lui caressa le visage. Léa sourit.

— Quand je serai une étoile dans le ciel, je pourrai veiller sur lui. N'oublie pas la bouillotte, recommanda-t-elle avant de fermer les yeux.

Sa main retomba sur le drap brodé d'un P et d'un L entrelacés.

Mélanie veilla la morte durant deux jours. Elle avait placé le portrait de Pierre sur la table de nuit, près du crucifix entre les deux bougeoirs. A l'aube du troisième, le curé de la paroisse et un enfant de chœur récitèrent les prières de la levée du corps : *Venez à son aide, Saints de Dieu. Venez à sa rencontre, Anges du Seigneur. Recevez son âme et portez-la en présence du Très-Haut.*

Quatre hommes transportèrent le cercueil sur une charrette à bras qu'ils tirèrent sur le sentier caillouteux qui menait à l'église. De gros nuages blancs couraient dans le ciel, poussés par un vent d'ouest. Deux sonneurs précédèrent le convoi funèbre. La bombarde et le biniou jouèrent les accents déchirants d'un air ancien, la complainte de la fiancée morte d'amour. Un air triste, si triste que les quelques personnes qui accompagnèrent Léa à sa dernière demeure pleurèrent jusqu'au sommet de la montagne Saint-Michel.

Il était aux environs de trois heures du matin sur le Grand Banc. Pierre assurait le dernier quart. Le chant d'un biniou trottait dans sa tête. Il vit un oiseau blanc solitaire survoler le pont du navire et s'en aller dans l'est vers le soleil levant. Soudain la mer crépita et rougit tout autour du bateau.

— Branle-bas ! A vos turluttes !

C'est ainsi que les marins appelaient un grappin constitué d'un plomb armé d'hameçons disposés en couronne et dont ils se servaient pour pêcher l'encornet. Les yeux encore pleins de sommeil, l'équipage se dispersa le long de la lisse. Ils plongèrent leurs turluttes qu'ils agitèrent dans l'eau pour accrocher les petits calmars.

— Allez dandine ! dandine ! criait le capitaine.

Il fallait faire vite, la précieuse boëtte ne séjournerait pas longtemps près du navire.

— Si le père Lebreton était encore là, il se régalerait, dit Pierre.

Il se souvint des paroles du bonhomme : « C'est beau à voir un banc d'encornets. La mer devient toute rose. Elle bout comme de l'eau dans une casserole. »

— Tu vois qu'il avait raison, répondit Jean-Marie. Sacré Léon ! Il est peut-être là quelque part en dessous en train de les regarder.

Depuis la mort du père Lebreton, Jean-Marie faisait équipe avec Pierre. Manu, son ancien matelot, avait hérité du doris numéro 8. Le matin il relevait ses lignes avec le saleur, l'après-midi il les tendait avec le cuisinier. Chie en marmite était si heureux de participer à la pêche qu'il en oublia son infirmité.

— T'en avais déjà vu de ces bêtes-là ?

— Non.

— Maintenant tu comprends pourquoi elle m'a

appelé comme ça, cette garce de Victoire. T'as bien fait de ne pas t'avoir laissé sobriqueter par ce salaud de Boîte d'horloge. Moi, ça va me suivre jusque dans ma tombe :

Ici gît L'Encornet.
Appelé ainsi, parce qu'une fois dans sa vie
il avait porté des cornes.

— Je n'ai encore jamais vu ça écrit dans un cimetière.

— Y'a pas de marins cocus dans un cimetière, affirma Jean-Marie. Ils finissent tous par faire leur trou dans l'eau.

L'Encornet rassura Pierre, il ne plongerait pas la veille d'un si beau jour. Sur sa lettre Colombe lui avait dit qu'elle était ronde comme une barrique, elle devait porter une fille.

— J'aurais bien voulu la voir avec son gros ventre, ça doit bien lui aller. Le soir je rêve que je m'endors la tête dessus. Elle doit avoir aussi les nichons qu'ont doublé de volume. As-tu remarqué que les femmes changent de figure quand elles sont grosses ?

Jean-Marie dut répéter sa question. Pierre s'était enfui dans un rêve où il voyait Marie avec un ventre rond et des gros tétons.

— L'as-tu remarqué ?

— Non, reconnut Pierre.

— Ah si ! elles sont encore plus belles.

Le soir, L'Encornet tira le rideau de sa cabane pour échapper aux yeux des autres. Il contempla une photo de Belle en cuisse. Il mouilla la mine d'un crayon, avec lequel il notait chaque jour son compte de morues, et rajouta des formes à l'image de sa Colombe. Un gros bidon, une poitrine de nourrice.

— Sûr que tu dois être belle.

L'été, le poisson se faisait rare dans la mer calme. Chaque jour les pêcheurs ramenaient des petites marées comparées aux pleines dorissées du printemps et de l'automne quand le temps était plus dur et les conditions de navigation, plus difficiles. L'Encornet pestait contre les morues et leur manque d'appétit.

— Vous allez mordre, maudites garces. On ne va pas rester ancrés là jusqu'à la Toussaint.

Le futur papa avait hâte de débanquer et, comme tous les autres membres de l'équipage, il craignait d'être à retour. Pierre lui avoua qu'il n'avait jamais entendu parler de ce fameux « A retour » tant redouté.

— Ça veut dire qu'on va être obligés de rembourser nos avances.

— A qui ?

— A celui qui te les a données.

— Il fait ça, M. Louvet ?

— Pourquoi veux-tu qu'il se gêne ? C'est écrit en toutes lettres dans ton contrat, les avances et le dernier à Dieu. Tu ne l'as pas lu ?

— A dire vrai, non

— Tu ne sais pas lire ?

— Si, j'ai mon certificat.

— Eh ben tu n'es pas curieux !

Comme tout le monde le capitaine maudissait l'été lui aussi, le beau temps, la petite pêche. Il passa ses journées à scruter le ciel, consulter le baromètre et à ronchonner.

— Avec les vents où ils sont, on est parti pour des marées de merde. Eté de merde ! Beau temps de mes pelotes !

— « Vent du nord, le poisson dort », lui rappela Cul roussi.

— Tais-toi ! tu vas nous porter malheur.

Joseph essaya de retrouver le calme dans sa cabine. Il tourna en rond comme un ours en cage et, n'ayant plus sous la main de matelot à engueuler, il s'en prit à la bonne Vierge.

— Si vous ne m'arrangez pas ça au plus vite, on passera le 15 août sans vous souhaiter votre fête.

Il fit faire un demi-tour à la statuette, lui colla le nez contre le bordage.

— Vous resterez en pénitence jusqu'à ce qu'on lève l'ancre.

Tous ces jours, la mauvaise humeur régna dans le poste d'équipage. Moins fatigués par le travail, les marins avaient les nerfs à vif. Ils ne pensaient qu'au temps et à l'argent perdus. Cul roussi, le roi du dicton, en sortit un nouveau de sa mémoire : « Avant le 15 août, si ta pêche n'est pas dedans, tu peux virer le cul au vent. »

Boîte d'horloge accusa le capitaine d'avoir tout livré à Saint-Pierre pour épater sa grosse putain.

— Maintenant, il ne nous reste plus qu'à rentrer la cale vide.

— T'as de la veine que Joseph ne t'entende pas, fit Amand.

— Rien ne t'empêche d'aller lui rapporter, maudit lèche-cul.

— Je n'ai léché le cul de personne.

— Qu'il ose dire.

Jean Carillon interrogea l'ensemble du poste.

— Ça vous paraît normal à vous que l'armateur lui ait porté son retour, dans sa maison, en cachette de nous autres ? On n'a peut-être pas eu le même tarif ?

Jusque-là il n'y avait rien à dire, c'était une question que chacun pouvait effectivement se poser.

— Et vous ne trouvez pas ça louche qu'il ait réussi à faire embarquer ses deux gars avec lui ? Moi j'ai l'idée que Souliers vernis ne fait pas ça pour rien.

Amand gardait son sang-froid, il n'avait rien à se reprocher. Il cherchait à deviner où Boîte d'horloge voulait en venir. Il fut vite fixé.

— Si c'était pour les beaux yeux de ta Marie-Louise ?

Et pour accabler son rival, il s'en prit à ses fils en ricanant.

— Mes pauvres petits gars, votre mère était bien pressée de vous voir partir.

— C'est pas vrai ! cria Félix, des larmes plein les yeux.

Amand bondit sur l'immonde cachalot qui, pour se défendre, voulut jouer du couteau. Francis, Pierre, L'Encornet et Cul roussi s'en mêlèrent. Ils maîtrisèrent Boîte d'horloge et le corrigèrent. Aucun d'entre eux ne pouvait supporter le fait que la brute ait pu, devant ses enfants, traiter une mère de putain.

Le lendemain, Jean Carillon se vengea sur Fil de fer, son avant de doris. Ils élongeaient leurs lignes, le matelot dévisageait son patron, impressionné par les marques des coups qu'il avait reçus la veille. Boîte d'horloge en prit ombrage.

— C'est ma figure qui te fait rigoler ?

— Je me dis seulement que vous devez avoir mal.

— Qu'est-ce que ça peut te foutre ?

— C'était histoire de vous plaindre.

— Dis donc, tu ne m'aurais pas cogné dessus toi aussi ?

— Ah non ! jamais de la vie. On passe trop de temps ensemble.

— T'as peur de moi ?

— Ça dépend. Y a des jours où ça va, et d'autres où je ne me sens pas tranquille dans le doris.

— Ça t'a quand même fait plaisir de les voir me bourrer la gueule.

— Si je disais non, ce serait mentir.

Ce ne furent pas tant les mots mais le rire de Fil de fer qui réveilla la rage de son patron. Il se dressa dans l'embarcation, pour assommer le matelot à coups d'aviron. La victime lança la ligne au visage de son agresseur. Les hameçons crochèrent dans les joues du monstre. Sa fureur devint immense, il frappa de plus en plus fort. Le doris roulait d'un bord à l'autre. Les hommes perdirent l'équilibre et tombèrent à l'eau. Heureusement la mer était d'huile, Fil de fer embarqua sans difficulté. Comme la plupart des marins de la vieille école, Boîte d'horloge ne savait pas nager. Il se laissa emporter dans le courant. Il s'éloigna rapidement du doris, gesticulant pour se maintenir à la surface de l'eau, appelant à l'aide.

— Viens à mon secours, Gabriel ! Ne me laisse pas me noyer, moi qui t'ai connu tout petit.

Seules la peur de voir son patron couler sous ses yeux et la crainte de garder cette image le restant de sa vie décidèrent Gabriel Fil de fer à secourir Jean Carillon.

— Vous allez me dire ce qui s'est passé, demanda le capitaine quand ils rentrèrent au bateau, trempés, déchirés, ensanglantés.

— On a été lavés par une lame, répondit Boîte d'horloge.

— Quelle lame ?

— Celle qui nous est tombée dessus, précisa Fil de fer.

Joseph se garda d'insister, il ne saurait jamais le fin mot de l'histoire, peut-être un jour, à terre chez Adrienne. Si le ciel était bleu, l'atmosphère sur le pont était orageuse.

Des éclats de voix retentirent du ventre de *La Charmeuse* :

— Ne reste pas là à traîner dans mes pattes ! Fous-moi le camp ! Je n'ai pas besoin de toi.

C'était le saleur. Il reprochait au mousse d'avoir dit qu'il n'était pas près de fleurir la cale.

Le capitaine consola Félix.

— Te fais pas de bile, tout le monde sera de meilleure humeur quand on va se remettre à pêcher.

— Ça ne va pas tarder, les vents vont descendre durant la nuit.

Joseph regarda dans le noroît.

— C'est vrai, dis donc. Où t'as appris à connaître le temps ?

— Dans le ciel, capitaine, et en vous écoutant.

— C'est bien.

Le 14 août 1921

A raison de deux à trois dorissées par marée, la cale ne va pas tarder à se remplir.

Le capitaine leva la pénitence qu'il avait infligée à sa petite Vierge, il la remit face à l'intérieur de la cabine.

— C'est-y pas mieux quand on est copains?

Le saleur et le mousse renouèrent d'amitié eux aussi. Francis fit appel à Félix pour entasser le poisson qui arrivait du pont sans discontinuer. Pour le récompenser il lui apprit l'art du salage.

— En général les saleurs n'aiment pas donner leur secret, mais à toi je suis prêt à tout te dire à condition que tu ne le répètes pas.

— Je le jure! promit Félix.

— Ne crache pas dans le sel malheureux, tu vas le gâcher!

Le garçon se rappela qu'il avait fait bien pire un soir de frousse. Ça n'était pas le tout de pêcher beaucoup de morues, il fallait savoir la conserver. Douce, elle se vendait mal et pire elle risquait de pourrir par manque de sel. Trop de sel en revanche brûlait le poisson, il maigrissait et on le payait des clopinettes. Il était important de trouver la bonne dose.

— Soupèse celle-là. Combien elle fait?

— Vingt kilos.

— Ah non! Dix, c'est déjà une belle. Elle est longue, pas trop charnue. On va lui en mettre la moitié de son poids, une bonne dizaine de livres, cinq mesures.

Francis plongea son pelot dans le sel. Il l'étala sur la morue en chargeant le haut, la partie la plus épaisse du poisson.

— Quand tu manges de la morue, faut toujours prendre dans le gros bout. Tu l'effeuilles sur tes patates avant de l'arroser de poivre, d'huile et de vinaigre. Tu la couvres d'échalotes. C'est comme ça que c'est bon, pas comme la fait Chie en marmite.

Pendant qu'il parlait Francis racla le sel avec son pelot, du haut vers le bas, puis il peaufina à la main pour lui faire épouser la forme du poisson. Félix l'observa sans rien perdre de ses gestes, il était conscient du privilège que lui accordait le saleur.

Sur la plupart des navires on respectait la tradition, le 15 août était chômé en l'honneur de la Vierge Marie. Le seul jour de la campagne où les doris ne partaient pas en pêche pour cause de mauvais temps. Certains capitaines coupaient en demie ou en quart, la journée de repos et de fête. Ce ne fut pas le cas de Joseph. Le matin, il réunit l'équipage et lut un sermon de l'abbé Cadiou. Le midi, il fit servir un repas amélioré et mangea au milieu de ses marins. Chie en marmite déboucha la bouteille de whisky offerte par le subrécargue et distribua sans compter le vin et le mauvais rhum. Les chrétiens cuvèrent l'après-midi. Le soir, ils se réunirent dans le poste autour d'une manne de sel éclairée sur son pourtour par une couronne de bougies au centre de laquelle chacun avait planté sa petite Vierge. A la sienne, Pierre ajouta celle du père Lebreton. Les pêcheurs se découvrirent devant ce reposoir traditionnel et chantèrent des cantiques à la patronne des matelots. Ce soir du 15 août, Marie n'était pas seulement la mère de Jésus, elle avait pour chaque marin le visage de sa propre mère, de sa femme ou de sa fiancée. Pierre eut une pensée pour Hortense, mais bien vite il se transporta dans la maison de sa Marie à lui C'était aussi le jour de sa fête.

La jeune fille n'avait pas accompagné les femmes de marins à la procession aux flambeaux de Cancale ni à celle de la Grand'porte à Saint-Malo. Elle était restée chez elle, seule à méditer, à s'interroger.

— Sainte Vierge, ma sainte patronne, je vous en supplie, venez à mon secours. Faites que je voie clair en moi, mon cœur est bien en peine.

Les cris joyeux des voisines qui revenaient de la procession interrompirent sa prière.

— Bonne fête, Marie ! Bonne fête !

— Merci. Entrez. Je savais que vous viendriez, j'ai fait un gâteau cet après-midi.

— Il est beau ! s'exclama Berthe dont la gourmandise justifiait l'embonpoint.

Les filles décrivirent leur soirée. Il n'y avait rien de tel que les cantiques à la Vierge pour faire de belles cérémonies. Et le monde ! Une foule énorme qui s'étalait tout le long des remparts. Marie avait eu tort de ne pas venir, c'était grandiose.

— L'année prochaine elle sera des nôtres, dit Jeanne. Pas vrai, Marie ?

Le lendemain la jeune fille rendit ses visites quotidiennes au père Charles, le matin, le midi et le soir. Branle dans l'vent n'était pas au mieux, il ne se levait plus guère. Il avala péniblement la soupe que lui donnait Marie, cuiller après cuiller.

— Merci, ma fille, j'en ai assez pour ce soir.

— C'est pas mal, vous en avez pris la moitié.

— J'espère que tu n'auras plus besoin de venir quand ils seront revenus.

— Vous serez guéri.

— Oh non ! Les bateaux ne tiennent pas longtemps au sec. Ils sont comme moi, ils s'en vont de partout, ils lâchent de tous les bords.

— Qu'est-ce que vous racontez ?

— C'est pas la peine de me mentir. Je ne vais pas tarder à rembarquer et ce coup-ci ce sera pour de bon. Je ne suis plus en état de naviguer. Le premier coup de vent va m'être fatal, il va me rabattre vers le cimetière.

Marie fit semblant de se mettre en colère.

— Je ne veux plus vous entendre parler de la sorte ou je m'en vais.

— Reste, je n'ai pas fini.

Il s'attarda un instant à regarder celle qui avait été la fiancée de son fils. Il lui sourit.

— Faut l'épouser ton Pierre, c'est un bon gars. Je ne vais pas prendre le large tranquille tant que tu ne m'auras pas dit oui.

Marie attendait peut-être la permission du père de René pour se décider.

— Oui.

Un oui à peine prononcé, en rougissant.

— Ah ! fit le vieux Charles, j'avais bien compris que tu es amoureuse.

Marie entra chez elle, soulagée par sa promesse. Elle sortit les draps de son trousseau qui dormaient dans l'armoire, prit des ciseaux et s'installa sous la lampe pour découdre les lettres *R* et *P* qu'elle avait mariées à ses initiales. Elle fredonna la chanson des jours heureux et s'arrêta un instant pour écouter les vagues déferler sur la grève. *Après le 15 août, adieu les beaux jours.* Le bruit sourd des rouleaux préparait déjà le vacarme des grandes marées de septembre.

Le 12 septembre 1921

Nous approchons de l'équinoxe. Le mauvais temps s'installe avec des vents dominants d'ouest.

La mer n'était pas maniable, Joseph prit la décision qui s'imposait.

— On ne croche pas ce matin.

Le second traîna les pieds sur le pont avant d'aller répéter l'ordre du capitaine. Il regarda une dernière fois l'état de la mer.

— Tu n'es pas de mon avis?

— Moi si, mais pas l'équipage. Ils aiment mieux se faire secouer les pelotes que de perdre la marée. Ils sont pressés de s'en retourner.

— Moi aussi je suis pressé mais on ne va pas risquer une vie pour une journée de gagnée.

Pierre profita du repos forcé pour écrire à sa belle.

Marie chérie,

Je continue de vous écrire en sachant bien que je ne pourrai pas vous envoyer mes lettres. C'est la seule façon que j'ai de ne pas perdre patience et de me rapprocher de vous.

On n'a pas de veine, si le mauvais temps s'installe, on va espérer plusieurs marées avant de pouvoir relever nos lignes et pêcher la centaine de dorissées qui nous manquent pour fleurir la cale. Des marées de cabane comme on dit quand on ne peut pas sortir. Ceux qui sont rendus de fatigue les appellent des marées de paradis. Pour moi ce sont des marées d'enfer tellement j'ai hâte de lever l'ancre et de faire route vers vous. Vers vous que j'aime.

Au bout de huit jours de gros temps, Joseph donna enfin l'ordre à ses matelots de sortir en pêche. Ils se précipitèrent sur les doris aussi fougueux que s'ils avaient reçu la permission de partir en bordée.

— Venez, mes belles! braillait Jean-Marie. Venez, mes petites morues, que L'Encornet arrive chez lui avant l'hiver pour baptiser sa fille.

Les morues l'avaient entendu : les marées qui suivirent furent miraculeuses. Le 6 octobre, Félix surgit de l'écoutille de cale comme un diable de sa boîte.

— Cette fois on est bon! cria-t-il aux manœuvriers qui guettaient sa sortie.

Le capitaine ne perdit pas une seconde.

— On débanque !

Un cri de joie sortit de toutes les gorges, à l'unisson comme s'il venait d'une seule poitrine.

— Vire au guindeau !

L'ancre dérapa, suivit sa chaîne, sortit de l'eau et monta au bossoir.

— P'tit foc, clin foc, grand foc et trinquette ! Carguez les huniers !

Tout là-haut Pierre envergua sa voile. La gorge serrée, il se retourna pour faire un signe d'adieu à son ancien patron.

— Brassez !

Les hommes de pont orientèrent la vergue munie de sa toile pour capter le vent.

— Hissez la misaine ! La grand'voile ! Du monde à l'artimon !

Quand la voilure fut établie, le capitaine donna l'ordre le plus attendu.

— Route au quatre-vingt-dix !

— Quatre-vingt-dix.

C'était le chemin de la maison. Les voiles gonflées comme les robes arrondies des femmes grosses d'une promesse, *La Charmeuse* prit son erre, poussée par un fort vent d'ouest.

21

Comme il l'avait prédit, Branle dans l'vent n'attendit pas le retour des bateaux pour prendre le large. Au village on se consola en disant qu'il avait eu plus de chance que son gars, il était mort dans son lit. Le corbillard quitta le hameau tôt le matin. Il se promena le long de la mer afin que le vieux marin pût la regarder une dernière fois. Les femmes l'accompagnaient toute vêtues du noir qui leur allait si bien. A la Pointe du Nid Marie porta machinalement son regard dans l'ouest, elle vit des mâts se dresser au-dessus des Tintiaux.

— Les voilà, dit-elle doucement.

Aussitôt les visages s'égayèrent. Une à une, Marie, Jeanne, Victoire, Colombe, Marie-Louise, Désirée, Marie-Renée abandonnèrent le convoi funèbre pour s'approcher de la côte, laissant le corbillard poursuivre seul sa route vers l'église.

A bord, les marins s'interrogèrent. Cul roussi s'inquiétait :

— Pourvu que ce ne soit pas ma vieille. J'ai rêvé cette nuit qu'elle était perchée sur la branche d'un pommier en fleur.

Le capitaine le rassura.

— C'est pas ta poissonnière, c'est Branle dans l'vent,

il va à tous les enterrements. S'il ne marche pas derrière le cercueil c'est qu'il est dedans.

Félix grimpa à l'échelle de la misaine pour être certain d'être vu.

— Maman! Maman! Je suis là!

A l'accostage, la joie des retrouvailles fut un instant ternie par le passage de Branle dans l'vent qu'on emportait au cimetière après la célébration du service funèbre.

— Enlevez vos bérets! ordonna le capitaine.

Les marins se signèrent et restèrent un moment silencieux en regardant partir leur vieux copain. Hortense, Yvonne et Berthe formaient tout le cortège, elles n'eurent pas un regard pour le bateau, elles n'attendaient plus personne.

— C'est bon, fit Joseph.

Les hommes sautèrent sur le quai pour embrasser leurs familles. Belle en cuisse avait perdu son gros ventre, elle tenait son bébé sur les bras.

— C'est une fille?

— Oui.

— Tant mieux! se réjouit Jean-Marie.

Marie-Louise reconnut à peine ses fils.

— Comme vous avez grandi!

— De six centimètres, précisa Félix, très fier.

Francis répéta ce qu'il disait à chaque retour.

— Me v'là, ma belle.

Victoire répondit de même.

— Tu me retrouves comme tu m'as quittée.

Ils s'étreignirent à s'étouffer comme si tout leur corps avait besoin de dire « Je t'aime ».

Marie demeura à l'écart de la foule. Pierre ne la vit pas tout de suite Il la chercha désespérément et fut enfin rassuré quand il l'aperçut au bout du quai. Il se pressa d'aller la rejoindre, oubliant de saluer Jeanne, Adèle et Perrine qui passaient la coupée pour embrasser le capitaine. Il croisa

Souliers vernis et, malgré son impatience, dut s'arrêter pour saluer l'armateur.

— Bonjour, matelot! Alors, content de ta campagne?

— Oui, monsieur Louvet.

— Paré à rembarquer?

— Paré, monsieur Louvet.

Voilà les premières paroles de son amour que Marie entendit. Consentante, résignée comme toutes les femmes de marins, elle lui tendit les mains.

Quand il franchit sa porte, Pierre resta suspendu sur le seuil, les bottes autour du cou, le sac accroché à l'épaule.

— Ne reste pas là, entre, assieds-toi.

Marie disparut dans son cellier et revint avec une bouteille de cidre bouché. Le bouchon sauta au plafond. Ils trinquèrent sans dire les mots que leurs yeux exprimaient.

— Ce qu'il est bon!

— La patronne me l'a donné pour fêter ton retour. Elle nous aime bien, Jeanne.

— Je sais. Je la remercierai tout à l'heure quand je monterai à la ferme.

— Oh non! je te garde. Chaque jour compte, l'hiver passera si vite.

Marie prit à nouveau les mains de Pierre. Elle déroula les pansements de fortune qui protégeaient ses doigts. Ses pauvres doigts rougis, piqués, coupés de plaies profondes à peine cicatrisées qu'elle embrassa passionnément.

Tard dans la nuit, elle lui parla de sa robe de mariée que la couturière avait voulu décolletée sur le devant, pour montrer la naissance de sa gorge. Dans l'église, elle ramènerait un peu son voile sur le devant pour rester décente.

Achevé d'imprimer en novembre 1997
par ***Bussière Camedan Imprimeries***
à Saint-Amand-Montrond (Cher)
pour le compte des éditions Lattès

Dépôt légai : novembre 1997.
N° d'édition : 97181. N° d'impression : 4/1094.

Imprimé en France